從讀書到考試,你可以更好!

找回動力、高效學習,提高成就感的學霸 5 大科致勝筆記

你可以更好!

北一女讀書法
未秧Winter
台大醫科、雙榜首
湛樺　合著

擁有的意義在於分享

臺北市立建國高中數學教師／湛樺高二、高三導師　曾俊雄

　　針對如何「讀書」、如何「考試」常有人談；但針對「讀書」與「考試」的連結，如何「從讀書到考試」變得更好，這確實是許多升學學子的困惑，尤其臺灣升學的五大考科：國文科（含國文寫作）、數學科、英文科、自然科、社會科的讀書方法與應考對策到底為何、各科的難點到底如何突破？我們都很好奇，這些全國頂尖的學霸到底如何面對。

　　本書的作者之一湛樺，是屬於建中學霸中少數五大考科皆頂尖的學生，高三上時的國文、英文、數學、化學、生物五科總成績都是班排第一；即使湛樺選讀三類組，但社會科依然沒荒廢，得法、得力的在高二下時，取得公民與社會、歷史、地理三科的總成績也都是班排第一！

　　湛樺除了以學測 75 滿級分（榜首）在申請入學時考上臺大醫學系之外，還在同年代表台灣參加國際地理奧林匹亞競賽（IGEO）獲得銀牌，也在高二時代表建中參加新加坡國際數學挑戰賽（SIMC），該團隊在全英文的筆試與口試中獲得三等獎（臺灣唯一獲獎學校）。

　　這次湛樺在繁重的醫學課業之餘，與未秧（Winter）花了一年半的時間共同完成此書，願意分享他們的讀書與考試心法，身為湛樺的老師有幸先睹為快，除了與有榮焉，更要為這本想幫助廣大莘莘學子找回動力、促進高效學習，提高成就感的學霸致勝筆記，大大的按讚！讚！讚！

找到讀好書的拼圖！

作家／惠文高中老師　蔡淇華

「幸福的家庭都是相似的，不幸的家庭各有各的不幸。」

這是俄國大文豪托爾斯泰在小說《安娜卡列尼娜》中的第一句話。如果套用在升學考試，我們可以改為「考好都有相似的元素，考不好各有不同的元素」。《從讀書到考試，你可以更好！》這本書告訴大家，動力 × 方法 × 習慣，是學習的無敵三元素，缺一不可。

北一女筆記女王未秧，這次聯手學測榜首、就讀臺大醫科的湛樺，爬梳考生需要的動力、方法、習慣，寫出這本這超完整的學習策略書。本書運用心理學和大腦鍛鍊技巧，整理出增強記憶、排解壓力、時間管理、練習專注、和擺脫焦慮的各種訣竅！

本書還有各科的「私房筆記術」，這不僅是一本教你成為學霸的好書，更是教你記憶與學習，終生受用的工具書！

非常推薦大家精讀本書，找到讀好書、考好試的最後一塊拼圖！

我幾分？我夠好嗎？

親子天下媒體中心總編輯　陳雅慧

前不久，我才發現很多事業有成的專業人士，就是差不多四、五十歲的同事和朋友們，直到現在還會做考試卷寫不完的惡夢！我很訝異，因為中年人生有許多更大的挑戰，區區考試失利，根本和人生困頓無法相比。

但是為什麼會是惡夢根底？因為考試的分數，就是對自己的認可，人只要活著，都希望被看見，知道別人對自己的看法和評價，所以一直想知道自己是幾分。

教改一直變一直改，但到最後，「怎麼評量？」才是最難和挑戰。

108 課綱又面向素養導向，要把知識用出來。那是什麼？

我幾分？我夠好嗎？別人怎麼看我？

這幾個大哉問，是本書作者一直強調的心態調整，讀書考試考到高分，要做什麼呢？這些可以慢慢找答案，也可能花一輩子都沒有答案，但開始思考這些問題，慢慢有方向，才會知道為什麼要做筆記考高分。

我是一個一輩子都在做筆記的人，到現在，因為當記者，所以我都還是用手寫記錄筆記，這樣採訪時眼睛可以看著受訪者，也可以觀察很多細節。手寫筆記，很多時候只有自己看得懂，但是我知道，筆記是一種深度和專注的凝視，所以當作者未秧和湛樺這兩位大家眼中的學霸，分享自己怎麼學習的經驗和方法時，父母和老師們趨之若鶩，很想知道學霸的讀書方法和筆記術，然後期待複製這些有效率的方法，自己的孩子也可以成為學霸。

然而，學霸之所以是學霸，靠的不只是筆記術。這本書分享了很多學霸

的「技術」，但是最關鍵的卻不是這些方法，而是方法背後的心法。他們先立下志向要成為學霸，讓自己人生有更多選擇權，然後才發展屬於自己的筆記術。

心法就是「你可以更好的秘密」。要記得喔，你永遠可以更好，但是「更好」是什麼？哪些改變叫做更好？這些都成為大人恆久的挑戰和提問。

沒有正確答案，也沒有分數。

人生最難的也是，離開學校後，不管工作或是感情，家庭和其他，都是沒有正確答案的挑戰。這些皆是只憑技術無法解決的課題，必須花時間去找到自己的心法，才能無怨無悔。而這心法，每一個人都會不一樣。

期待大家看這本書的時候，也能細細咀嚼專屬於自己的更好。

為什麼我還需要再讀一本讀書方法的書？

學習策略專家／教師／作家　陳怡嘉

在寫這篇序之前，我花了幾周幾夜把作者未秧 Winter 徹頭徹尾研究了一遍！

2021 年 2 月，網路上有支影片＜北一女十大讀書方法＞爆紅，一個妝髮時髦、穿著北一女制服的學生，用她給你的第一印象告訴你：「學霸不必呆呆痤痤，可以是『又會讀書又漂亮』。」

接著，在這部十一分鐘的影片中，未秧告訴你只要運用十大讀書法，就可以有效提升成績，這十大方法分別是：

1. 大綱：利用目錄找出知識的系統

2. 範圍：留意老師提示重點和筆記

3. 圖像：動手畫圖，加深理解記憶

4. 比較：製作相關系列異同比較表

5. 背誦：不同時間反覆背誦

6. 教學：實際教、多問人，學習不同理解法

7. 詳解：認真閱讀詳解，確認重要觀念

8. 回想：即時回想幫助確認記憶

9. 習慣：刻意累積好習慣，創造心流體驗

10. 濃縮：學會作筆記，整理應考重點手冊

不得不說，這部影片精簡又有效，十大方法涵蓋坊間學習書，在短短一

兩個月內就創造了八百萬次觀看量，並獲得極大迴響。

影片中，未秧展示的漂亮筆記是另一亮點！

「做筆記」大家都知道，但有些人的筆記是無效努力，有些人的筆記是雜亂的鬼畫符，還有人想做漂亮又有效的筆記卻心有餘而力不足，因為「讀書、聽課的時間都不夠了，哪有時間做筆記呢？」

可是這位學霸不僅書讀得好，連筆記都整齊工整、圖文並茂、色彩有層次，而且還是做了會讀、真正符合考試的關鍵筆記。

於是，在這部影片之後，未秧又分享了許多做筆記的影片，將不同類群學生需要的筆記做了詳細解說，甚至還變成了一門生意。

在蝦皮賣場，在未秧的個人品牌中，她收集了眾多學霸、不同考試類群、不同科目的優秀筆記，筆記不僅是學問，還是生意。

而未秧的 YouTube 頻道更是從爆紅影片後，開始開枝散葉，不論是高效讀書、心理、人際、工作、生活等都有豐富分享，二十三歲的她所代表的是網路世代下，個人 IP 快速崛起後抓準先機又非常用功的應變力，也可以感受到她回應粉絲的真誠與努力。

這本《從讀書到考試，你可以更好！》是未秧至今的總結，是「找回動力、高效學習，提高成就感」的學習法分享，也是她的成功心法分享。

只是，學習方法的書籍這麼多，有需要再多讀一本嗎？

我在求學階段，為了突破學習困境，閱讀了不下數十本學習方法的書籍；

等我成為老師，甚至到各地演講分享學習策略時，也依然不斷進修、精進自己的理論和作法。

之所以要讀這麼多，主要原因在於：每個人的個性、生理時鐘和適合的讀書方式都不同，考試趨勢在課綱不斷改變下也產生極大變化，相對的應考和準備策略自然就有不同。

因此，不會有一套書可以完全符合某個人的需求，任何成功人物的致勝方法也絕非直接複製就可以成功。就像廣博閱讀人物傳記，才有機會找到自己的標竿一樣，關於成功學、讀書方法的書籍也是在廣博涉獵中，才能不斷實驗、濃縮出一套專屬於自己的有效方法。

和其他同類書籍相比，這本書有「三大特色」是我認為非常重要且值得一讀的：

一、兩位作者又年輕又都是學霸

本書作者有兩位，一是前段所敘述的北一女學霸，去年以心理、商管雙學位從成大畢業的未秧，她如今投入教育產品網站的相關工作，對學生心態有絕對瞭解。

另一位湛樺，國中會考 5A++ 六級分／大學學測滿級分，兩次大考都是榜首群、建中市長獎畢業、就讀臺大醫科，除了自己很會讀書，也有豐富的第一線家教經驗，對於各科學習都有一套自己的讀書和教學方式。

二、內容同步對應當前考試趨勢

　　兩位相當年輕又優秀的作者，所代表的是：他們真正經歷了臺灣的教育系統，而且對於考生心態、考試趨勢都有最貼近的實戰經驗和觀察瞭解。

　　這樣的背景對應在這本書中，會發現除了前兩章和第四章的心態、思考之外，第三章＜拆解學霸的考試策略：從理解脈絡到應考重點＞更是拳拳到肉，他們在這些章節中，拆解了國文科、國文寫作、數學科、英文科、自然科、社會科的學習方法，從平時如何準備、應考注意事項到歷屆試題分析都鉅細靡遺，敘述流暢易懂又條理分明，絕對能幫助考生突破盲點。

三、附上學霸筆記讓方法更具體

　　未秧的筆記也是她的專長與亮點，書中所提到的讀書法有對應的筆記做參照，透過這些不同學科的真實筆記，彷彿有家教在旁講解、實作給你看，也讓這些方法更具體、更容易瞭解。

　　升學考試是每個人的必經之路，讀書學習是每個人自我提升最有效的管道。讀書的目的在於有能力選擇自己想要的生活，有實力將自己擺放在喜歡的環境，逐步成為自己期待的樣子。

　　我們無法避開考試或人生的競爭，也不免覺得桎梏痛苦，但與其抱怨壓力或課綱，不如運用心法和方法突破阻礙，才是減輕壓力的最好策略。

　　願大家都能從讀書到考試，收穫到更好的自己！

從成績到人生的改變

「館長小編的圖書館日常」粉專版主　彭冠綸

<北一女十大讀書方法>這支號稱全台灣人都看過的影片,當時我也看了,令我印象非常深刻。我注意到了這個叫做未秧的女孩,並且暗自決定:「我要邀請她來圖書館分享。」

今年 8 月的講座,原本是要開放給學生參加,結果參加的人一半以上是家長。可見,對於學習和考試這件事,家長比孩子還要在意。

兩小時的分享,我發現考試技巧只占了 20%,心態的調整占了 80%。課程談的許多是心法,而非方法。當時我將她的分享作成筆記,分享在我的粉絲專頁上,那篇文章獲得好幾千次的分享。

課程中未秧就有提到,她正在寫書,我心想有機會我一定要看她寫的書。有幸第一時間閱讀未秧和湛樺的著作,兩位都是第一學府畢業,他們記錄下自己的讀書經驗,希望可以幫助更多在書海中浮沉的孩子。

從讀書到考試

他們從自己的故事說起,原來在我們看來是學霸的他們,面對無盡的考試,面對未知的未來,內心還是有焦慮和無助的時候。

第一章,從心態設定開始,如何掌握七大核心,提高學習的成就感,找到為自己念書的理由。

第二章,介紹讀書的方法,點出當下孩子讀書的盲點,從記憶力、專注力、筆記力等層面,提供具體且高效的讀書方法。

第三章，直接依照目前台灣的考試制度、考試科目量身打造，國文（含作文）、英文、數學、自然、社會，各科的讀書方法和考試策略。教你如何審題、破題、解題，怎麼畫圖、製表、做比較，大考前該如何安排複習進度。

第四章和孩子談夢想、談未來。兩位作者雖然年輕，但他們的文字都散發出一種智慧和魅力。讀書不僅是為了成績、為了考試、為了學位。閱讀帶給他們的禮物，遠超過這些。

給孩子也給大人

我相信這本書不僅適合學生閱讀，也適合給家長們閱讀。

孩子面對升學壓力，除了自己調整心態，家長也要跟著調整心態。身為三個孩子的母親，可以理解對孩子未來的擔憂，但我們現在以為的「好」，在將來不一定是「好」，也不一定適合我們的孩子。

我想大人們應該用更開闊的態度，來看待學習這件事。這裡說的學習不僅是在學校裡的學習，而是「終身學習」。做父母的應該以身作則，即便已經出了社會，我們依然學習，依然探索自己。在期許孩子有個美好未來之前，我們可以先找到自己的位置。

相信這本書不僅可以帶來成績的改變，也會帶來人生的改變，我們可以更好。

你的學習可以更輕鬆有效

作家／新北市丹鳳高中圖書館主任　宋怡慧

　　美國藝術家安迪・沃荷（Andy Warhol）說過：「**走得多慢都無所謂，只要你不停下腳步。**」面對巨大的升學壓力，即便滿路荊棘、身陷迷霧，未秧從未停下她的腳步，甚至在自己成功之後，無私的分享經驗，以正能量的態度鼓勵著眾多學子走出學習的傲然姿態，無論是以影音或是文字，她動心起念的動機是：如果我有幸成功，也要伸出手拉別人一把。

　　關於學習，我認為管理大師彼得・聖吉（Peter M. Senge）描述的一個段落很精準：「**學習像鋸木頭，你必須時常停下來磨利手上的鋸子，讓知能更豐富、更有助於工作的推展。**」

　　如果你讀書讀累了，何不打開一部談讀書法的影片，想一想它為何可以累積點閱超過八百萬次？粉絲的回饋為何會有近上萬則？或許，有許多我們可以用來改變自己學習的訣竅。不過，看完影片總有點意猶未盡的感覺，在強大粉絲敲碗企盼下，這位超強的學習者未秧果然把影片中的精華擴展為文字，還找來神隊友湛樺一起強強聯手，寫下學霸如何學習、如何讀書、如何做好心理素質的獨家學習私房密技。當你讀完這本書，你會發現：自己不是不愛學習，只是一直沒找到好方法而已。

　　闔上頁扉，驚艷兩位年輕作家從學習筆記到學習策略，不只提綱挈領的解決學習痛點，還能讓你能用對的方式學習，達到學習的「心流」境界。

　　書中的七大正念核心，不只打造「學習正循環」，也讓學習者建立讀書的自信——從動力到效能；從對策到獎賞，這套自動化的回饋系統，個人認

為十分符合正向心理學家米哈里‧奇克森特米海伊（Mihály Csíkszentmihály）說過的體驗：心流是當你從事持續活動，具有足夠挑戰性而讓你全神貫注時就會體驗到的心理狀態。沒錯，當你善用十大高效讀書法、私房筆記術、考試攻略之後，你會發現自己的學習力立刻升級。同時，兩位作家鉅細靡遺的替學習者建構一套有效輸入到輸出的歷程，不僅讓我們學習的技巧提升了，同時也更嫻熟的駕馭正在挑戰的學習內容，當你用對方法，學出樂趣，真正的學習不敗力自然而然就能「長出來」了。

在這次的閱讀經驗中，我特別感動的是，兩位年輕作家願意把這段中學至今的學習經驗，邏輯清晰的書寫成冊，讓更多陷入學習困境的學子能仰光前行、無畏無懼的向前邁進、闖關成功。

我一直相信：曾經流下的汗水與淚水都是生命成長前進的養分，更是成功達標的重要經驗，謝謝這本學習之書，讓我們對於下一次的學習挑戰，更有信心的走在超強學習者的旅程上。

一起學得更好！
未秧的讀書方法　網友回饋

─────── 來自老師、家長 ───────

楓香樹・高中教師：

這些讀書方法相當實用，我尤其推薦「即時回想法」，能反思整理自己學到了什麼、遺漏了什麼，再回去補足，這是一種「後設認知」的學習方法，我會推薦給自己的孩子和學生。

小魚老師・國中教師：

當了二十年以上的老師，我真心覺得：態度＋習慣＋方法＝學霸，未秧的影片正好印證這點！有良好的態度和習慣，再讓孩子運用影片裡的方法，面對大小考試都不用擔心。

Lisa・國小英文老師：

身為資深英文老師，發現孩子若能有效掌握學習的策略，像未秧的影片中提到做筆記、畫圖或造句的方法，真的能在英文的學習過程中事半功倍！

Sue・小五生家長

「馬上回憶」這招說來簡單但是效果很棒！讓孩子檢查到底有沒有確實讀懂、是真的記住了還是以為有記住，就算是小學生也很好用，在考前衝刺幫助良多！

蘿思的美國留學育兒兩三事：

我尤其喜歡這句話：「我們讀書，我們閱讀，或許不會直接反映在成績上，不會反映在成就上，但會反映在你的談吐之間，反映在氣質上。」

曾婉瑜：
我往昔的學習方式耗費許多精力與時間，也容易因過度努力而彈性疲乏，校排只卡在 10 左右，上不太去。看影片後，我才意識到要以更有效率的模式來學習。「即時回想」使我的社會科分數升高許多，甚至在段考中連續拿了三次校排一！

Yi Jing Lee：
謝謝未秧給的建議與方法！到我讀碩士都很受用，甚至於我的碩班即使是讀不同校不同系還可以系排前三！

@_0000_wood.：
我覺得讀書方法的表格跟畫圖很好用！很喜歡！

睿鴿（raylearning_ckhs）：
真的學到了很多（讀書方法、動力來源、還有人際關係等等），真的很幸運能在這個階段認識你！

歐芯妤：
我透過「即時回想」讓我每次考記憶性的考試時都能拿到不錯的成績。

Christine ：
「即時回想」讓我知道自己在讀什麼內容，可以確認自己有沒有把書本知識讀進去，可以掌握好自己學習狀況。

姚怡卉：
我國中時看到這個影片，從每次自然的月考，六、七十變到八十幾分。還有我覺得我心態的部分成長了很多！

Elaine：
我學會了許多有用的訣竅，讀書時更有效率也不再迷茫，
能更快抓到重點跟找資料，最後考上中山也滿喜歡！

楊舒晴：
要讀書前我都會看未秧的影片，能更
快讓我進入讀書的狀態。100 天變好計
劃的系列真的超愛！

謝宜瑄：
我正在實行中～～原本模
考的 2A 到模擬考的 5A8+，
希望可以去北一！

卓垗聿：
每天一點一點的讀，上次段考就
是因為這樣子考得還不錯。

許菁：
常常讀書時都會想，這是 Winter
教我的哦。最有用的是「回想」，
我自己也常用橫向背單字。

施安庭：
個人覺得最受用的是「教與被教」。之前數學不好常
常以為看一下詳解就可以了，但看完那部片之後，發
覺要多問，不管是問同學、問老師都比得過且過好！
在那之後，數學程度也愈發向上！

紫：
之前用未秧的讀書方法考上記帳士，這次
看多益考試方法，希望多益也可以考好！

@08_ren 陳得人：
離會考的時間越來越近，「需不需要收手機」也成為我一直在思考的問題，未秧提到了「習慣」，也讓我了解從一天、兩天，漸漸脫離對手機或社群媒體的依賴並不是一件很難的事。謝謝未秧，讓我們受用無窮～

林雅儀：
非常認同有目的的學習通常會激發更多的學習動力。以前大學畢業跟著周遭同學準備研究所考試，但因為不了解自己「為何要讀」，面試時跟第一志願擦身而過。出社會十來年，對於自己哪裡不足認識更深，也知道該往哪裡加強，我慶幸自己當年落榜，因為落榜造就了現在的我。

陳宥潔：
我在準備國中的考試，運用了影片中所提到的方法，並私訊問過姐姐一些我不太知道可以怎麼做決定的事，很謝謝她分析給我聽、還給我意見，讓我不是那麼無助……最後我成功的進入數理資優班了！

詹富涵：
我的成績原本是在班上的中間，媽媽偶然看到影片便傳給我，我獲益最多的就是「背單字」，自從用了這個方法就不再會背完就忘。未秧講的都可以套用在不同的地方，不只限定於一個小科目或考試，謝謝未秧，讓我的成績有所進步。

我和你們一樣。

—— 未秧 Winter

我知道在這個社會上成績代表什麼，學歷又代表什麼，這兩項我並非滿分，甚至也不到九十九分，但我當初想要分享給你們的初衷真的好簡單，我希望在這條路上的你們，不要跟當初的我一樣，那麼辛苦、那麼無助。

我並非天資聰穎，也無法一目十行，我好平凡，跟你們一樣平凡，我經歷過所有成長過程中的無可奈何，面對成績、面對升學、面對父母親的期待、面對自己的苛求的所有磨難，我明白那種已經用上了今生一切的勇敢振翅，卻無力飛翔的萬念俱灰，我甚至不曾跟任何人說過，直到寫這篇序文的今天，我仍會夢到我在準備學測，驚醒、慌忙無措，我不知道我現在到底幾歲，拿起手機確認今天西元幾年，找找畢業證書，看看大學的照片，我才能說服自己，你已經畢業了，不要再擔心了，你花了四年拿到了雙學位、書卷獎，很棒了，不要再苛責自己了。

2021 年初，我在網路上發佈了第一支讀書相關影片＜北一女十大讀書方法＞，這也是這本書今天會誕生的原因。由於許多媒體平台的轉發，在短短數個月內，這支影片在各網站的總觀看量竟然超過了八百萬次！這一年多來，我也陸續收到無數來自家長或孩子的訊息，跟我說影片的讀書方法非常受用、跟我說他跟爸媽坐在電腦前重播看了三次、跟我說他因此拿到了成績進步獎、跟我說他從第二十六名進步到第四名；甚至有各地的學校老師詢問我，能否在課堂上以這部影片做為教材……於是，我也開始在學校或圖書館做讀書方法的分享與演講。

影片的迴響超出了我預期的千倍萬倍，當然讀書方法本就因人而異，自然會是一個大家可以互相討論切磋的議題，但當初我拍這部影片的初衷真的非常單純，我想要給孩子一套「真正有用且人人都可以上手的讀書方法」，就是能讓「所有程度的孩子」都使用且學習的技巧。我不會跟孩子說你的努力跟成績會呈現正比，但一定是「正相關」，而這套讀書方法，你們每一個人都可以用，也一定會進步。

我脫離大考沒有幾年，或許相較於學校師長，能更同理、體會孩子們所面臨的學習困難，這些讀書策略融入了我遇到各種問題時自己摸索出的方法與出路，還有從小到大遇到的老師、朋友、學長姐所傳授我的密技，並結合自己從心理學所學到關於記憶、專注能力的論述，得出一套完整的讀書方法。而其實最初拍攝影片時，我只是單純把方法簡潔統整、條列式的分享給向我求助的孩子，當時並沒有做非常完整的探討與規劃，但在本書，我們以影片中的讀書方法為基礎，向外做更完整的延伸。

開始著手這本書的第一天，我就打了通電話給湛樺，根本算是陌生人的兩人，我現在想起這通電話還是覺得尷尬。會想要邀請湛樺的原因很簡單，希望他也能分享他的讀書方法給大家，我們兩個的天份不同、思考方式不同、解題思路不同，擅長的科目、最後考試出來的成績也不一樣，兩個人相互交流、討論，他絕對能補足我這些讀書方法還不夠完整的地方，我們也能提出不一樣的考試技巧給不一樣的學生。

湛樺在會考舉辦的第一年跟我一樣考了 5A++、六級分的成績，在學測那年他又再度考了滿級分進入醫科，我相信他絕對有非常厲害，我沒辦法做到的事情，好比說心態、技巧或者是態度，希望他也分享給你們，絕對會有非常大的收穫。

　　這本書的前半段我先分享了自己的故事，包含七個能提高學習成就感的重要核心：樂觀、自信、勇敢、壓力、目標、動機、情緒，不可否認的是我認為讀書的成功，八成來自於心態的建立與調適，這很重要，比起任何方法與技巧更為先決，所以我把它放在前半部分。

　　我知道很多時候你不是不想努力、你不是不願向前，只是心裡好像築起了一道高牆，不敢努力的高牆，如果沒有涉險就無需面對、如果沒有挑戰就沒有傷害，如果從沒踏出這一步，我們就永遠無需用成績量化自己的能力、用數字定義我們的努力。

　　但我相信你一定跟我一樣，我相信我們絕對比世界上的任何一個人，都期待自己的閃亮、嚮往自己的未來，我們只是害怕，害怕下定決心、奮不顧身後的失敗，會被誰看見，但我會用這本書告訴你，努力踏出這一步的風景，是有多麼美好與讓自己驕傲。

　　後半部分我與湛樺，反覆檢討了一路走來的經驗與挫折，並且觀察了周遭很多朋友的成功模式，範疇寬廣至時間管理、記憶力、專注力，細微至各學科的準備考試方法。我們相信從小學到國中的紮實學習、再到高中的身經百戰，我們的親身經驗能符合這個世代所需的學習能力。

　　我不知道你會不會期待看完這本書就拿到校排一，或者像湛樺拿到榜首、滿級分，讀書這件事絕對不輕鬆也不容易，沒有任何開花結果不需經歷霜雪風寒，這本書，沒有辦法直接送你一百分，但我們告訴你了，一百分就在那，那個方向，絕對不會錯，你只管勇往直前就好。

　　祝，順利。

志在遠方。

—— 湛樺

回想起那一年夏天，我與未秧初次見面，那時她剛穿上一身綠制服，走出國中升高中考試的苦海，準備走入光輝燦爛的高中生活。那時我們的想法都很單純、也很天真，人生中似乎沒有比考上第一志願更為重要的事，大考放榜後，彷彿找到了一個安身立命之處。

又過了幾年的春天，穿著新買的西裝，穿梭在各大學的面試教室，面帶微笑的背出自我介紹，回答曾經準備過的一個又一個問題。那一年秋天，走入臺灣大學講堂，似乎又一次的找到一個安身立命之處，不過未來的世界還好大，十八歲的人生才剛開始，未來還有無限可能。

一年半前的春天，接到未秧的電話，邀請我一起寫一本書，關於心態、時間管理、專注力，關於對讀書方法的一些建議。仔細想想，此前幾年來我跟未秧的互動，大概僅止於在社群軟體上互相按讚而已，因此接到這樣的邀約，雖說有種恐託付不效的心情，卻也一口答應了，就這樣在一字一字敲著鍵盤的過程中，回想了過去十年的日子，反思著今後的日子。

我和你們一樣，前十幾年不停的與考卷上的紅字奮鬥，我曾經在國小的數學考試考過不及格，也曾經在國中有一次數學解題出現瓶頸後，暗自想著未來乾脆選擇不需要算數學的科系好了。而現在的我，也確實讀了一個以背誦為主的科系。

在高三準備學測前徬徨的日子裡，我上網查詢各科的準備方式，然後逐漸找到屬於自己的讀書方式：在考學測前，我把整本國文參考書記起來、

背誦作文佳句、每周練習兩篇長篇作文；每天至少寫一回數學模擬考題，有時候甚至不只一回；每一至兩天寫一回英文模擬考題並練習英文作文；社會科及自然科則是在一開始就將該熟記的內容都背熟，之後不定時練習題目。在開始衝刺學測的第一個月內，我密集的將大部分應該記憶的知識都讀完一遍，之後利用大量的題海戰術，一方面訓練解題能力和作題速度，另一方面則從題目中找尋仍有漏洞之處。然而我也很清楚，我當年這種近乎土法煉鋼的讀書模式未必適用於其他人。

之所以會寫這本書，是希望我們能夠整理出能適用於更多人、能讓現在的國高中學生在學習路上做為參考的指南。為了使內容臻於完善，我們總結自己過去的經驗，詢問了身邊好幾位讀書高手，並且參考各種關於讀書方法的書籍，最後結合出我們認為最能有效實行的方式。

要做好任何一件事，「心態」和「方法」兩者均不能偏廢，因此在本書的前半部分，期待能帶給讀者正面的心態以面對所有挑戰；而後半部分，則針對各科的科目特性、考試方法，提出我們認為平時可以加強之處，以及臨近大考時準備的方法。

書中的方法未必每一項都適合所有人，然而我們期望所有閱讀完本書的人，都至少能夠因為書中的某一句話，給你的生活、心態、或者成績帶來一些改變。

處在國高中時期的孩子有如初昇的朝陽，未來還有許多選擇，我總認為

不需要被課綱和考試的枷鎖限制住，選組別、挑學群，不代表要畫地自限，長遠的學習興趣、自我充實的滿足，終究遠勝於背誦課本和拚命做題目。無論是社會科還是自然科，都涵蓋許多未來生活中能應用到的知識，更重要的是，中學階段的學習，能夠幫助我們具備判斷事物真偽的能力，而不至於使自己被他人的言論所誤導。

　　不要忘記了，這世界還有許多的五光十色等待你們去發掘，還有無限的風光等待你們去探索。可以為了開心的事而歡慶，但不要因為一次的挫折而倒地不起，還有許多的困難等待你們一關關挺過，你並不脆弱，我們都不脆弱，時刻保持正面的態度，將是你面對一次又一次大大小小考試，乃至於人生中各種挑戰的助力。

　　書前的讀者，可能十五歲，也可能十八歲，可能正面臨著人生未曾經歷過的巨大壓力。你們現在正在經歷的，我一項都沒有比你們少。有時還是會想著，我恰巧在讀書這一項比較擅長，有時被視為別人的楷模，但是其他人難道就不夠優秀、不夠值得嘉許嗎？不是的，有些時候只是因為受限於外在環境的框架，又或者還未找到適合自己的方法，這也是我們想要寫這本書的目的，希望對於你們的迷惘提出一些參考答案，放眼未來，遠方不一定有標準答案，不過，總有讓你永不停歇的理由。

　　志在遠方，我們永不停下腳步。

目 次

Part I 今天開始變好　創造學習成就感的七大核心

Part II 用心也用腦　所有程度都適合的讀書方法

Part III　拆解學霸的考試策略　從理解脈絡到應考重點

Part IV　成績之外　聊一聊素養和未來

Part I | 今天開始變好

創造學習成就感的七大核心

要擁有穩定向上的學習成績，八成靠心態，兩成靠技巧。

我們需要樂觀、自信、勇敢這三種充電型思維，

並定時整理你的「壓力書櫃」，

設定目標、釐清動機，

當你能擺脫無效焦慮的糾結，必能為夢想定錨、持續前行。

只要你一直在變好的路上，你便無所畏懼。

秉持樂觀

做 一 個 樂 觀 的 人 ，
所 見 就 能 全 是 陽 光

失敗就是還在進步的路上，
成功便是在突破的路上，就是這麼簡單。

在談學習策略之前，我想先分享我自己的小故事。

我小時候是個容易悲觀的孩子，總是不敢期待好事會降臨在我身上，偶爾想幫自己打氣，「好吧，老天爺，我相信祢，相信一切都會好起來！」偏偏經歷了幾次失望的打擊，讓我開始負面思考，但負能量更容易帶來不好的結果，於是我就這樣陷入負循環之中，在事情發生之前就習慣性先認定情況只會變壞、不會變好。

沒有期待就沒有傷害，我擔心如果把期望值設得太高，萬一事情的進展不如想像、萬一成績不如預期，就得面臨願望與現實的落差，那種突兀的差距會造成很大的心理壓力，卻不得不強迫自己面對並接受，光想到就令人膽怯。我小時候上音樂課，永遠都是選擇坐在教室的最後一排，從來不曾勇敢踏向前、主動上台表演，儘管前一天練習了上百次，卻仍會不安的胡思亂想：我可能就是剛好這次會出錯、就是剛好走上台的這小段距離會跌倒出醜……。

然而，漸漸的，我發現自己平均每天要擔心五件以上莫名其妙的事情，一整年下來實際發生的「不幸」卻根本沒兩件。

是的，**沒有任何證據可以證明，你擔心的事情會發生。**

再說個小故事。我是剛實行十二年國教、改制會考的首屆考生，以規則而言，雖然申請學校的最後成績也採計「服務學習」、「志願選填」，但最重要的關鍵還是那場會考的廝殺。我記得國三那年的聖誕節，一大早班導師發給每人一張小卡片，約莫只有手心大小，最上方打了一個洞，叫我們寫下夢想的第一志願，寫完後將卡片往前傳到排頭，他會把卡片掛到學校的聖誕樹上，祝願我們在隔年的 5 月順利達成理想的考試目標。

我看看手中的卡片，猶豫了一會兒，接著把屁股往前挪，讓身體盡可能的靠近桌子，然後把卡片放在距離我最近的桌面上，右手拿起筆、左手壓著紙，頭縮得好低好低，這是絕對沒有人看得到我寫什麼的最高防守姿勢，恍若要對天立下什麼誓言般的凝重、顫抖。我提起筆，準備下筆，卻只是停滯在那，筆尖下的墨水開始暈染，那一刻我不敢幻想我到底要讀什麼學校，因為我不知道我有沒有資格、夠不夠優秀。

我家位在台北東區，最鄰近的高中是中山女高，大概是，聽到鐘聲再百米衝刺都不會遲到的距離，因此父母對我的期許即是「如果妳能考上中山女高就太好了，可以走路上學、非常方便，下課還可以直接回家吃飯呢！」；而我自己則是希望我的成績可以考上松山高中。

你猜我在紙上寫了什麼？結果，既不是多數台北女生的第一志願北一女中，也不是我當下夢想的松山高中，我放下筆，當老師說要收卡片的時候，我右手接過後面同學的卡片向前傳，左手卻把自己的小卡揉在手心，直接往後丟進書包的深淵。所以直到最後，我壓根連寫下半個夢想的勇氣都沒有。

我可以走到哪裡？畢竟有那麼多比我優秀厲害的人、有那麼多人校排、區排在我之前，憑什麼我能考得好呢？我是很努力沒錯，但或許他或她更努力啊，也許他們都會比我幸運的被老天眷顧。然後，這種不敢做夢的狀態，持續到了會考放榜的那天早上，我永遠記得我是被父母的尖叫聲吵醒的。

若我沒記錯，會考的放榜應該是早上 8 點開放網路查詢，但我在此之前對這個日子並沒有特別的期待，甚至打算睡到自然醒再來面對現實，在此之前既沒有對答案，也未曾跟同學討論考試心得，只是想當然爾的認定自己大約搞砸了吧。結果 8 點 10 分左右，班導打來了，告訴爸爸我拿了 5A++ 與作文六級分，也就是全項滿級分的消息。爸爸驚訝的說了一句：「怎麼可能！」而我，有如夢遊般踉蹌的跑出房間，呆愣在房門口，與坐在客廳的父親、站

在廚房的母親相對視，三個人沒有人說得出話來，不敢置信。爸爸還是等連上官方網站，親眼確認我的成績之後才相信了這件事，而我也是。

考試的結果是甜美的，但國中三年來我患得患失、不夠有自信，我曾覺得自己的天空老是在下雨，看待會考這件事好緊張、好焦慮、好掙扎，沒有翹首盼望的驚喜，更多的是焦慮不安的忐忑，因為我不能確定自己的能力究竟到哪裡。最後，我終於迎來一個「結果」，而這個「結果」並沒有任何魔法可以百分之百的準確預知。

害怕失敗，不是膽小，是正常的心理機制！

我記得第一次踏入北一女校園的那日，學姐們站在兩側，從校門一路排到教室，閃亮耀眼的歡呼，邀請我們這些學妹進入各式各樣的社團，她們自信開朗，彷彿未來已經鍍了金，那樣的姿態，能讓一個人在人群中閃閃發光。但回想國中那三年，我總是習慣性的為自己打預防針、做最壞的打算，甚至巴不得昭告全世界我的成績並不是特別理想，為的就是不希望越高的期待，迎來越深的失望。我以為透過這樣的心理建設，能降低對未來的不安、對不確定性的害怕，但事實上過度的煩惱與無謂的焦慮，並無助於我安定內心的躁動。

我相信有許多人和當時的我一樣，遇到事情會不由自主設想一百種最糟的結局，但事實上這一百種結局多半一個都不會發生。

擔心與悲觀，是人類自我防衛的心理機制，這是正常的反應，因為我們以為如果能提早預知不好的結局、提早看見不好的發展，就能讓自己少受一點傷、少一些跌撞，就有如還沒啟程便在自己身上裹上厚厚的繃帶，雖然看似可以減少擦撞的疼痛，但這層繃帶也阻礙了我們對快樂的感受、

遮蓋了我們的鋒芒，甚至讓我們難以專注在當下的努力。

十九世紀的小說家查爾·金斯萊（Charles Kingsley）說過：「**人生因擔心微不足道的小事而短暫。**」

漸漸的，也許是成熟了，也或許是慢慢從讀書這件事獲得小小的成就感與回饋，我開始懂得告訴自己，人生不要浪費在無法盡興、都虛度在擔心受怕，與其耗費時間憂慮明天會不會下雨，不如把玩樂的行囊準備好，若明天天晴，隨時可以出發──面對學習的態度也是如此，盡己所能準備好，聚焦眼前，就不至於老是擔心下一步會不會跌倒。

你嚮往成為什麼樣的人？

或許你會質疑，眼前的成績就是這麼差，要如何樂觀看待？我有幾個小秘訣：首先，**記得把事情切成小單位來看，過去的成績不代表未來的成績**，讓自己從這一刻開始，練習把「樂觀」當作你的日常生活態度，漸漸的，它會變成你潛意識的信仰，當你總是樂觀視物，就會不知不覺朝有亮光的方向走去。

樂觀會變成你的「好習慣」，變成一種「止痛藥」，讓你跌倒後不會那麼痛、受傷後可以趕緊站起來，因為你心裡相信，機會依然存在、未來並不黑暗，只要繼續向前，離想要去的地方就會越來越近，心會越來越強壯，足以撐起一路上所有的孤獨。

你也可以試著想出**一位在你心目中非常閃亮的人，令你嚮往、令你想要成為他那樣子的人**，無論是你的同學、學長姐，或網路上你所追蹤的網紅都可以。當你想起對方，是不是多半會想起他的笑容、他某張令你羨慕的照片、某篇有趣的貼文、他那不需刻意裝扮就很吸引人的氣質？你應該不會想起他毫無自信、頹喪不安的模樣。

我們無法複製成為另一個人，但樂觀的人自然會散發魅力，這是你可以培養的核心力量，有所嚮往、有所希望，保持健康與正向，無論是追求短期還是長期目標，都較能維持意志力的一貫性，不至於因為一時的磨難而迷航。當你看待未來的視角正面而積極，便不容易因小小的失敗而改變目標；但如果你看待未來是惶惑且消極，很可能一碰到小挫敗就會全盤否決原本的方向，或者只短視於眼前的小利。

有一種說法：「**有錢人會越有錢，樂觀的人也會越幸運。**」就是這個道理。

在學習上保持樂觀，不是要你盲目的自我催眠，而是想告訴你，讀書的技巧或許很重要，但我們認為心態與習慣才是真正關鍵的部分！在後面章節會慢慢分享，如何在不同面向、透過各種方法，幫助自己變得更好。相信自己的努力一定會有所回報、相信自己正在朝某個目標邁進只是還沒抵達，抱持樂觀的學習態度，可以讓你抬頭所見盡是星辰長明。

當你所看見的全是陽光，你也將成為別人的太陽。

未秧的 Tips

1. 用獨立的切分法看事物：

　　不論是工作績效或考試成績，都是對「過去」的評估，並不是對「未來」的預測，先學習把每件事情獨立分開，比如說一次的成績是前一段日子的結尾，而這個成績跟下個成績是兩個單獨的事件。

2. 幫各種好壞狀況列清單：

　　當你發現自己開始焦慮、害怕失敗的時候，冷靜下來，想一想有什麼因素或證據證明你所焦慮的事情會發生，若能想到就一一寫下各種可能狀況，這有助於理性分析後果；若你發現沒有，記得趕快把心慌的時間省下來，把眼光投回當下要做的事。

3. 意識到自己在往前移動：

　　請相信自己，一直都朝著前方邁進，每天都離目標近了那麼一點，你走的可能不是捷徑，可能繞了些曲折，但總體而言，你在移動，而且真的越來越近了。

我 的 學 習 筆 記

練習自信

昂 首 挺 胸 ，

影 子 就 會 落 在 身 後

**自信不是來自於成功與掌聲，
而是你的進步與超越。**

也許在很多成年人看來，決定大學的大考只是學生時代相對重要的轉捩點，畢竟人生還很長，總有很多機會可以把握或翻身，但我相信對絕大多數的高三生來說，大考，就彷彿是生命中的一切。無論是現在的會考、學測，或者是以前的聯考、基測、指考，每個孩子努力三年又三年，就是為了換取那個分數——那個或許會記得一輩子，不是讓人感到自傲就是失落的數字。

高三那年，我很焦慮。我並不是一個天賦異稟的小孩，既不比別人聰明，也並非成長在書香世家，我是如此平凡。升高三的那年暑假，班導告訴我們開學後的第一場模擬考很重要，雖說考試範圍小、距離最後大考時間還早，但許多學生們的學習心態，不是從這場考試開始建立自信，就是從此一步一步崩塌墜落。

我選擇第三類組（自然組），高二的成績大概在班上第十名左右，不是頂尖，但也不算很差，若按照我們學校每年申請上各所大學的人數比例估算，大概能掌握自己會落在哪所大學、哪些系所。所以雖然緊張，但我並不是太擔心，整整兩個月的暑假，我只是按部就班、日復一日的複習、寫題本、寫模考題目；早上六點起床、七點跑步、八點到校，傍晚四點回家、晚上十二點睡覺。那時候的我沒有想太多，書一頁一頁的翻、夢想一夜一夜的近。

但九月第一次考完模擬考後，在成績公佈之前，我卻已經開始徬徨，等到數字真實的出現在我手中的成績單，我的心怦的一聲，滾到了遠方。緊接著第二次模擬考、第三次模擬考，一次又一次讓我越來越慌、越來越擔心，我的成績不但沒有起色，還越來越糟，我開始懷疑自己不夠聰明、

再怎麼努力也比不上一目十行的人。我很焦慮，甚至曾焦慮到把手部皮膚抓到破皮流血，偶爾還會在學校毫無原因的大哭，或坐在教室裡突然就感覺呼吸不到空氣，老師急忙找紙袋讓我喘息換氣。

最後的結果，學測考得仍不如我所預期，但我發現班上除了那些成績好到原本就註定會上醫科的同學，還有很多同學成為黑馬，她們考出超乎平常的好表現。我觀察到，也許她們的平時成績並不特別突出，但都是心最平靜、心態最穩，不會輕易的被旁人一句話所動搖、不會因為任何一次考試而崩潰、不會被周遭的任何人事物所影響的人。

她們讓我了解，原來，**要打贏一場戰爭，有八成要靠心態，只有兩成才靠技巧**。她們知道自己在做什麼，也知道不需要向世界證明自己在做什麼，簡簡單單、平平常常的，一步一步穩穩的走、一關一關慢慢的過。我們在休息聊天的時候，她們會加入；我們放學後要去哪裡吃甜點，她們也會去，最大的差別在於這些同學少了胡思亂想的時間，她們秉持克服挫敗的自信、擁有不斷往前看的正向。

樂觀與自信是兩件不同的事，但同等重要，也應該相輔相成。樂觀是對於生活、人生、未來的一種態度和想法，無論面對好事還是壞事，無論是對自身的事或對外物的看法，積極進取、抱持期待、勇敢去正眼面對，相信事情會往正向發展，是一種較全面性的心態（好比說你對未來的經濟前景感到樂觀）。而自信，則是相信自己對某件事、在某種情況或環境下皆游刃有餘、能完整發揮。跌倒受挫的當下，有自信就可以爬起來；受傷的日子，有自信就可以為自己療傷。一般人通常不會對每一件事情都感到自信（就好比說你自知有幾個科目特別拿手，也有幾個科目比較弱），但只要有一點自信，就會成為你在逆境下支撐自己的力量，是推進自己最可靠，也最強而有力的燃料。

自信，操之在己

真正的**自信不會因為他人的一句稱讚就膨脹，也不該因他人的一句評論就萎縮**。但自信的建立並不容易，就像剛剛升起的火苗，很微小、很脆弱，只要一陣風、一點雨，便會熄滅，我們必須有耐心的添柴火，慢慢的放、輕輕的搧，讓火勢逐步燒烈，穩定之後，那把火，便會是你心中的永恆不滅之光。

當火勢越大一點，就距離熄滅越遠一些，毋須等到變成熊熊烈火才感到快樂。火苗一點一點的茁壯，我們無時無刻不綻放笑容。我們固然可以為自己設立很遙遠偉大的目標，**但切記也要為這個目標設立幾個「中繼站」**，當自己進步了、抵達某個中繼站，就感謝一路以來奮不顧身的自己，儘管還沒有抵達目的地、就算路途還很遙遠，但回首，你已經走了好長的路，你已經，很棒很棒了。

後來每當我遇到挫敗，在房間、在浴室痛哭流涕的時候，總會這樣安慰自己——想像自己正在翻山越嶺，眼前是一座又一座的高山，而我需要一路通過這些高山才能抵達終點，現在的我只是剛剛好走到谷地而已，但接下來就要踏上上坡的道路。曾經身在低谷，才有往上爬的機會，過不久，撥雲見日、雨過天青，一切都會好起來，因為我已經挺過了最糟糕的日子。

如我所說，自信是燃料，而這台車就是你本身，要讓自信由己掌控，先準備好車子與燃料，接下來才能學習怎麼駕駛。

未秧的 Tips

1. 小成就的中繼站：

　　自信不是 0 跟 1 的區別，你要讓 0 到 1 之間有無限可能，在踏往夢想的這條路上設幾個中繼站，不是「成功」才能證明你很好，只要你有進步、有在努力，就應該多給自己一點掌聲與信心。

2. 維持自信區間：

　　自信建立在你做一件事情有發自內心的理由與喜歡，不論是讀書或工作，盡可能先了解它對於你的意義。不需要也不應該因為他人的一句話改變，也不要因為一次的摔跤就推翻對自己的肯定，常告訴自己，你的信心可以維持在一個穩定的區間。

3. 練習客觀評估：

　　最後，客觀且理性的分析自己的優勢與短處，就不會因為現實落差而喪志。並不是付出越多時間就代表你越厲害越專業，不是多念兩個小時書就保證一定會考一百分；對於優勢，設下適當但具有挑戰性的目標，對於短處，立下足以進步、但不過於苛求的努力方向。

我 的 學 習 筆 記

勇敢嘗試

勇敢選擇自己的選擇，今天的我比昨天更好

如果沒有第一步，
成功的機率永遠是零。

　　接下來要說的這件事，我沒有對幾個人提過，一來想起來真的有點蠢、有點荒唐，二來之後也沒什麼後續與故事，所以我一直將它輕輕存放在心裡，雖然難以啟齒，又或者無足掛齒，但那是我走向「現在這個未秧」的第一步，也是我十八歲那年，最感謝自己的一件事。

　　高中畢業的那年暑假特別漫長，終於要上大學了，總算脫離學測與指考，但跟大部分的人一樣，彷彿突然間被賜予了崇高的自由，空出那麼多的時間卻不知道自己該做什麼，也不知道自己想做什麼，以前除了讀書就是讀書，現在突然告訴我，暫時不用困在教科書裡，我還真的不知道要做什麼（我和很多人一樣，曾經懷疑自己，是不是除了讀書也只會讀書；除了考試，只會考試）。

　　上大學的我們已年滿十八歲，是個可以對自己行為負責的成年人，很多人會在這個時候收到一份別具意義的禮物，比如說一台機車、一只手錶，而我也收到了一份禮物：一台筆記型電腦。我走到哪都帶著它，以前我就常有美好的幻想，隨身帶著筆電，坐在咖啡廳陽光曬得到的角落，喝著依照當天心情挑選的手沖咖啡，沉浸在自己的小宇宙，這是一件非常高雅且令我憧憬的事情，如今我也可以擁有了，所以我重拾以前喜歡寫文章的興趣，而這也是當時收到這台筆電我唯一用到的功能。

　　這樣一寫，寫了整整兩個月，足足三萬餘字的散文，我開始發現自己對於寫作的喜愛超乎想像，它撫平我的傷痕、接住我的淚水，我很依賴文字，難過也寫、開心也寫，寫下我所有走過的朝暮，而在即將要搬到台南的前一個禮拜，我做了這件事——

　　記得那天台北依舊下著雨，雨勢是那種介於要不要撐傘的狀態，我挑

了一件看起來比較正式的衣服，帶著電腦、撐著傘，往南京復興站走去。我拿著手機循著地圖，抵達那棟大樓後，管理員看我面生，又一臉小朋友走錯地方的青澀模樣，問我要到哪一樓。那時大概是下午兩點多，電梯裡只有我一人，直上十幾樓，我的心臟怦怦怦的一直跳，根本不知道要說什麼，甚至連想都沒想過，就這樣衝動而來。叮一聲，電梯門開了，在我眼前的是像電影裡那麼氣派又專業的櫃檯，一位小姐見我走向前，站起來問我，有沒有預約什麼人。

「我想要找編輯，我要出書。」這句話在我現在想來，依舊無法想像當時場面有多尷尬。

她頓了一下，還是努力露出一個不失禮貌的微笑，打了內線電話給編輯部。

「有一位『小女孩』在門口說她要出書，沒有跟誰聯絡過。」

沒多久她就請我進去，在接待室等候。那裡非常寬敞，足足放了有十幾張圓桌，是明亮白色系的木質感裝潢，左手邊是一大面無盡的玻璃窗，我試圖往窗外望去，就被下午刺眼的陽光阻止，從層層烏雲穿透出來的金絲，下過雨後的光芒格外燦爛。一位大約三十歲的短髮女性朝我走來，遞了一張名片給我，她請我坐下來不要緊張。她簡單的介紹了一下自己，跟我分享一些經歷，我也表明了我的來意還有想法，這段談話並不長，約莫只維持了二十分鐘左右，最後她收下了我的文章初稿，告訴我會再寄信給我答覆。

一個星期後，我在台南收到了她的回信。

那封信的細節我不太記得了，因為實在覺得自己太衝動、太不自量力，所以看完以後就刪除了。但大致的內容是這樣的：「**我從來沒有遇過一位像妳這樣年紀的孩子，跑來跟我說她想要出書，所以我很認真的**

把妳給我的文章看完了……未來希望妳繼續寫下去，有一天，時間一定會報答妳的。」

最後那句話，我一直到現在都烙在心上，時時提醒自己既然已經勇敢跨出了那一步，就不要辜負那一步的傻勁、那一步的勇氣。

勇敢，得來不易。

於是那一年我開始在社群平台上發表文章，既不正式，也沒有寫什麼錐心刺骨或長篇大論，單純當天想到什麼寫什麼、想發什麼就發什麼，有時候是咖啡廳隔桌聽來的隨筆、有時候是室友半夜的光怪陸離、有時候是對考試課業的分享對談，我知道當下的我還有不足，但一年有三百六十五天，**我會每天每天的做著同樣的事，雖然進步得很慢，但今天的我永遠比昨天更好。**

最後，我花了五年的時間，將近兩千多個日子，達成了這件事。

每走出一步，舒適圈就擴大一圈

「擁有自信」並不能保證「勇敢去做」，即使一個人評估自己有能力完成某件事，但依然有可能不願去做、不想去做；只有自信是不夠的，因為你未必能克服挑戰新事物的不安與恐懼，畢竟多數人都不喜歡未知，無法坦然面對過程的不確定感。

心理學家班杜拉（Albert Bandura）曾說過：「**成功不一定由自我信念造成，但失敗卻必然由自我信念導致。**」意思是當學習者深信自己無法、或不太可能成功的時候，他們會輕易放棄，或者乾脆訂一個低於能力的目標。

「達標的機會有多少？」我們對於成功可能性的預期值，就是「**自我效能感**」（self-efficacy），這會影響我們生活中的多數抉擇，特別是當我們

回應外在環境的想法或回饋的時候，例如我們會挑什麼樣的工作、遇到挫折時能否繼續堅持。而提升「自我效能」的方法，**第一要件便是改變觀望心態、勇於嘗試**，透過一步步的實作、學習與成長，就能回頭告訴自己，「我已經在做這件事並且踏上了這條路」；**第二個方法便是充足準備、擬定策略**。

「我能做到。」當我們開始說服自己可以做到一件事，擁有相信自己可以達成目標的勇氣與能量，就能大幅提升「自我效能」，並帶來正循環的結果。

有一句話說得很對，「勇敢的人不是不害怕，勇敢的人是就算哭了，還會含著淚繼續向前奔跑的人。」如果我們需要「自信」去開闢一條路，那麼要踏出第一步，需要的便是「勇氣」。勇敢相信自己的選擇，選擇之後不要後悔；最糟糕的是沒有勇氣選擇，得過且過，數年過後，你看似過著跟大部分的人一樣的生活，內心卻日益茫然空虛找不到依歸。

請相信，成功往往伴隨著驚喜

常有人跟我訴苦，他心很慌、不知如何是好，可能是會考考砸了、學測考壞了，或者公司的企劃案被拒絕了、被資遣了，花了好幾年的心力結果功虧一簣……。但在我看來不是這樣的，或許當下遇到挫敗，但別忘了，**成功並不一定會在我們預設的時間點降臨**。就好比說考試，許多人同樣努力了三年考會考、又再努力三年考學測，並非每一個努力的人都能在戰役中贏得勝利。有些人雖然一時失手，但在往後的日子，比如說讀大學時期、比如說出社會，得到出乎意料的成就，品嘗到因為勇敢、因為堅持不懈所結出的果實。

勇敢踏出第一步，目標就會浮現在前方，雖然你心目中的「成功」可

能誤點了，但它終究會到來，只是悄然無聲，讓你發現時又驚又喜。

有時候，你的勇敢會來自於衝動，也許是一群朋友無厘頭的傻勁，也許是半夜躺在床上突然靈光一閃讓你跳起來的點子，「勇敢去衝」有時就只是一個小火花，然而最無懈可擊的勇氣，正是來自於我們內心深處最堅實的「想望」，清楚知道自己渴望什麼、想成為怎麼樣的人、想要成就怎麼樣的事業，這些動力像蝴蝶破繭般強而有力，讓你勇往直前。

勇氣，不假外求。

如果當年我不勇敢踏出第一步，成功的機會就永遠是零，現在就無法成為自己心目中想要的模樣，但我踏出去了，就算那一步再微小、再膽怯，都離未來的那個我更近了。現在的我要謝謝曾經的自己，有點傻、有點衝動、有點不那麼三思而行，但我做出了選擇，選擇了自己想要成為的樣子。

那時候的勇氣化作一份承諾，而這份承諾，成為了我的往後。

未秧的 Tips

1. 心態會帶來力量：

　　在學習方面想要提升自我效能，可透過良好的讀書策略、有方法的練習，讓你的勇氣用對力氣，不同學科會有不同的訣竅，這部分會在後面的章節一一告訴你。

2. 接受恐懼，找出問題癥結：

　　勇敢不是不害怕，而是坦然面對自己的恐懼。先問問自己，為什麼不願意去嘗試？為什麼不敢燃起衝勁為自己爭取、設定遠一點點的目標？

3. 理性評估，大膽做夢：

　　想想看如果沒有勇敢踏出這一步，最糟糕的結果是什麼，而最好的終點又是什麼？我想你絕對想得到最壞的狀況，但最好的，一定會是意料之外、你想像不到的。

我 的 學 習 筆 記

壓力書櫃

你 一 定 是 足 夠 好 ， 才 有 資 格

承 受 這 些 壓 力

再堅持一下就到了，
你、我，皆黑馬。

壓力，是一種資格。

我們經常抱怨壓力很大——以學生來說，必須應付學校的課業、補習班的作業、父母親的期待，還有行程滿檔的才藝課，或甚至是大考將至、放榜前夕；以社會人士來說，必須達到當月業績，兼顧職場人際關係，下班要應酬、隔天要起早……這些瑣碎的大小事，要說永遠說不完，日復一日、日月積累，壓力變成了一種習慣，成了一種生活方式，成了每個人不得不面對卻只能刻意視若無睹的東西。

其實沒有那麼複雜，雖然抱怨起來總是長篇大論，你問問坐在酒吧吧檯的人近期有哪些壓力，大概通宵都說不完、理不清，但歸根究柢，**壓力的構成就是兩個來源：自己的期待；還有，他人的期待。**這個「他人」可能是父母親、同儕、親戚、手足，抑或是這個世界所運行的既定規則。一個人如果沒有想要擔起的責任、想要撐起的承諾，他並不會感到壓力，因為這代表目前沒有他所值得期待的、或者內心嚮往的人事物。

那麼每當我們感覺壓力罩頂的時候，能做些什麼？首先，別把壓力當成一種「重量」，如果用重量來感受，它將只能是一顆巨石，永遠重壓在你的肩膀上，從出生到死亡，越來越沉、越來越龐大，導致你只有「繼續撐著」和「被壓垮」兩種選擇。我們可以試試看另一種方式：**將壓力視為一座「書櫃」，把它具象化、可視化，轉化成視覺上的感受。**

想像一下，你從出生便擁有這個空櫃子，隨著年歲增長、歷練漸豐，你想要學習的越多、你想要看的書越廣，這座書櫃於是越來越擁擠、越來越雜亂，若沒有適時的整理、清掃、排列，這些書便會開始堆疊、積塵，進而遮擋你的視線，當你想要找尋某本書或再放上新的書時，你便會毫無

頭緒不知從何找起，或看不清楚還能把新書塞放在哪一塊空間。

這些占據前方道路、遮蔽視野的「雜亂」，可能來自於你勤奮學習的積累，還有肩負的責任與期許，倘若不好好梳理、檢視、取捨，你眼前的書櫃便會是一場混亂。對，壓力不是沉重，是種眼前的混亂，它代表了你過往的努力和對未來的期盼，也是一種資格證明，但混亂畢竟會阻擋目光、混淆你的自信，而我們只要用對方法，就可以好好清理出頭緒。

別怕！直視壓力的六個步驟

Step 1. 把壓力拿出來「討論」

不一定是和他人討論，也可以是自己和自己對話。雖然聽起來有些籠統，但相信我，這種類似每天對著鏡子自我省思的做法真的有用，想像每天晚上都有一個人理性的跟自己「討論」造成壓力的事項。切記，**壓力是可以「討論」，而且是「必須」要討論的**，無止境的單方傾訴、抱怨只會帶來逃避。面對壓力很重要的一點是從多重面向去思考、看待，把範圍拉大、把時間拉長，如果一味的使用單一角度、無法跳脫視野，那真的會讓人喘不過氣。

Step 2. 了解壓力的好與壞

現在是什麼事情讓你感到壓力？這個壓力帶給你的是全然負面的影響，還是其實也在督促你？先誠實對自己傾訴，究竟最大的困擾是什麼，例如是大考的壓力，還是自己對於目標成績的壓力？是因為設立的目標太過於遙遠嗎？還是時間上操之過急？

Step 3. 釐清自己處於壓力下的感受

你還好嗎？不必逞強，你可以對自己說：「我真的快要擔不住了、我很想要放棄了、怎麼努力了那麼久成績都沒有起色、我覺得自己永遠比不過那些天生聰明的人、我已經夠努力了……。」很坦誠、很赤裸的面對自己心中所有的悲傷。

Step 4. 回想當初承接這份壓力的初衷

再回頭問問自己，當初是什麼原因讓自己擔起這份壓力、為什麼可以走到現在？是因為目標本身，還是對於自己未來的想像？抑或是你「想要追求更好的自己」的決心？然後再誠實的回答自己。現階段是因為時間久了所以一時疲累，還是因為短時間得不到成就感、缺乏回饋，令你沮喪而想放棄？

Step 5. 評估現在的壓力是不是適中、適量、適合

壓力不是越多越好，也不能少之又少，你必須了解自己所能承受的壓力之最，然後找到其中的中間值，做點調整，適當的放下一些不能承受之重。想像你是在**調整電量**，太少啟動不了，太多容易爆炸。剛剛好的壓力可以督促你進步，但又不至於創造太遙遠虛幻的目標，**健康的壓力值建立在個人的能力還有自律上**，因人而異、因事不同。

Step 6. 認清與壓力共存的方式

「我帶著壓力，要如何繼續前行？」請想像有兩個人坐在星巴克的沙發兩邊，理性但嚴肅的討論這個話題，可能偶爾僵持、情緒波動，但最後雙方站了起來，給了對方一個最深刻的擁抱。誠實告訴自己，就算周圍的人視而不見、不以為意，但我明白你的難受。先釐清自己真實所想，也許剛開始會有點不適，但一旦開始認識自己、明瞭心底最痛苦最憂懼的那塊，

才有辦法談解決，進而向前。記得嗎？壓力可被討論、可被調整，如前面所說，它不是一塊石頭沉甸甸的落在你肩上，只是你看的書多了、肩負的責任高了，所以這一刻的壓力書櫃有點凌亂而已，給自己一些時間整理一下就好。

這場對話，隨時可以開啟，但只有你可以做到。

見招拆招，解決壓力的有效切分法

一件事會讓你感到壓力，通常有兩個最主要的原因：第一，有時間的限制，必須在某個期限內完成（或者在某個年紀內「應該」完成）；第二，此事所需求的條件可能超出你現在的能力所及，你必須再精進、學習、尋求他人幫忙才能夠完成這件事。

追求能力的展現、發揮卓越，這是人的天性，再內向的人也會希望有燈光、有適合自己的舞台，讓自己揮灑，被更多人看見並肯定，而這種渴望正是致勝的關鍵。因此，我們應該要做的，是找出方法達成好結果，比如說設定具體的業績、成績、表演，而不是把目光聚焦在時間的緊迫性、或是自己能力的不足，這樣只會讓自己越加難受，換句話說，與其擔心現況，不如轉念為：「**因為現在的狀況如何，所以我該怎麼努力**」。

一、先盤點，你能夠改變什麼現況

既然這件事的壓力已經讓你快要無法承受，而你也坦然面對了，那第一個問題便是：你能力所及的範圍內能夠改變什麼？**壓力的量值往往來自於「目標、期待」和「能力、時間」之間的絕對差距**，距離近一點，那壓力會小一點；如果自己需付出相當大的努力才得以進步，加上時間緊迫，

感受到的壓力當然相當龐大。那麼，先想一想，目前你可以優先解決的是目標、期待、能力，還是時間？

二、如果是「目標」

　　這個目標對於現階段的你是否會太過遙遠？可不可以先切分成小目標？如同〈練習自信〉篇提到的，不妨為這段路途設立幾個「中繼站」，先完成這個階段，下一站再從那裡開始，抑或是這個目標已經很剛好，不用變動。在後面的段落會跟大家分享如何設定目標。

三、如果是「能力」

　　我認同努力絕對會有所回報，但現下你的身心狀態得靠自己評估──是否還有推進自己的動能？再熬夜苦讀撐不撐得下去？拚了命，也許分數會有些許進步，但會不會因此失去健康？這些都需要客觀看待。也許現階段的你正遭遇瓶頸、能力難以如期望增長，但請試著把成長曲線拉遠來看，不論是會考、學測、研究所，每一關卡就是一個階段，但「學習」卻是永無止境，如果你對求知、對知識具有深遠的野心，你的進步就沒有終止線，只需學習更有效能的方法，你的努力就能看到回饋。

四、如果是「時間」

　　我們無法改變許多事情或任務的最終期限，例如升學考試或年終考核等，但請在你能作主選擇的範圍內，先試著調整先後順序：哪些是你沒辦法決定的，就先放在前面執行；哪些是你有權力作主的，就放到後面一點實現。沒有放棄、毋須割捨，只是排出孰先孰後的重點順序，光是這樣便可以有效減輕你當下的壓力。

五、如果是「期待」

　　我指的是自己對自己的期待。自我期許是必要的，假設你的上一場考試成績非常優異，對於自己的下一場戰役就容易有更高的期待；反之，如果前一個目標未能達到理想結果，就可能拉低你的期望值。但這些都無妨，「期待」本來就是一種動態調整的過程，可能因為當下的情緒、天氣的好壞，身旁的人的鼓勵而有所變化，「期待值」的設定要多高完全取決於你自己，但若你已經因為持續達不到理想狀態而感覺失落、壓力罩頂，就必須試著重新評估自己，「我現階段怎麼看自己、我預期要到達哪裡」。

　　壓力是自己給自己的承諾、自己給自己的責任，是督促自己的必備條件之一，承諾做了，誰也不想毀約；責任扛了，誰也不願輕言放棄，**但有時試著分擔一些壓力給「未來的自己」**，這並不是一件壞事。

幫自己設定「壓力篩選器」

　　說來說去，其實壓力什麼都是，也無處不在，但我們並不需讓生活中的每一件瑣事、每一處細節都構成壓力，就好比說我們都知道要聽取他人的意見以改善問題、提升自己，但對於批評與建議，你不應該全盤接受，**而是要有能力去取捨與排列先後，取捨自己所需要、所受用、所能成長的部分**（而那些來自父母、師長、同儕的壓力也應該如此處理，即便我知道可能更困難）。

　　談到取捨，我想先分享關於「**完美主義**」這件事。我遇過很多具有完美主義特質的人，包括我自己就有極端完美主義傾向。舉個小例子，我的鉛筆盒中不太會準備立可帶或立可白——請不要誤會，我並非只用鉛筆書寫，而是我的筆記只要寫錯字，我就會把整頁揉掉重新來過，有時候甚至

會整本放棄、從頭寫起。聽起來有點強迫症吧，但這就是我的完美主義。

完美主義沒有一定好或不好，擁有適當的堅持、執著與頑強是難得且可貴的天賦，在人生的很多面向都會發揮助力，但我們要小心，有的人為求面面俱到，把他人所給予的建議與期待，毫無選擇的全攬在自己身上，因為旁人說了什麼就改變自己的目標，盲目的順應周圍期待而放棄初心夢想，久而久之，心裡失去平衡，結果「期望」反而令他傾覆、「壓力」讓他崩垮。

現在網路資訊發達，我們都知道要學著篩選正確且有用的資訊，「識讀力」是現代人必備的技能，然而當事情落到自己身上，卻忽視這個「判讀篩選」的步驟，沒有原則、毫無保留的接收旁人的期待或評論，試想，當你過於頻繁的更改路線、轉彎、停頓，怎能如你所願的到達終點？

在前文我們有提過心理學家班杜拉的「自我效能理論」，他同時也指出了四個會影響自我效能感的因素[注1]，這四點包括自我期許，也涵蓋他人的期望：

1. 成功經驗：過往曾有過成功經驗；

2. 他人經驗：看見相似狀況的人也有過成功經驗；

3. 社會說服：他人認為你會成功；

4. 生理訊息：認知到自己投入大量時間或精力在這項活動中。

雖說這四個因素都有助於提升自信或實踐的勇氣，但我們要怎麼更健康的看待來自不同管道的期望與壓力呢？用圖表來看就很清楚了，在心理學的「壓力調適行為理論」（Transactional theory of stress and coping）[注2]中，說明了不同的壓力量值對於人們行為的影響，在圖中 X 軸代表「壓力

注1

Bandura, A.(1997). Self-efficacy: The exercise of control. New York: W.H. Freeman.

程度」，Y 軸代表「表現」，可看到適當的壓力會提升學習或工作表現，過少的壓力則無法激發我們想要挑戰的心理，而壓力太過沉重也可能導致反效果。

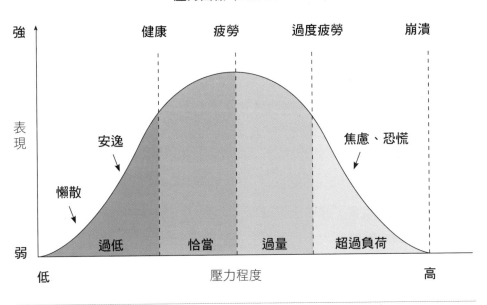

壓力曲線（STRESS CURVE）

注 2
Lazarus, R. S., & Folkman, S. (1987). Transactional theory and research on emotions and coping. European Journal of personality, 1(3), 141-169.

因此，想把壓力化為助力，你需要兩個原則：

一、正面解讀：相信別人給你壓力，代表了對你的肯定

有認可才有期待，來自他人的壓力，不管是責任也好、期望也罷，本質上是正面的，代表你有能力、你有肩膀，別人才會把這些放在你身上。若你今天百無一「能」，大概也就沒有這個困擾，壓力也不會憑空降臨，因此我才會說，壓力，是份資格。你首先要做的，就是「解讀」，在接收到他人的評價或是期待時，第一時間別感到畏懼或退縮，要記得先汲取這件事的正向意義：「被人看見、獲得肯定、擁有未來」，之後，再做出取捨。

二、保留選擇權：對他人的期待，做出取捨

如果條件許可，沒有人不希望完美，我們總是希望自己每個角度都很漂亮、做每件事都能獲得掌聲，但這是不可能、也沒有必要的，即使可以朝向讓更多人喜歡的方向邁進，但這只是一個過程，不會是終點。請記得，**來自周圍的期待是幫助你微調的方法**，但他人對你的「想像」，從來就不等於你對自己的「嚮往」。適當的負重可當作這一路的補給行囊，能鼓勵、指引、督促你半途的倦怠或迷惘，但切忌別把別人的期待當作你唯一的動力或目標。

如何調適並確實了解自己可以承受的壓力，是一輩子的課題。我知道這很難，但外界的聲音太多了，終究還是得靠自己選擇、消化、處理，最終我們才能完整成為自己心中真正想要的模樣——須記得，你絕對擁有選擇的權力。

目標設定

為夢想定錨，好的目標是成功的開始

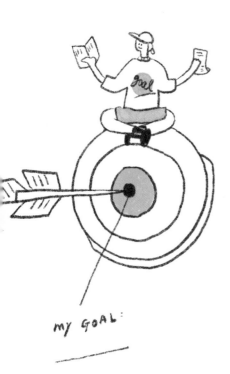

> 認不清方向就魯莽奔馳的人，
> 往往到最後會不知為何而戰。

　　設定一個適合自己、具挑戰性，且明確可達成的目標，絕對是關鍵的第一步。

　　打從我在 YouTube 分享學習方法影片，就陸續收到許多令人感動的訊息回饋，但剛開始有一個我個人的問題，導致我無法有效的督促自己成長與進步：我幾乎不太關心自己的影片後台成效，很少花時間回覆留言、整理回饋，我不曾去想「這支影片的反應很好是為什麼、這個方法大家不喜歡又是因為什麼？」，從沒有認真去思考、回應與調整影片。後來與朋友討論了好長一段時間，才釐清當時最大的盲點在於「我不知道我在做什麼」。我不知道分享影片的目標是什麼，不知道怎麼看待那些分享所獲得的回饋——最根本的，我不知道我為了什麼而努力。

　　我當然清楚拍影片的初衷——希望我所分享的讀書方法可以減少其他學習者辛苦摸索的茫然和焦慮，但我卻沒有思考做完這件事之後的下一步，所以我自然不知道該多常去更新影片、要怎麼看待頻道經營的訂閱數等等。當然，現在的我已經很清楚自己要做什麼、怎麼做，但回想當時，我就像一個買了新車的人，很興奮、有足夠燃料，但我不知道這台車「要開去哪」。

　　因此，我們必須了解，目標為什麼重要？

　　第一，**目標能標定你現在的定位**：可以明確知道我們能力所及之處，並緩下來檢視現下所處的位置。

　　第二，**目標是最好的動力**：設定一個具挑戰性但有機會達成的目標，是督促自己進步的最好方式。

　　第三，**目標讓你心無旁騖**：讓我們不會因為今天想做這些、明天又突然想做那些，而不斷改變自己的方向，目標設定好了，方向便能明確浮現。

因此在做任何事情之前，若能為自己設定一個適當的目標，不論是對前進的速度或方向都相當有助益。

談目標設定這個大哉問，有太多理論和方法，以下三種設定與導正目標的原則，是我覺得應用在學習上最單純也最直接的，希望可以讓你據此檢視或調整自己對於各種大小目標的規劃。

一、SMARTER 原則

在目標訂定的方法中，不管是針對個人或者是企業，現在有很多人使用的方法是 George T. Doran 於 1981 年 12 月在《管理評論》（Management Review）上發表的「SMART 原則」[注1]，這也是我認為最好理解、且最能讓目標「執行起來」的方式。後來有許多學者針對 SMART 原則提出改良與延伸，我想介紹的是我自己實證過最為推薦的版本。

SMART 原則由五個英文字母所組成，分別代表的是：Specific（具體明確的）、Measurable（可衡量的）、Attainable（可達成的）、Relevant（實際相關的）、Time-bound（有時效性的），而若把 SMART 原則延伸為「SMARTER原則」，E 則代表的是 Evaluate（評估），而 R 我會用 Readjust（重新調整）甚至是 Reset（重新設定）這兩個字。

Specific 具體明確的：當目標越明確、越沒有模糊的空間，我們對夢想的想像會更真實、更有想要追逐的動力。比如說今天設定的目標是「賺錢」、「考高分」，但這中間實踐的細節與過程太過籠統，試著讓目標聚焦一點、

注 1
Doran, G. T. (1981). There's a SMART way to write management's goals and objectives. Management review, 70(11), 35-36.

具體一點，例如：「我想要透過每天早上聽英文雜誌三十分鐘，在半年內讓英文成績進步二十分」，這樣就是相當明確且具體的方向。

Measurable 可衡量的：量化是非常重要的過程。比如說「我這次期末考想要考得更好」，和「我想要班排進步十名」、「班排到達前十名」，或者「總平均進步十分」這是不一樣的；在減肥時期一天要少吃進多少卡路里，一個星期要跑多少公里、要去幾次健身房、喝多少的開水，這些若能寫下來，記錄已經完成多少、還剩下多少，就更容易掌握自己的狀況。

Attainable 可達成的：你所設定的目標，一定要在能力範圍與實際層面上可以達成，但請注意，每個人的狀態、能力是動態的，有可能會隨時間與經驗而改變，你現在一年可能賺不到一百萬，但不代表你將來就不能設定一年賺一千萬的夢想。針對當下的狀態設定有機會達成，帶有挑戰性卻又不會讓自己動輒心灰意冷、乾脆躺平放棄的目標，就是剛剛好的目標。

Relevant 實際相關的：新目標若能與你現在的生活，或是前一個目標有相關性，會讓你更容易踏上這條路並有動力執行。例如一直以來你的興趣只在音樂方面有所涉獵，若心血來潮想設定跑馬拉松為目標，過去從未養成運動習慣的你必定會非常吃力，也容易感到很大的壓力，雖說未必行不通，畢竟擁有多元專長也是現代社會的趨勢，但在目標設定上，不宜太過跳躍會比較容易達成。

Time-bound 有時效性的：若沒有幫目標設定時間限制，以人性而言，我們絕對會一拖再拖，不斷找理由放過自己。因此到底需要多少時間、頻率是多少、有沒有來自他人的期限，或者是你給自己最後的完成日在哪一天，如果期間發生了突發狀況導致計畫延期該怎麼應對……以上的問題都會影響執行面，因此做適度的時間管控是絕對必要的。

接下來的兩個 E 與 R，是針對 SMART 原則原本忽略的部分增加的。在

完成上述五個步驟訂定好目標並開始執行之後，我們可以繼續以下兩個步驟，我認為相當必要。

Evaluate 評估：這是對於目標整體的反思與評估。通常當我們設定較長期的目標，很容易因為幾天的「脫軌」或者是突發狀況，漸漸的偏離原本的計畫，因此對於比較長遠的目標，若以每周或是每月的頻率重新審視，並對當下狀況與成效做出評估，可避免讓自己的進度大幅落後甚至放棄。

Readjust 重新調整、Reset 重新設定：在評估與審視之後，很有可能發現原先的規劃不適合或不完整，我們可以在這個時候做調整，甚至如果目標本身的設定方向不理想、不正確，可以重新設立、決定，不需要認為目標訂了就不能改變。

二、目標是為了自己，請排除他人因素

從目的性來看，目標又可以分為「成長性目標」和「證明性目標」──你的目標是為了自身的成長，還是為了證明給他人看？

史丹佛大學數學系教授裘・波勒（Jo Boaler）的知名著作《大腦解鎖》（Limitless Mind: Learn, Lead, and Live Without Barriers）中提到的學習金鑰便是：「**我們必須認知：我們一直在成長之路上，不要再對學習能力抱持固定型思維。**」而通常會設立成長性目標的人，擁有成長型思維（Growth Mindset）；反之使用證明性目標的人，較常受限於固定型思維（Fixed Mindset）。固定型思維是相對於成長型思維的思考方式，很多學生自認沒有數學天份，或把「我天生就是音癡」、「對藝術一竅不通」掛在嘴上，但真是如此嗎？這會不會是一種自我認知的偏見？

人類對於所有領域的掌握，都來自於學習，而剛開始勢必要歷經啟發

的階段，有些人啟發得早，在學習路上走得快，例如同樣坐在國小一年級的教室裡，所有孩子都在學習小一的數學課程，但如果在零到七歲的這段期間，其中一位小朋友因為提早接觸抽象、幾何、代數等觀念，而有了對數字的敏感度，他的小一考試成績很可能會比其他同學優異，但這並不代表他會永遠領先、其他人會永遠落後。

保有成長性目標的人較不會畫地自限，好比說不會認定「我只考六十分是因為女生的數學能力原本就比較差」、或者「我們家的人都沒有數學天份」等，而是告訴自己，「只要透過學習，我就能成長與進步」，保持這種開放的態度，絕對有助於你提升成績。

至於證明性目標，請記得非常重要的一件事情：**學習與考試，並非為了別人，而是為了自己。**或許你會嗤之以鼻（畢竟這也是大人老愛掛在嘴巴上的一句話：「讀書是為了你自己好嘛！」），又或許這一刻你可能是為了滿足父母或者是師長的期待而讀，但請記得，**學習不會背叛你**，所有學習所帶來的價值與知識都會回饋在你身上，透過這些價值，你有一天會更明白自己想要投入的領域，並找到自己喜歡的生活方式，而家人與師長、同儕並不會陪伴你一輩子。

「我想要向其他人證明我有某種能力」和「我期待、我想要學習某種能力」，兩者的出發點全然不同。

「想去證明」代表你有想要表達的特定對象，可能是出自於對方的規定、需要或期待（比如說公司需要你具備某項證照的證明），或者是出自於他人讓你產生了不甘人後的想法，你想要證明給對方看。把「證明」當作自己的目標或夢想，雖然也可以為自己創造前進的動力，但不是最正確的方向，**就像我們拚命專注在自己有沒有努力爬山、有沒有順利登頂，卻忘了反思這座山是不是我們真的想要爬的那座山。**

成長性目標的設定並無終點，因為目標是為了「**提升自己的能力**」，而這個目標不受侷限，可能是某些「能力」，但也可以延伸到快樂、幸福等心理層面，我們追求的是讓自己越來越好、越來越接近自己喜歡的樣子，並不是為了成為誰心中幻想的模樣，或者只是為了證明自己可以擁有這個能力。

　　當我們的目標是以成長為導向，本身的抗壓性也會相對提高，因為我們知道學習是為了成長，而挫折是成長難以避免的一部分，更是不可或缺的過程！當你有這種認知，自然不會患得患失、而是坦然接納。

　　所以，請記得兩點：**第一，沒有天賦論，只有努力派；第二，為了自己，不為他人。**

三、重新定義成就感

　　前文所述的SMARTER方法，並不是要我們把目標「**侷限**」在可以達成、可以量化、可以評估的目標，而是讓我們把夢想「**分割**」成可以一步一步達成的小目標，而這過程或許漫長、或許乏味，或許不夠刺激、不夠浪漫，或許有時也讓人疲軟與沮喪，但成就感並不一定要來自達成什麼事、到達哪裡、抵達何處，不一定是「無」或「有」兩個極端、「零」到「一」的有限區間，**把成就感想成是一個撲滿，我們不斷為自己加值、為自己投資，**當撲滿裡面金光閃閃的錢幣開始堆疊，任何一點的增加都會讓人雀躍。

　　成就感來自進步、來自超越、來自成長。以前我去健身房的習慣是一定要先跑步，暖身完之後，綁好馬尾、繫緊鞋帶，站上跑步機，設定一個三公里或五公里的目標，但常常因為前一天熬夜或身體狀況不甚理想，跑不完所設定的距離而感到沮喪，但其實我已經跑很多了，不是嗎？就算只

跑一公里也感謝自己跑完了一公里，淋漓盡致的發洩情緒、抒發壓力，這個過程很快樂、很盡興，我知道我是很棒的。

到底目標要多宏偉還是多保守、多現實還是多夢幻，沒有絕對的答案，但原則是你必須讓目標為自己帶來振奮、帶來嚮往，不管大或小的目標，都是發自內心、真正期待的心之所向。

當然，我們的目標可能會被其他人肯定或貶抑、受別人影響，或被社會趨勢和時代潮流所牽動，有時候我們只是「正在」或「剛想要」去做一件自己「真正」想要做的事，但當這件事不是大家所期待的、不是多數人所認同的時候，我們便會開始躊躇，懷疑是不是自己的偏好與直覺並不正確？於是刻意侷限自己的夢想以符合現實的框架，壓縮自己的野心以避免被嘲笑。但請務必記得，無論其他人如何否定，畢竟不同世代的經驗、他人曾經嘗試的方法，都只能做為參考，**任何人的人生經驗都不等於我們的未來**，而不同的人做同一件事，也絕對會帶來不一樣的結果──他人的失敗或成功，從來就跟我們無關。

未秧的 Tips

1. 目標可調整，但不要輕言放棄：

請不要當第一個否定自己的人。你絕對有資格設立一個宏偉、大膽的目標，但方法是一步一步的去實踐，而不是在第一時間就受外在因素干擾而輕言放棄。

2. 目標不是為了證明，而是成長：

不是失敗，而是還沒成功；不是做不到，而是還沒做到，把時間拉長遠一點看，「失敗」這個詞便不再存在，所有的目標、一切的努力，都讓我們成為了更好的自己。

3. 可以參考別人，但不要限縮自己：

不要用他人的成功來懲罰自己，更重要的，不要用別人的失敗來規範自己的夢想、限縮自己的極限，而是自己為自己的人生下定義。

動機思考

讀書的意義到底是什麼？

> 永遠知道自己在做什麼，
> 而不是世界要求你要做什麼。

幾乎每個人在讀書的時候，都會遇到同樣的問題：「累了」、「讀不下去了」、「不知道為什麼要讀書」、「不知道自己唸這些要做什麼」……這樣的想法非常容易浮現，尤其當考試準備的時間越來越長、大小考越來越頻繁，一次一次考壞的挫折疊加上來，我們會迷失。

為自己找到動機的重要程度絕不亞於設定目標，甚至於如果缺乏良好的動機支撐你前進，有再明確的目標也難以為繼。當你走到一半，感覺疲憊、想不起來當初的衝勁、當初的熱忱，以下方法可以幫助你正面思考、找回初心動能，想起曾經為什麼會下定決心要努力讀書？為什麼會設下那麼艱難卻美好的目標？

首先，我們要先釐清動機的源頭。**內在動機（Intrinsic motivation）**是發自自己內心的驅動力，例如興趣、學習、挑戰、滿足等；而**外在動機（Extrinsic motivation）**是以各種外在因素驅動個體行動的力量，像是別人的稱讚、成績，或者是物質報酬等。

如果你的學習動機多數來自於父母師長的稱讚、同儕的稱羨、成績亮麗、制服象徵等等，這並沒有絕對的對或錯，但過度仰賴外界所給予的動機，將會造成你的狀況非常不穩定，你會很容易因為外界的一點改變就大幅影響表現跟心理狀態。

內在動機（Intrinsic motivation）：放膽去想像

回想自己讀書真正的原因，或許上述那些外在動機會占一部分，但你

絕對會有發自內心對自己未來與生活的期待，而實踐這些期待的方法之一，就是讀書。

以我為例，我讀書的內在動機就是：讀書可以拓展我的視野，讓我明確找到自己喜歡的生活。這件事說來抽象，但我在高中的時候就對我的生活方式有很具體的想像，好比說我想要早上有沖一杯咖啡的時間，不是只有便利商店的早餐選擇；我想要在天黑之前回家，想要假日時有去曬太陽的悠閒；我甚至想像，我要每天早晨被灑落房間的陽光曬醒……每天當我想到這些未來的畫面我便無比興奮，便有繼續讀下去的動力。

保有自主權（Autonomy）：能掌控才有熱情

當你失去對學習的自主權，你會很容易失去對讀書的熱忱。若你今天將所有的時間安排、進度等都交給他人，永遠都在等師長、補習班、父母親下指令，規定你必須在什麼時間做什麼事，你等同於失去了自由安排這件事的掌控權。在無法彈性規劃自己的時間、只能按表操課的狀態下，讀書的過程便會變得百般無聊，有種被趕鴨子上架、不得不完成任務的枯燥，久而久之很容易迷惘「我為什麼要做這件事？」。

不妨試試看，自己主動安排學習進度，或者和家人討論後，自己主導課餘、假日的時間規劃，一開始只需畫張簡單表格，安排好休息時間和每天看書的時間，毋須太複雜。重點是讓讀書這件事盡可能由你掌握、讓自己有作主的感覺；人總是要先能作主，才有辦法思考「我為了什麼而做、我還可以做些什麼來達成目標」。

而如果你是家長或師長，看到這裡，或許會擔心，若大膽的把學習進度的自主權都交給孩子，萬一他們規劃得亂七八糟，或瘋狂的滑手機、看

電視、打電動那該怎麼辦？這得從根本性的問題解決──也就是前章所述的「目標」，若一個人真的明瞭想要達成什麼目標，知道未來要走向哪個目的地，就比較有動力抓住時間努力學習。

當然了，如果孩子年紀小、自律性低，或對於時間規劃的掌握還不夠成熟，目標看來也飄浮不定，那麼我的建議是放慢步調、漸進式的，一點一點的把時間決定權交還給孩子。不妨採用和孩子以「**關鍵結果**」的方式具體執行：和孩子約好每一次要達到什麼小目標（可能是讀書的時數、做題目的份量、也可能是某科分數提升或名次提升等等），當他能預見一個明確的、正面的結果，做這件事的意願也會提高（這是跟管理學有關的方法，可參考本篇末「未秧的 Tips」）。

學習的難度（Difficulty）：幫自己「客製化」挑戰

當學習難度太高，多數人會乾脆投降，因為根本無法挑戰，何來樂趣可言？但如果學習難度太簡單也是不行的，我們會因為太容易做到而感到無聊、不想讀書。雖然大部分學生都是按照學校進度或補習班規劃來學新課程或複習，但每個人的程度、理解的能力不一，對不同章節熟悉瞭解的狀況各異，記得每天為自己「客製化」讀書的難易度，掌握屬於自己的節奏，不要只是完全照著其他人的腳步前進。

具有一定難度的學習，其實會讓我們感受到「興奮」，這是人體生理上的激發狀態，你一定有過這樣的經驗，在演講或比賽前感受到緊張，專注力隨之拉升，帶給我們更好的表現。相關研究將激發狀態與表現之間的關係稱之為「耶基斯－多德森定律」（Yerkes-Dodson law），這個定律告訴我們，我們的工作表現好壞，和挑戰困難度有關。從下一頁的曲線圖[注1]可

看出，若從事簡單的工作，隨著激發的強度越高，表現越好；但若是從事較為困難的工作，太低或過高的強度都無法讓我們發揮良好的表現。

　　為自己挑一個「恰好超過自己能力一點」的挑戰，不僅和找到學習動力有關，也有助於提升專注度，兩者是有關聯性的，我們在第二章談「專注力」時會進一步闡述。

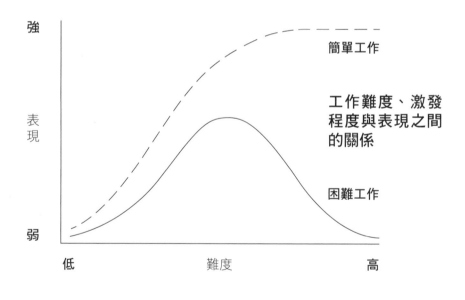

注 1
Diamond, D. M., Campbell, A. M., Park, C. R., Halonen, J., & Zoladz, P. R. (2007). The temporal dynamics model of emotional memory processing: a synthesis on the neurobiological basis of stress-induced amnesia, flashbulb and traumatic memories, and the Yerkes-Dodson law. Neural plasticity, 2007, 60803.

回饋機制（Feedback）：大方給自己獎賞

　　當你可以因為考得好、成績進步而給予自己回饋，進而感到滿足開心，便再也不需要依賴別人給你回饋或獎賞。試著為自己建立一套完整的回饋機制，例如今天考試進步多少分，就可以給自己放一天假去看電影、去逛街等，或者這個禮拜有確實達成進度，就獎賞自己一整天無所事事。回饋不一定是物質上的東西，重點在於你是不是能因為這個回饋而讓自己短暫充電，恢復之前的活力跟動力。

　　心理學家桑代克（Edward Lee Thorndike）曾提出三大學習定律（Thorndike's Laws of Learning）：練習律、準備律、效果律 注2，其中效果律闡述了刺激與反應之間的聯結，簡單來說就是良好的回饋、令人感到滿足的獎賞，能促使人不斷重複此行為。大部分我們生活中所能感受到的回饋都來自於外在，好比說稱讚、獎勵等，但在此所說的建立一套回饋機制，是希望你在從事任何事情時，都能給予自己回應、反饋，而不只是期待或等待外在給予的酬賞。

日常中自我提醒（Reminder）：把夢想放在眼前

　　前面提到的找尋動機方法比較需要練習，在此我想介紹五個針對考試升學，非常簡單有效且立即的小方法，可應用在日常生活中，讓你時常提醒自己，或者當你突然失去動力的時候，也可以穿插使用。

　　第一個方法，在你的鉛筆盒或者是你每天都看得到的地方，放你志願的學校照片，這樣做可以讓你的夢想更具體更真實，讓你在讀書的時候，

注2

Thorndike, E. L. (1913). The psychology of learning (Vol. 2). Teachers College, Columbia University.

也不會覺得夢想遙不可及。

　　第二個方法跟第一個很像，就是你實際去那所學校走一走，去看看它的大門，去看看從那裡進出的學長姐，然後想像著明年也要在這扇門開學的自己。

　　第三個方法，跟自己嚮往的人，或者是學長姐聊天，你可以看看他們達成目標後自信耀眼的模樣、他們現在的生活，以及一切氛圍。這點非常有效，因為他們等同於達成目標後那個未來的你，看著他們會讓你開始期待自己變成那個樣子。

　　第四個方法，上網滑榜單，直接去看歷屆錄取分數，告訴自己若多努力一點、再提高多少分數，你就可以多出多少選擇權，你就可以有多少學校或者是科系可以選擇；而若你的排名越下面，你的選擇就越少，最後只能讓分數來選擇你，不是你來選擇你想要的學習與生活。

　　最後一個方法，想像一下，若高中三年，或大學四年，你都跟自己不喜歡的人在一起生活，會有多不快樂，問自己到底喜歡或不喜歡哪樣子的人、擁有哪些興趣的人、過著何種生活方式的人，而你想要未來的日子跟哪類型的人在一起，這些人或許可以正面影響你的一生，又或許可以帶給你前所未有的改變跟突破，**我們要避免把自己丟到一個自己完全不喜歡的環境裡**。

　　常常聽到人們爭論目標與動機哪個比較重要，有些人強調過程，部分人強調結果，但在我來看，目標就像是導航，動機就是燃油，當我們有正確的心態、不斷成長的能力，有導航、有燃油，有方向、有力氣，我們隨處都能去，而且天涯海角都可以抵達。

未秧的 Tips

幫缺乏動機的孩子推一把：目標與關鍵結果

在管理學中有一個相當知名且實用的工作法，也是 Google 等跨國大型公司採取的一套流程，叫做「目標與關鍵結果」（Objectives and Key Results，簡稱 OKR）。概念非常簡單，就是設定的每一組「目標」（Objectives），分別與二至四個「關鍵結果」（Key results）搭配，要達成這個較大的目標，必須先做到這些關鍵結果，而關鍵結果必須是可以量化的，類似於前述 SMARTER 原則裡強調的「可衡量的」（Measurable）。

比如說我們今天想要提升英文能力，要達到這個目標，我們需要拆分成三個關鍵小結果：

1. 每天背三十個單字；
2. 一周寫一篇英文作文；
3. 早上起床聽一則十分鐘的英文新聞。

可以試著跟孩子討論他希望達到什麼目標，再討論要怎麼執行這些小小的、可量化的關鍵結果，當孩子達成的時候，就逐步把時間還給他們。這會需要一段時間的習慣養成，長久下來當他能一步一步達成這些關鍵結果，對於自主學習漸漸有了頭緒，就不一定需要花大量的時間坐在補習班，對於時間的運用與效率都可以提升。

雖然 OKR 比較常應用在企業的管理，但對於個人也是很好的自我管理方式。

解除焦慮

用科學方法撫平緊張、
發揮實力

> 如果感到害怕，
> 那表示我們正在做一件很勇敢的事。

　　每次考試結束的鈴聲響起，是不是很常聽到有同學此起彼落的哀號：「可惡！這一題我現在才想起來！」「剛剛太緊張，我一直算錯！」這也是最讓人感到沮喪的狀況之一：我明明都會、明明昨天才複習過、這題上次有考過，卻因為考試當下的緊張與過度焦慮，讓人一片空白，忘了如何作答，偏偏這種「臨場失憶」常常在收卷的一剎那才恢復正常，但不免感到為時已晚，若接下來還有其他考試，心情很難不被影響。

　　在〈壓力書櫃〉一節中談的是長期積累的壓力，還有另一種臨時性的壓力，跟臨場的情緒起伏變化相關。我們在準備考試時最擔心的，就是明明事前準備充分，卻沒有妥善處理考前焦慮，結果進入考場，受到氛圍影響，在龐大壓力下功虧一簣而失常。

　　這一篇要介紹的方法在接近大考之前更為適用，可以降低考前幾天或是考試當天的焦慮，讓你維持平常心、更好發揮實力。

幫情緒命名（Naming emotions）：換個說法改變情緒

　　第一步驟，正視自己的恐懼。詳細的寫下，或是仔細的說出你的情緒清單，好比說壓力、焦慮、緊張、恐懼、害怕等，可以跟自己對話，或者寫在你的筆記、日記裡，若有可傾聽之人、可信任之人，與他們分享、討論也是很好的方式！

　　哈佛大學商學院教授艾莉森布魯克斯（Alison S. Brooks）曾經做過一個很有趣的實驗[1]，他請大學生們「唱歌」。學生被分為三個組別，A組學

生在唱歌前必須大喊「我好緊張（I am anxious）」、B 組學生必須大喊「我好興奮（I am excited）」、C 組學生則沒有任何要求。結果顯示 A 組的音感、節奏、音量準確度是 0.53、B 組是 0.80、C 組是 0.69。

很明顯的，當我們為自己的「焦慮」或「害怕」重新命名或定義，幫它換上一個正面的詞彙，就可以改善我們的情緒狀態，這個方法比起我們極力想要擺脫、忘記壓力要有效得多。

正向解釋（Positive interpretations）：從日常攝取正能量

延續上一個方法，當我們正視自己的情緒與壓力之後，試著用正面的詞彙或者是解釋表達你的情緒，此外不要一直專注在負面的情緒，一件事情絕對一體兩面，即使眼前這場考試考差了，那也代表你可以從這場考試進步更多、汲取更多經驗。

若你自認很難做到讓自己開始樂觀積極，不妨從日常聊天話題或是社群上吸收到的資訊開始改變，有些人認為毋須看心靈雞湯類的文章，你也不必勉強自己刻意去看這些文字，但你可以有意識的多接觸正面訊息，看一些帶來幸福感的文章或報導、接觸一些積極進取的人、多看學習類的頻道，避免社群演算法讓你反覆處於負能量的同溫層……別小看這些細微改變所累積的力量，平日一點一滴攝取的訊息會逐漸形塑你的思考習慣，對穩定學習心態有很大的幫助。

注 1
Brooks, A. W. (2014). Get excited: reappraising pre-performance anxiety as excitement. Journal of Experimental Psychology: General, 143(3), 1144.

時間管理（Time management）：用表格降低慌亂

在後面我們會有一整篇跟大家分享時間管理的方法。訂定短期（半天、一個星期）與長期（一個月、一學期、一年甚至一輩子）的計畫是必要的，有助於你明瞭「**自己正在做什麼**」、「**有沒有在做什麼**」、「**還沒有做什麼**」。大部分人會感到焦慮的原因，第一就是你不知道你準備得夠不夠；第二，你無法預期結果，當你今天因為某段時間不知道做什麼而無所事事，情緒便會一湧而上。

特別是大考前幾周，建立穩健的學習步調、維持健康的作息很重要，明確知道自己在做什麼，並且踏實的給予自己信心與肯定，才不會心慌。

人際支援（Relationship）：孤單會讓人變笨

其實我並不認同準備考試要強硬的關掉手機或百分百戒除社群，我們的目標並不是與網路隔絕，在這個年代幾乎也不可能做到，而是合理、適度且可以控制、不成癮的使用。一方面，網路上有太多好用又免費的學習資源，你需要用手機與網路查詢資料、獲取新知；另一方面，健康的人際交流會成為一種心理上的支援。

之前曾有許多研究指出，光是「孤單」這個感受，就有可能造成人類的理解或記憶能力降低，倘若今天能有人與你一起奮鬥或聽你訴說，我相信都會比一個人獨自面對要來得好。學習之路漫長，考前幾天更是壓力積累的高峰，找好朋友互相傾訴、找家人說出你對於考試擔心的大小問題，都有助於紓解臨場壓力。

情緒平復（Calm down）呼吸法：控制呼吸次數

若在考試當天感到非常焦慮與害怕，試著用以下步驟緩解自己的情緒：

Step1. 挺胸坐下，並將雙手輕放於下腹部。

Step2. 吸氣四至五秒，感受自己的腹部與胸腔有明顯的擴張。

Step3. 依照自己舒服的時間，屏住呼吸幾秒鐘（可以在四至七秒左右）。

Step4. 緩慢吐氣：用嘴巴將氣體完全吐出去（約五至八秒），並維持這個循環至少五次，切勿心急，便可以感受到明顯的放鬆。

正常成人一分鐘呼吸次數在十二至二十次，若超過二十次就算太急促，調整好自己的呼吸之後，接下來可以用冷水洗把臉、或是喝一杯略冰冷的開水，都可以有效降低自己當下的緊張與焦慮。

最後，考試當天不要再看新的講義，多專注在自己已經熟悉的題目或者是筆記，以免慌上加慌。

未秧的 Tips

練習臨場心態

　　維持平常心需要常常練習，除了上述的五個方式，若你即將面臨考試，請提早讓自己「習慣」考場，把學校、家裡、圖書館，甚至咖啡廳都「變成」考場。

1. 模擬考場的氣氛：

　　考場不會有音樂，但一定會有旁人瑣碎的聲音，如文具、咳嗽、寫字、翻頁等聲音，想像你所處的環境就是考場，去模擬環境與情緒，若大考前你已多次去想像考試的緊張感，到真正上戰場的時候，對焦慮感就不會太陌生，便能降低當天的不安。

2. 模擬作答時間壓力：

　　平時練習題目時一定要設定時間，可以把時鐘或手錶放在自己面前，提升時間的壓迫感。若是針對大考，寫歷屆試題或模擬時，一定要一次寫完一整份，且設定跟正式考試差不多的時間。

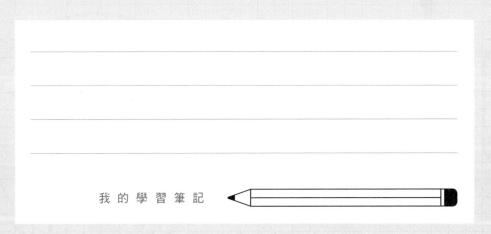

我 的 學 習 筆 記

Part II 用心也用腦

所有程度都適合的讀書方法

考試是階段性的成果，但絕不是你用來定義自己的唯一方式。

心態 × 方法 × 習慣＝學習的三大無敵星星。

當你懂得切分時間、梳理重點、盤點強弱項，

有了頭緒，就可以擺脫焦慮、學得更好。

請跟著本章的讀書方法，一步一步用有效率的方式前進，

只要持續學習，永遠都會推動自己向前。

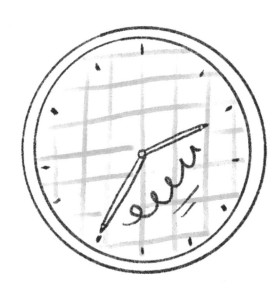

我知道你很努力，
但不要只會拼了命的努力。

我們讀書
到底出了什麼問題？

　　在介紹讀書方法之前，我想談一談這幾年透過無數對話和回饋，我發現到幾個大家最常碰到的學習困境。

　　我幾乎每晚都會與諸多面臨升學壓力的孩子在線上聊天，2021 年聖誕節前夕我辦了一個活動，開放所有人可以寫信給我，我會在能力所及範圍盡量回覆，不論年紀、不管所面臨的問題，也毋須署名或者留下聯絡方式，就只要把想跟我說的話、想跟我分享的秘密、想詢問我的事情寄信到我的信箱即可。陸陸續續我竟收到了上百封的信件，雖然因為時間因素無法給所有人非常完整的回覆，但幾乎每封信都讓我心疼不已。

　　有個國中的男生開頭就跟我說：「我真的很喜歡妳也會一直支持妳。」但下一句卻緊接著：「可是我的成績不是很好。」我當下就愣住了，不知道該怎麼回覆他，也許在校成績是他目前很大的煩惱，但我當時只是想：「你怎麼會第一時間，就用成績來定義自己呢？」

　　我用了委婉的語氣反問他上面的問題，他回答我：「因為除了讀書之外，我不知道我以後可以做什麼。」這是大人跟他說的，而事實上他的確也不知道為什麼而讀書，似乎讀書是他唯一可以做的事。

　　第二封信非常長，大約是一整面螢幕無法完整容納的篇幅，但整封信只

有一句話被標成粗體，令我記憶非常深刻，就是：他們到底還要我怎樣。

那個女孩子是大二的學生，她原本是讀技職體系，為了家人期待後來選擇報考學測，也依照家人的希望選填大學志願，最後她選擇了一個不排斥但也沒興趣的科系，就這樣不知道為何而讀到了大二。她寫這封信的主要目的是想問我，她要不要休學、要不要考轉學考，甚至要不要，重來。

還有一封信，來自就讀台南第二志願的高一女生，她說從小到大唯一的夢想就是當醫生，她的理由很明確：要成為一個有能力救死扶傷的人。她想要走遍世界的各個角落，到處幫助需要的人，她說這個夢想是在自己還不懂名利、不問財富、不理世故之前就很肯定的。她在會考時考上了第二志願，其實很優秀、也很努力了，但這個結果卻不是所有人對於她這個校排第一名的期待與預想。上了高中之後，面對過去的夢想她感覺自卑，而她的父母親也直接告訴她：「第一志願的學生都不見得能考上醫學院了，何況是妳？」

就在那一場會考，她認為自己失去了這個從小到大的夢想。她會捎來這封信，表示她還試著堅強、還在掙扎，但在我看來，也許她的內心深處已經用會考的成績框限了自己。回想十五歲那年，我們都還沒懂事、都還沒成年，那一場考試怎麼就讓她放棄了曾經想要爭取的生活與價值？

我回問她一個問題並分享我的想法：「今天無論是不是醫生，妳都可以救死扶傷不是嗎？我不知道未來的妳能不能夠考上醫學院，會不會選擇當一位醫生，但只要妳成為妳所期待的樣子，也許換一種方式，或者多花一點歲月，再多努力一點、再多學習一點，妳一樣會很棒，跟成為醫生的妳是一樣棒的。」

真的，沒有必要用一場考試定義自己，就算曾經失意，但只要持續學習，永遠都會推動自己向前，成績是一個階段性的指標，保有學習的熱忱與好奇之心，才是我們保持幸福健康最關鍵的資本。

找到屬於你的即時成就感

不知道大家記不記得小時候是怎麼教導嬰兒，比如說開始學習好好坐著吃飯、自己一個人上廁所，或者一個人走去學校。或者換個更簡單的對象，拿小狗狗來舉例，要教牠們起立、坐下、轉圈，你一定會準備好寵物零食，當牠們順利完成你的指令，便給予即時的小獎勵，一份小點心。

對學習感到困惑的人，問題往往在於他們無法獲得成績以外的「即時成就感」，因為面臨升學壓力的學生，當下能獲取的最快回饋只有「成績」，也因此成績幾乎決定所有的情緒、心理負擔，甚至於人生方向。許多人不知道為什麼而讀，而讀書的終點彷彿也只為了那張成績單，若很順利取得良好表現，自然毋須多想就可以繼續前進；但若有些人找不到方向，或努力暫時沒有獲得正面回報（我指的不只是成績，還包括父母或身旁的人的鼓勵或責備），對他而言，成績不好很可能就跟失敗畫上等號，幸運一點還可以敗部復活，但也可能一蹶不振，往後全然放棄學習這條道路，因為他得不到成就感，缺乏快樂或被肯定的感覺。

而為什麼我那麼強調「即時」的成就感呢？

台灣的升學制度，讓多數十八歲以下的孩子幾乎把重心都放在「國英數社自」這幾大學科領域，即使今天我可以天花亂墜的說：你把書讀好、考一百分，考上明星高中，再考上頂大，畢業之後就會有一份好工作、領還不錯的薪水，就不用憂愁三餐、煩憂冷暖——但說歸說，一個還未出社會的孩子根本不能體會、也無法認識那個「未來的你」啊！那個「將來會成功的你」，距離現在太過遙遠了，眼前的你還不夠了解自己也不知道自己喜歡什麼、擅長什麼或想要成為什麼樣的人啊！即使大人說這些話出發點是「為你好」，但當你對遙遠的未來沒有嚮往也沒有想像，自然很難堅

持朝向那個「陌生的自己」邁進──我真的可以變成那樣嗎？再努力一點我就會「成功」嗎？所謂的成功就是：讀好書、考一百分、考上明星高中、考上頂大、順利畢業、得到一份好的工作、好的薪水嗎？

如果對自己正在做的事情、對自己辛苦努力的過程無法認同，也不知該如何認同，久而久之，最壞的情況就是：人都會想叛逆！會為了證明「我與父母的價值觀不同」而背道而馳，甚至有可能放棄自己、去做不該嘗試的事情、走上無法挽回的道路──當然，我絕對不希望你們這樣。

我不會說考試不重要、成績不重要，因為考試和分數就是現實，也是帶給學習者回饋與成就感的方式，但我認為最重要的、想擁有好成績之前的基石，就是要能擁有熱忱。長大之後我可以明白學習與讀書、成績的重要性，但那是因為經歷過、了解過，才慢慢確立自己的想法，因此這本書固然是教大家讀書和考試的方法、技巧，但我們更想分享，「為什麼學習是重要的」、「為什麼讀書是重要的」，這才是最根本的問題。

第一章我們已提過「動機思考」，就是希望能幫助大家一點一滴把想像具體化、進而幫自己設計未來的藍圖。同樣的，我不會直接定義：讀書等於成功，而是想告訴大家，每一個階段的學習或讀書，正是「讓自己成為自己想要的樣子」、「用自己喜歡的方式生活」、「有資格選擇自己想要的人生」最有效率，而且相對簡單的方式！

讀書是創造深度魅力的最快方法

你有沒有想過，我們為什麼會「想要成為誰」？小時候不懂名利世俗，寫在夢想欄位上的，好比說總統、明星、老師等，是因為我們看到了某個人，心生崇拜、嚮往，所以追隨。我想了好久好久，到底怎麼樣的人會讓我「想要跟他一樣」，是怎麼樣的人會讓我覺得「閃閃發光」？後來我發

現這答案特別簡單，就是「魅力」，而這個魅力來自於「知識」，這個「魅力」，就是我們透過學習能夠得到的，除了成績以外，最即時的報答與成就。

匈牙利裔心理學家米哈里・奇克森特米海伊（Mihály Csíkszentmihály）曾提及：「**要擺脫社會制約，最重要的一個步驟是擁有隨時能找到獎賞的能力。**」聽起來有點複雜，簡單來說就是獎賞可以由我們自己給予，如同前文提過的「成長性目標」，這個回饋可以由我們自己定義，太依賴外在世界的讚賞或肯定，內心的快樂或成就感會變得脆弱且容易動搖。

學生時代的確不容易從成績以外取得讀書的即時成就感，但就像我說的，讀書正是最容易且快速、不分年齡能為你帶來魅力、氣質、深度的方式，而且不全然受天生條件決定，獲取知識最簡單的方式便是書本。

或許魅力二字太過抽象，那麼不妨想成是「漂亮」與「氣質」的分別。我們無法全權幫自己決定五官和體型，因為長相是否漂亮會受基因遺傳影響，但一個人很可能五官漂亮但毫無內蘊的氣質，就像是我們常聽人說「這個人一開口就幻滅」的感覺。氣質，可以靠著自己的知識涵養而增值，也可以靠我們自己完全掌握。

知識是個人魅力最基本且重要的根本，若你現在正苦於找不到一個讀書的理由，我想跟你們分享，這就是最令我心動的回饋。

擺脫無效的「低等勤奮陷阱」

回到大家會遇到的學習問題，我們發現可以簡單分成三大類：

第一，不知道為何讀書；

第二，不知道怎麼讀書；

第三，不知道如何不受外力影響，好比說社群、手機的成癮干擾等。

第一個問題已經在第一章分享，第二、第三個問題便會在接下來的部分回答。

然而也要提醒，我們在學習時常會強調自己使用了什麼「方法」，或媒體常報導學霸們都是採用某些筆記妙招，這些好方法固然都是過來人的經驗累積，但究竟能否為你帶來更好的「結果」，這才是最重要的。每個人適合的讀書方法不同，你一定要親身嘗試後才能決定一個方法適不適合自己。

以這幾年討論度很高的學習筆記為例，做筆記的確是協助自己學習的好方法，但有些人太執著於筆記的細緻程度，為了畫出模擬課本的美圖而花費很多時間，或是為了表格的漂亮程度絞盡腦汁，又或者為了講求筆記的極度完整性，而將課本或講義的內容鉅細靡遺的抄寫一次。這些方法沒有絕對的對錯，不過你一定要隨時反問自己、檢視時間：**這些方法帶給你的效益是否大於你所付出的成本，否則就有可能落入所謂的「低等勤奮陷阱」**註1。

如果過度的將心思投入在「如何把筆記寫好寫滿」，眼睛盯著那些文字，但這些訊號又馬上被轉變成手部肌肉運動，你沒有停下來思考這一個句子跟上下文的關係為何、這個觀念點跟前幾章的知識點有何連結，甚至在一知半解的情況下抄不停，如此一來你忙半天得到的「成果」是練字或畫圖，那些知識點卻沒有進到大腦中好好消化。

落入低等勤奮陷阱的時候，第一回的閱讀、抄寫幾乎就是白費工夫！第二次閱讀筆記時等於從頭開始，那還不如一開始直接讀課本或講義，原文更完整更直接！此外，你可能會有一種錯覺，以為做過筆記就相當於讀過這個章節，結果複習時無論是課本或筆記都是眼睛匆匆掠過，導致從頭到尾沒有仔細精讀過一次。

注 1
山梨廣一（2017）《終結低等勤奮，麥肯錫菁英教你有用的努力》（マッキンゼーで 25 年にわたって膨大な仕事をしてわかった いい努力），林詠純譯，先覺出版社。

要避免低等勤奮陷阱，有一個簡單的評估方式：估算你做完一個重點段落的筆記需要多少時間，然後下一次要複習時，嘗試在相同的時間內，先只用眼睛閱讀文字就好，並且試著一邊閱讀一邊思考，而不要做過多的抄寫或畫線，過一段時間後比較兩者的記憶成效是否有差別。如果發現有很大的落差，很可能代表你需要調整複習方法，例如你不適合寫太詳細的筆記，反而適合先閱讀思考、不動筆，最後再記下重點精華，又或者更適合你的筆記方式是「比一比」，先整個想過，再寫下現在這章跟過去熟悉的知識有何關聯或差異。

　　保持彈性、時時檢視，有意識根據不同階段調整，對提高學習成效會更有幫助。

十大高效讀書法
提升效率，每一科都好用！

　　這十大讀書方法出自 2021 年上傳到 YouTube 的影片，原本只是想要一勞永逸的解答大家長久以來的問題，只要有粉絲提問讀書相關問題，我就能請他們去觀看這部影片，沒想到影片發布後沒多久，我陸陸續續收到了上千封來信或訊息（如果包括在其他平台的回饋至今已將近萬則！），有些來自學生、有些來自家長，甚至是學校老師，有來自台灣、來自新加坡、來自香港，告訴我透過這十個方法，他們順利考上第一志願、從班排二十六名進步到第四名，拿到了成績進步獎、擔任了生物小老師，甚至有名校第一名畢業的同學跟我說，他也跟我一樣用這些方法，讓我很感動也很欣慰。

　　無可諱言，這十大方法是基於準備考試所發展出的讀書技巧，最初分享時我並沒有想太多，只是單純把自己一路摸索過來的、高中老師教導的、學霸同學提醒的通通整理出來，然而後來我又閱讀了許多心理學、教育學、腦科學相關書籍，發現這些方法皆有理論或相關研究可參考印證。

　　在本篇，我和湛樺把這些方法做出說明和調整，讓大家更容易理解，而這些提綱挈領型的大原則皆可搭配接下來的篇章，將會有更深入的補充。希望大家與我們一樣，多方嘗試、找到適合自己的步伐、建立學習的正循環，並請相信一點：無論現在考幾分，在讀書這條沒有辦法繞道的路上，有改變，就有機會提升。

一、大綱：幫大腦建立索引系統

之所以放在第一點，是因為我認為這是讀任何書的第一步，同時卻也是最多人會忽略的最重要一步。

人類的大腦可以記住很多事情，但請你現在細細回想，可以一件一件想起來的事情，很多都是照著時間從早到晚去回憶，可能有一個特定的情境或一個特定的種類，讓你在腦海中可以將之歸類在某個項目裡，你在找尋的時候會比較快速與方便。讀書的起點也是如此，若能在腦海中建立一套索引系統，就像擁有一本本歸納整齊的檔案夾，當你在找尋某個知識、某一項記憶的時候，便會有條有理、快速而精準。

你要讀書時，第一個直覺動作是否是先翻開補習班的超精華講義，或是學校老師的「超命中猜題筆記」？我會建議，先放下補充教材，拿出**課本**，打開**目錄**，快速瀏覽一遍這次考試的「**章節名稱**」，從第一個小節，看到最後一個小節，看完目錄之後再快速翻閱考試範圍的課本內頁。

比如說高一上學期的數學課程，第一章：數與式、第二章：指數與對數、第三章：多項式函數、第四章：直線與圓。不要在一團混亂的狀態下忙著背誦公式或劈頭就解題目，**要先了解課程設計的邏輯**，它是先介紹基本的數字種類，接下來延伸到比較難的指數律，等到這些算式裡的數字種類你學懂了，接下來便開始學多項式，等基本的多項式熟悉了，再把直線延伸變成其他圖形，比如圓形等等。

所以讀書最關鍵的第一步，是**依照一個有條理的規則去存放記憶**，這個規則不一定要照上述所講的「**順序**」，也可以是「**種類**」或「**規律**」。當你遇到某個問題解不開的時候，你就能更清楚的分析自己是在哪個層面卡住了，而那個層面又被儲存在腦中的哪個位置，表示那個位置的相關知識需要

加強與補充。

這種方式不只能應付考試，對往後你要學習各種新知識或觀點助益良多。老師們都說讀書要「融會貫通」，要懂得把乍看不同領域、不同面向的事物與知識加以融合彙整，在腦海裡分門別類整理一番，用更全面性的思維去理解或分析。請把學習想像成蓋房子，每個知識就是一個基點，學習各種學科可讓知識彼此產生連結，當越來越多的知識連結在一起，搭建出精熟穩固的基礎，進而擁有良好的知識框架，未來學習新知時就能更輕鬆的將概念擴充建立上去。

以生理的角度來看，亦能將每一個點看成腦中的神經元（neuron），人類在學習新的概念時，腦中不同的神經元會開始連結，而一連串的神經元連結起來，就成為我們新的想法或概念。

針對考試，這個建立記憶索引的方法也能讓你避免錯漏中間的章節或細節，畢竟考題的取材一定在課本之中，只是考卷會不會用你習慣的敘述方式來考你而已！

二、比較：買一送一的記憶法

只要有選擇題的存在，百分之八十的題目都關乎「比較」，可能是兩個相似化學反應的比較、可能是兩種相似生物細胞的比較、兩個朝代的比較、兩個朝代耕田方法的比較、兩種耕田方法背後原因的比較……就算是非選擇題，也有可能碰到需要做比較的題型。

其實當我看到「比較題」的時候，感覺不是大好就是大壞，壞的部分是若你有兩個以上的選項細節沒有記清楚，或你記反了，整題的分數可能就沒了；但如果能將「其中一個選項的觀念記得很清楚」，其他你不夠熟的，全部都可以歸類在同一類，那這個題目做起來就會相對輕鬆。

要做有把握的比較分析，毫無他法，「**自己畫表格**」是最好不過的方式。

我知道補習班講義、參考書、老師補充，都會提供你各種厲害的整理檔案，那些的確很實用又有效，但對我來說，這些外在補充最大的功用是「提醒」自己還有哪些遺漏的項目與細節，因為它們通常包山包海、太大一份，簡直就是把十幾年的考題重點一口氣都整理進來。

我會把眼前眼花撩亂的表格篩選出自己一直忘記的、一錯再錯的，整理成自己獨一無二的表格，需要補充的地方加上注解，打死都記不起來的就用紅筆、螢光筆、星星貼紙、奇異筆去畫標記。

而為什麼會說是「買一送一的記憶法」呢（甚至買一送二、買一送三）？當你把資料整理成專屬於自己的表格，你也會對行列的邏輯、內容更加熟悉。行與列都會有標題，這等同於**重點索引**的功能，就類似於第一個方法：大綱，它可讓你的記憶有很好的邏輯、框架去提取，同一行就是同個類別、同一列是同個種類，各行列之間各有關聯性，因此當你想到其中一格的時候，就能連帶想到它附近有關聯性的內容。

表格記憶也可以是「**圖像記憶法**」的一種，我們會在後續談「記憶力」時做更詳細的說明。

★ 把參考書上的比較表精簡化，用色筆標重點，變成自己的表格。

制酸劑

碳酸氫鈉	碳酸鈣	氫氧化鋁	氧化鎂.氫氧化鎂
$NaHCO_3$	$CaCO_3$	$Al(OH)_3$	$MgO. Mg(OH)_2$
易溶於水 (速效)	難溶於水 (長效)	難溶於水 (長效)	難溶於水 (長效)

常考、易錯的重點整理

自來水處理法

沉澱 ⟶ 凝聚 ⟶ 過濾 (沉澱池) ⟶ 曝氣 ⟶ 消毒 ⟶ 除臭

加鋁鹽 (ex.明礬)　　　　　　增溶氧量　　加 Cl_2 or O_3　　活性碳吸附
生 $Al(OH)_{3(s)}$↓

課本的流程圖通常很複雜，自己畫一次記得更牢

界面活性劑

	肥皂	合成清潔劑
原料	油脂 + 鹼皂化而得之脂肪酸鹼金屬鹽	石油裂解物經化學方法合成
結構	$CH_3CH_2 \cdots CH_2 - C$ ⟨羰基⟩ $O^- Na^+$　親油基　親水基　(12~18個碳直鏈)	R ◯ SO_3^- Na^+ ⟨磺酸基⟩ (R: C_9-C_{15} 的烷基)　親油基　親水基
硬水中	形成鈣肥皂.使肥皂沉澱	✕
水解	$-COO^-$ 水解後呈弱鹼性.能溶解動物纖維.不適合毛織品.絲織品.	$-SO_3^-$ 不水解.呈中性.不損害纖維.適宜洗滌毛織品.絲織品.
水+酸	生不溶性脂肪酸	✕
生物分解	可分解	軟性: R為直鏈.可分解　硬性: R有分枝.易成泡沫污染
加磷酸鹽	可軟化硬水.但水質優氧化)	
去污原理	表面作用(表面張力減小).乳化作用	

參考書的「詳解」可找到常考題型的重點，用來補充細節，幫自己釐清易混淆的觀念

1-2 細胞的構造

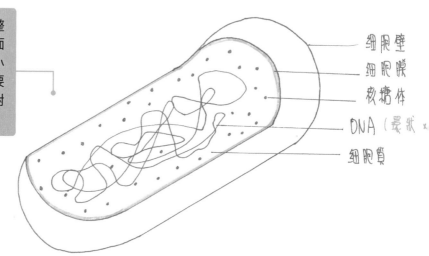

細胞壁
細胞膜
核糖体
DNA（裸狀 x
細胞質

	原核細胞	真核細胞	
		植物	動物
細胞壁	∨（肽聚糖）	∨（纖維素）	✗
細胞膜	Ⓧ	∨	∨
細胞質	∨	∨	∨
內質網	✗	∨	∨
核糖體	∨	∨	∨
高基氏體	✗	∨	∨
膜質胞器	✗	∨	∨
粒線体	✗	∨	∨
葉綠体	✗	∨	✗
液胞	✗	∨（大）	∨（小）
溶体	✗	∨	∨
中心粒	✗	✗	∨

三、畫圖：99 邁向 100 分的關鍵

畫圖是我堅持到現在，覺得最受用也最有效的一個方法。

除了有美術細胞的人，多數人不一定天生就會畫畫，不管是一整個台灣、一幅羅馬帝國疆域，還是一顆細胞或葉綠體，一開始大概都有點難下筆。我記得剛開始做學習筆記的時候，我只畫地理、歷史相關內容，當初為了畫出一個我可以接受的漂亮台灣，我浪費了整包活頁紙，知道最後我怎麼做嗎？我打開 Word 檔，上 Google 找了黑白的台灣地圖複製貼上，從 5 公分、6 公分、10 公分、20 公分不等，列印好幾份，再把這堆台灣都剪下來，之後每次做筆記就選最適合的大小，照著描邊。

之後畫的次數越來越多，我就不再依賴這種每次去圖書館，就要帶二十個台灣、二十個中國、二十個羅馬帝國的方法，我開始按照自己的方式畫，到後來我只追求**自己看得懂、自己用得到、可以幫助自己學習**，美觀與否、是不是長得跟真正的台灣一樣美、是不是跟自己身上的細胞一個模樣，已經是其次——啊當然，我也不知道我身上的細胞是不是真的長這樣啊（笑）！

我畫的筆記圖，是透過很多時間的學習與練習一次次畫出來的，但我想建議你們：既然要採用畫圖的記憶方法，**請不要讓完美主義耽誤你太多的時間。**

不過到底該怎麼畫，才能畫出對自己課業有幫助的筆記？拿基本的動物細胞為例，可以參考課本或講義的圖示，但不需要跟範例一模一樣，剛開始畫可以把**輪廓畫得大一點**，畫出細胞膜，等於決定好這個圖大概的範圍之後，**再從裡面最大、最中心的東西畫起**——沒錯，就是國中生物一開始就會教的細胞核。再來往外延伸，這時候你的眼睛很自然就會注意到「那些如果只是用看的很容易忽略的小細節」，比如說那些點點（核糖體），竟然只需要畫

在粗糙內質網，平滑內質網上面則沒有；如果你比較不懂的是細胞分泌物質到細胞外的過程，那你就可以從核糖體畫到內質網，再到高基氏體。

此外，「畫出來」還有一個很重要的優點，除了讓大家記得「**長怎樣**」，還會讓大家記得「**怎麼會長這樣**」。考試的時候你就能順勢記起那些你畫過的細節，有時候浮現在你腦海的，甚至會是你怎麼去畫它的、過程中你畫了什麼、在哪邊塗上綠色，在哪邊做了油井的標記等等，除了**圖像的記憶**，還有**程序的記憶**，相信我，這很神奇，也非常有效。

★生物是最適合使用畫圖法來幫助學習的科目之一，像動物細胞圖看起來複雜，但只要仔細畫一次，就不容易有資訊上的遺漏。以這張圖為例，我會從中間的細胞核開始畫起，慢慢往外延伸到高基氏體，先把大的胞器畫出來，再慢慢填補小的細節。

動物細胞

細胞核
內質網 .內質網
核糖体
酶体
高基氏體
粒線体
中心粒

★雖然我鼓勵大家畫圖，但像這張圖的粒線體、葉綠體、中心粒等等畫起來很複雜，其實不見得需要鉅細靡遺畫一次，目的仍是以能夠順利記憶為主。若想自己繪製一遍，請務必記得不要浪費時間糾結到底長得像不像，或夠不夠漂亮！

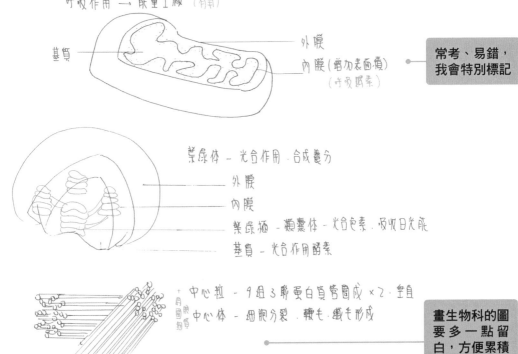

粒線体 - 內含自己 DNA·核糖体·製本身所需要白質 → 半自主胞器 ⇒ 葉綠体
　　　　　呼吸作用 → 能量工廠 (有氧)

基質

外膜
內膜 (增加表面積)
　(呼吸酶素)

常考、易錯，
我會特別標記

葉綠体 - 光合作用·合成養分

外膜
內膜
葉綠植-類囊体·光合色素·吸收日光能
基質 - 光合作用酵素

中心粒 - 9組3聯要白質管圍成 ×2·垂直
中心体 - 細胞分裂·鞭毛·纖毛形成

畫生物科的圖要多一點留白，方便累積補充考題重點

双層膜：
粒線体·
葉綠体

單層膜：
液胞·容体

本為膜：
內質網·高基氏体

不是膜：
核糖体·中心粒

本身為膜

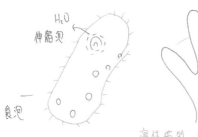

液胞 - 成熟植物細胞·維持形狀
溶体 - 水解酵素·大分子物質分解·消化·細胞更新

H_2O
伸縮泡

食泡

溶体破裂·水解酶流出·細胞死亡

★此為台灣行政廳的演變示意圖。歷史雖然是文字敘述為主的學科，但也很適合用繪圖來說明時空制度的演變。

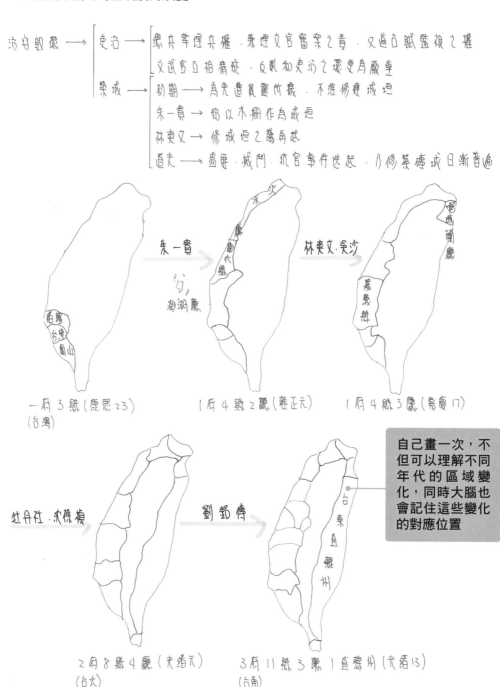

自己畫一次，不但可以理解不同年代的區域變化，同時大腦也會記住這些變化的對應位置

四、即時回想：烙印在腦中的終極密技

我在談讀書方法的影片裡特別強調，**用這個方法，你絕對、絕對不會考太差**。

這個方法是高中老師教我的，面對我們最常遇到的問題：

「為什麼都有讀過了，考試的時候全部都忘光？」

「為什麼我都可以應付段考，到模擬考、大考的時候還是全部記不得？」

「為什麼我昨天晚上明明很認真，今天早上一起床就忘得一乾二淨？」

我知道我們有好幾科要兼顧，要讀的份量很多，會焦慮、擔心讀不完很正常，所以讀書時「無法即時看到成效」的動作，我們就會自動省略，比如說「寫完二十頁的題目」是個可以量化成效的動作，但「回想」這種無形、難以量化成效的動作我們就比較不會執行，不過只要確實做到這個動作，反而可省去反覆背誦好幾次所花費的時間。

「即時」回想的意思就是**「當下、立刻、馬上」回憶**，執行的方式很簡單，可以以一頁、一小節或一章節為單位（但不建議範圍過大），假設當你閱讀並透徹瞭解剛剛讀過的十頁之後，你把書本翻到第十一頁，先不要急著往下讀，而是開始用有條理、有順序的方式回想剛剛前十頁的內容。如果讀的是台灣的史前文化，從最古時候到最近代發現了什麼，什麼遺址中又有什麼，若有哪幾處沒有確實讀熟，在回想的時候，腦子對於那個段落便會一片空白或是含糊混沌，這時就可以翻回再閱讀前面的內容，反覆回想。

「回想」這個方法在心理學上來說，也可解釋為**「提取練習」**，記憶形成最簡單的流程為：**編碼、儲存、提取**，要將知識鞏固為長期記憶，非常有效的方式就是反覆提取，透過不斷強化以確實記住所學。若在執行上覺得太抽象或不好具體實踐，也可以透過以下方式：

第一，**快速寫下關鍵字**：回想剛剛讀過的範圍，把想得到的內容的關鍵字，按照理解邏輯或章節前後順序快速寫在紙上，再回頭檢驗是否有缺漏的重要細節。

第二，**簡略畫下示意圖、心智圖**：如同我前面所述，畫圖是非常好的學習記憶方式，寫下關鍵字的同時，可以試著把這些詞彙延伸擴充成這個範圍的學習心智圖；若不想寫太多字，也可以快速畫下剛剛理解的內容或重點圖示。

五、單字：累積是一種生活習慣

在第三章我們會針對英文科談怎麼準備考試，在此只先單純介紹記生字更有效率的方式。首先，我想先請大家把「背單字」的「背」這個動詞換掉。我們最大的問題在於，英文單字、文法並不是一個事件、不是一個獨立的觀念或事實，因為「**語言就是生活的一部分**」，所以讓我們先把「背誦」這個想法變成「**使用**」，是的，我們正在學習這個語言、使用這些文法。

人們能夠自然而然講好母語，是因為有環境浸潤、有人事時地物配合、不間斷的聽說讀寫，我們看得到這個語言、聽得見這個語言、說得出這個語言，所以我們熟悉，我們掌握。英文考試並不等於生活用語，考試有考試的內容範圍要準備，但若可以把生活中使用語言的思維套用在學英文上，就有機會進步更多。接著，回到學習生字的方法：

1. 一個一個背，不是整頁整頁背

這是我讀高中時，我們班英文最好的同學糾正我的方法。國中小要記的生字量不多，但高中課程的生字量暴增，很多時候我們因為擔心背不完，比如說補習班要你一個禮拜背二百個，加上學校的一百個，數量一多就會囫圇

吞棗，打開單字書時往往是一整頁從上到下瀏覽過一遍，看完再從上到下又看一遍，反覆二、三次，但這種方式很難清楚的學好每一個單字。記單字的時候，請每一個單字先反覆看，看的次數每個人不一樣，可能三、四次、或許七、八次，能搭配手寫、口唸更好，記起來之後再看下一個單字，切勿求快而整頁整頁的背，這樣隔天你會發現真正記起來的沒幾個。

2. 不要永遠只會「Abandon」

市面上許多單字書都是由 A 到 Z 編排，以這樣的方式跟著背，好處是較不會遺漏，但若你發現跟著單字書的排列，永遠只能記住前面，後面的內容越記越少，或許可以試看看其他以「單元」分類的單字書，或乾脆自己做表格，如同我前面提到的「比較法」，把相似字義的單字放在一起背誦，除了可以避免混淆，也能相互比較各自運用的地方（請參考第三章〈英文科〉的介紹）。一個方法不行，就換個方式，沒什麼大不了的！

3. 不喜歡刻意，那就「順便」學

學習單字不是只有在拿起書本的時候才開始記，在平時通勤路上、在咖啡館、在電影院，或者看美劇、看菜單、看文章，這些都是很好的「順便」背單字的地方。新聞或雜誌上的單字不一定在高中英文「7000 單」的範圍，但現代英文是經過長期系統性的演變，拼寫可拆解成字根、字首、字尾，許多字會有關聯點，即使是沒學過的生字，當你看到其中似曾相識的部分，在答題時也比較能往正確的方向聯想。比如說，你曾經在《國家地理雜誌》看過 astrology 這個單字，也明白這篇文章在講關於宇宙、星體的內容，雖然這個單字不屬於 7000 單的範圍，但若在考試中看到 astronaut、astronomy 這些同字根的字彙，就算不知道意思，也能稍微推敲它們的字義。

4. 眼睛、鼻子、耳朵、嘴巴，能用就用

生活是包含所有感官的體驗，若能開啟你所有的感官去「體會」一個單字，不只可以記得更深刻，連怎麼使用這個單字也會格外清晰。

非常建議大家在背英文單字時一定要唸出來，這點相當重要，也是幫助你拼寫單字很重要的關鍵！**不是默唸、也不是大聲朗誦，就用平常說話的音量即可**，重點在「自己聽得到」、「知道自己在唸什麼」，因此發音的正確性也要自我要求。

這也是提升英文聽力的關鍵方法之一，我很常聽到有學生反應，說他明明認得某個字，出現在他的面前也知道是什麼意思，但是一旦從外國人的口中聽到，他就不知道是在說同一個單字，明明很熟悉卻怎麼想也想不到！撇除口音、連音或語速問題，其實原因很簡單，就是我們在背單字時往往只記得它「長怎樣」，卻忽略了它「怎麼唸」，當你一邊背單字一邊「唸給自己聽」的時候，多少可以改善這個問題，久了也能增加自己的口說能力。

六、教與被教：這個吸收不了就換下一個

前面的五個方法都是我們可以獨力完成的，而接下來的三個方法會需要他人的幫助。**教與被教，是打開腦袋中死結的最佳技巧**，尤其是那種寫考卷會錯一百次的觀念、看了參考書詳解還是有看沒有懂的原理，這個方法是最有可能幫你解決問題的。

每一道題目、每一個觀念，每個人理解的方式都未必相同，每個人可以說出口、教別人的方式也不一樣，即使是物理奧林匹亞的金牌得主、資優生，也不一定很會教別人、能夠理解被教者的問題卡在哪裡。同樣的，學校老師也可能有類似狀況，即使是很有教學經驗的老師也未必能及時發現你的

盲點，因此當你完全聽不懂上課內容的時候，請同學或朋友再對你解說一次，同為學生，或許他們說出來的方式你反而更能理解；若還是聽不懂就再找下一位教你，或網路上也有相當多的免費資源，相信你絕對可以找到適合自己的鑰匙，打開這個鎖。

要記得，找鑰匙這件事是你的權利，但找到不同的鑰匙都要試著去開鎖，單握著鑰匙而不去嘗試，豈不是功虧一簣？

七、講義「詳解」：超好用的萬能好幫手

現在各家出版社的參考書或講義，都會提供很詳細的「詳解」，可以清楚解析考題重點，我甚至碰過詳解比題目來得厚的版本！遇到問題，最好的方式是立即解決錯誤，因為我們才剛剛閱讀、思考完這個題目，從哪裡開始打結、從哪一處開始不確定，這些疑惑是書寫題目當下最清楚的，畢竟不可能隨時都有老師在你身邊等著你發問，所以寫完題目可先參考講義的詳解，真的無法理解的地方再特別標註起來，尋求老師或同學的幫助。

但怎麼用詳解會更有效率？在此有三個方法想跟大家分享。

1. 求質不求量

很多人在寫題目，甚至「刷」題目的時候，很喜歡把目標設定為：一口氣「要寫幾回」、「要寫完幾本」，但如果光是做題目，當下你並不知道錯誤率有多高，這樣設定目標很容易囫圇吞棗，一口氣做了好幾頁題目還是似懂非懂。寫題本的時候，只要寫完一回或一個小章節，就先拿起詳解好好的訂正，確實看懂每一個選項，切忌寫好幾回才一口氣回頭做訂正，這樣一些比較模糊或根本錯誤的觀念，將很難精細的回想或釐清。

2. 詳解的謄寫和使用的時機

　　很多學生訂正的時候會把詳解內容謄寫到錯誤題旁邊，但我之前很常遇到一個狀況：這個單元特別不熟，一整頁十題我錯了八、九題，訂正起來滿江紅，全擠在一起相當混亂，導致抄半天卻不夠了解，要回頭複習也不方便細看。針對這種比較不熟的單元，最乾脆的方法就是寫到一半發現不對勁（連續好幾題都不太會），就立刻停下寫題目，回頭重新閱讀這個章節再來挑戰。

　　但對於**數學、物理、化學**等需要透過題目變化來學習的科目，我在準備考試的做法不太一樣，反而會先找出「非常不懂的題目」，先看詳解，一步一步釐清這些題目的運算步驟或邏輯，**看完後蓋上書回頭想一次，才落筆開始解題**，不要全部硬猜完才一股腦訂正，而是反過來，先看著解答去思考，會比直接盲猜來得有效率。

3. 不是有錯就是重點

　　題目寫一寫，你會大概知道某些題目對應的課本範圍特別重要，或是因為答錯某幾題，而幫你突破盲點、考出了你從來沒有注意過的細節，這時候看完詳解，可以拿出**特殊顏色的筆**（我用的是紫色），在題目旁邊大大的寫下該觀念的**關鍵字**或是**章節名稱（不是照抄解答的分析）**，之後等我再次複習的時候，我會先看紫色的字勝過其他以紅筆訂正的小字，並馬上抓到「這一節、這個觀念要留意」。

八、老師：收集題目的情報

單一次考試要考得好有三個很重要的條件：**努力、運氣、題目**——沒錯，最後一個是題目。

我曾和妹妹聊起她高二時第一次段考的公民成績，她說她考了 59 分，我跟她說「妳應該要問我的，我可以教妳啊」，但她告訴我，平時寫習題、考試幾乎都是滿分或 90 分以上，原本自信滿滿，結果段考成績一公布的當下她也不敢置信，而造成這個巨大落差的原因，便是出題老師的題型非常生活化、而且考了許多細節，如果平時只練習參考書、只背課本，很難抓到答題的重心。

的確有很多老師會使用題庫作為出題參考，這類題目跟平時考卷、習作比較相近（特別是小考的時候），但有些老師更喜歡運用社會新聞、國家大事作為考題切入點，這樣你在準備的時候就要多花點心力去看看報紙、瞭解時事。

又或者像我高中有一位國文老師非常看重《論語》，輪到她出題的時候，《論語》的篇幅便非常多，那一次段考我們就會花更多時間準備《論語》相關內容。

碰到會考或學測等大考，雖然我們無法掌握命題老師的偏好，但跟著趨勢準備，提醒自己用更多元的角度認識正在學習的課程，熟習課本知識的同時也關心新聞時事，習慣長文字的閱讀，遇到圖表題、敘述特別長的情境題型，就比較不會心慌意亂導致失常。

俗話說：知己知彼，百戰百勝，我想在大小考試這都是必要的心態。

九、習慣：每分每秒成就你的今時今日

讀書是一種習慣，當然了，如果你跟我說，是「被迫養成」的習慣，我

也不會否定。然而讀書這件事，其實是非常多不同的「好」習慣所組合才能完成的，關於讀書該具備怎樣的好習慣，在後文談到專注力和時間管理的章節會有更多細節，在此先不贅述，但請先在心裡記得這個關鍵詞。

十、考前重點：別一團亂的去考試

不管是面對什麼考試，都建議你準備一本重點筆記或是一本精華型講義在身邊，在考前一節自習課或下課時，翻閱那些你一直出錯的觀念，這個的作用一方面是複習，**更重要的是定心，讓你不必像沒頭蒼蠅般的亂翻那成堆的教材或補充資料。**

我以前遇到國中段考都會非常焦慮，考試當天甚至會一口氣揹個十幾本書到校，因為光是一科可能就有四到五本：課本、參考書、題本、筆記等，我總是擔心自己考前要找什麼觀念會找不到，乾脆把書全帶齊了！但事實是，我該讀的，其實都已經讀了，考前的一兩節自習課沒辦法讓你從 0 分到 100 分，在那節自習課我們要做的是，**緩和前一個科目考完的心情**，不論是你發現你畫卡畫錯了、手寫題全部空白，或者你都看不懂只好全部猜 C⋯⋯。請記得前面那節已經考完了，重要的是把握下一科扳回一城的機會。冷靜的第一步就是拿起「考前重點」的書籍，直接進入這個科目的核心，總不會你要考物理了滿腦子還是化學的公式吧！把之前小考或作業容易出錯的觀念，再複習一遍，這樣就很夠了。

例如以我的國文筆記為例，「古文運動」的演變是歷屆考試重點之一，但無論在講義或自修的篇幅都很大，平常自己整理成一個大表格或樹狀圖，考前看這張就可以快速回憶重點，會比慌慌張張去翻遍散落不同頁數的課本更好記也更安心。

★自己製作的大補帖，考前專心挑之前常搞錯的單元複習即可，此時的重點不在於臨時抱佛腳的「多背」，而是「定心」。

古文運動

唐→ 初唐：陳子昂．李華．柳冕．元結 (古文運動先驅)
　　中唐：韓愈．柳宗元．李翱．皇甫湜 (古文運動興起)
　　晚唐：駢文復起 (古文運動未成)

北宋→ 歐陽脩領導．明道致用
　　　曾鞏．王安石．三蘇 (古文運動成功)

明→ 明初三大家：文氣勢閎闊．開國氣象
　　　　　　　　宋濂．劉基．方孝孺

　　臺閣體：內容空洞．多歌功頌德
　　　　　　楊士奇．楊榮．楊溥

　　擬古派：反臺閣「文必秦漢．詩必盛唐」．寶為擬古
　　　　　　前七子：李夢陽．何景明
　　　　　　後七子：李攀龍．王世貞

　　唐宋派：反後七子擬古．倡唐宋古文
　　　　　　茅坤(歸有光．唐順之．王慎中)嘉靖三大家

　　公安派：抒發性靈．不拘格套．貴創作
　　　　　　袁宗道．袁宏道．袁中道

　　竟陵派：造語秀．思路崎嶇．追求「幽深孤峭」
　　　　　　鍾惺．譚元春

清→ 清初三大家：顧炎武．黃宗羲．王夫之
　　桐城派：方苞「學行繼程朱之後．文章在韓歐之間」
　　　深於法．儒者之文古文義法．追求雅潔．「義理．辭章．考據」
　　　　　　　　vs.
　　長於才．秦士之文．方苞．劉大櫆．姚鼐 (桐城三祖)

　　陽湖派：桐城派別支
　　　　　　作古文也駢體．取六逕．八大家

　　湘鄉派：駢散互用．「剛柔」區分文學
　　　　　　「義理．辭章．考據．經濟」
　　　　　　曾國藩．張裕釗．吳汝綸

小說流變

定義 — 始見莊子外物. 認為小說是瑣屑偏頗之言
　　　　漢書藝文志:「小說者流. 蓋出於稗官. 街談巷語. 道聽塗說者之所造也.」
　　　　現代: 有人物. 情節. 對話的體裁

先秦	神話寓言	神話傳說: 穆天子傳. 山海經 寓言故事: 韓非子. 莊子. 孟子. 列子	1. 萌芽前期 2. 全列為子部
魏晉六朝	筆記小說	志怪: 干寶搜神記. 張華博物志 志人: 劉義慶世說新語	1. 文字短小. 無完整結構 2. 全列為子部
唐	傳奇小說 (文言短篇)	愛情: 會真記. 李娃傳. 霍小玉傳 警世: 枕中記. 南柯太守傳 神怪: 離魂記. 古鏡記 俠義: 紅線傳. 虯髯客傳 歷史: 長恨歌傳.	1. 已有完整結構 2. 又稱傳奇. 保存於北宋李昉太平廣記 (漢~北宋初) 3. 屢為元明戲曲題材 4. 列為子部
宋	話本 (白話短篇)	大宋宣和遺世 (水滸傳) 三國志平話 (三國演義) 大唐三藏取經詩話 (西遊記)	1. 受唐愛文故事影響 (詩歌. 散文結合. 源於佛家講佛經說唱文) 2.「平話」
元	章回小說 (白話長篇)	水滸傳 (施耐庵) (金) 三國演義 (羅貫中) (廣) 四大奇書	庵　1. 拍戲展章回 ⇒ 未列入四庫!
明	章回小說 (白話長篇)	西遊記 (吳承恩) 金瓶梅 (蘭陵笑笑生)	四大奇書
明	擬話本 (白話短篇)	馮夢龍三言: 喻世明言. 警世通言. 醒世恆言 凌濛初二拍: 初刻拍案驚奇 　　　　　　二刻拍案驚奇 今古奇觀 (抱甕老人選二者精華)	1. 批判當時社會黑暗. 封建傳統 2. 表對愛情婚姻全新觀念 3. 市井小民色彩
清	章回小說 (白話長篇)	俠義: 兒女英雄傳. 三俠五義 言情: 紅樓夢 諷刺: 儒林外史. 鏡花緣 譴責: 官場現形記 (李寶嘉) 　　　　二十年目睹之怪現狀 (吳沃堯) 　　　　孽海花 (曾樸) 　　　　老殘遊記 (劉鶚)	1. 長恨歌傳 → 梧桐雨 → 長生殿 (楊貴妃) 2. 會真記 (鶯鶯傳) → 西廂記 3. 離魂記 → 倩女離魂 → 牡丹亭 4. 霍小玉傳 → 紫釵記 5. 南柯太守傳 → 南柯記 6. 枕中記 → 黃粱夢 → 邯鄲記 金聖嘆六才子書: 莊子. 離騷. 史記. 杜甫詩. 水滸傳. 西廂記
清	(文言短篇)	聊齋誌異 (蒲松齡)	

你也可以用考前這一節課把所有的公式再複習一次，或者考卷一發下來的時候，一股腦全部寫在最上面空白處也無妨，都好，**不要心煩意亂便好**。

以上是針對學校考試，我整理出最核心、並有相當多人回饋說真的很受用的讀書方法，不只是準備會考或學測，包括考研究所、英文檢定等考試也都可以派上用場。這十個方法原則上每個科目都適用，而我也相信，這十個方法你一定可以做到。

記憶力
了解大腦偏好，你絕對記得住

　　「為什麼我都記不起來？」「為什麼我讀得很認真，但考試時總是腦中一片空白？」很多人在學習上都遇過這種痛點。十幾年前有一部廣告提到：「想像力是你的超能力」，而在讀書的漫漫路途上，記憶力可能才是學生們最渴望擁有的超能力吧！

　　你我身邊可能都有那種過目不忘的人，當你孜孜矻矻挑燈夜讀，有些人卻整天悠閒，考前拿起書本認真一個小時，就考出比你高分的成績；更甚者有些人能夠隨意就記住一長串生字、或瞄兩眼就一字不漏的背出課文，他們究竟是如何做到的？如果能增強記憶力，是不是讀起書來就事半功倍呢？

　　訓練記憶力的好處很多，不只是為了考高分，當你未來面對新的刺激、接觸新的知識，可幫助你更快速提取腦中既有的知識，當大腦能更快回應、有效率的溫故知新，你就能學得更快更好。

　　能夠一目十行的人畢竟是少數，多數人如你我都不具有如此能力，那我們可以做些什麼來強化呢？

腦結構改變，記憶功能跟著變

　　先來理解記憶的種類和形式。在醫學界對於記憶研究的歷史中，亨利・

古斯塔夫・莫萊森（Henry Gustav Molaison，一般都簡稱他為 H.M.）是一個經典的案例[注1]。

為了治療嚴重癲癇，H.M. 於 1953 年接受腦部的雙側前顳葉切除術（Anterior temporal lobectomy），切除的部分包括三分之二的海馬體（Hippocampus）、旁海馬迴（Parahippocampal gyrus）、內鼻皮質（Entorhinal cortex）、梨狀皮質（Piriform cortex）及杏仁核（Amygdala），這些腦區主要屬於「邊緣系統」（Limbic system）及其相關結構。

這堆醫學名詞看來很難懂，其實只要知道「邊緣系統」負責執行包含記憶、恐懼、成癮、嗅覺等多種功能即可。在手術後發生什麼事呢？ H.M. 的記憶功能被改變了！這也是整個案例最有名的部分──他的情況被稱為「順行性失憶症」（Anterograde amnesia），從此無法形成新的記憶、無法學習新知，但他在手術前的舊有記憶並未消失；然後他只能擁有短時間內（三十秒內）的短期記憶，但無法將極短期記憶轉換成新的長期記憶。

從 H.M. 的案例，人們了解「長期記憶」是怎麼產生的，負責將短期記憶轉換為長期記憶的腦區，就位於海馬迴，也就是 H.M. 被移除的腦區之一（而儲存長期記憶的腦區位於大腦皮質，因此 H.M. 舊有的長期記憶反而不受影響）。

注 1

Squire LR. The legacy of patient H.M. for neuroscience. Neuron. 2009;61(1):6-9.

記憶儲存，也分長、短、內、外

　　我們常說一個人記性好或記性不好，但其實記憶有許多類型，並不是單一的能力，可區分為：長期記憶（Long-term memory）、短期記憶（Short-term memory）、工作記憶（Working memory）。長期記憶就是我們俗稱的記憶力，可能是記得昨天的晚餐吃了什麼，或記得書上某一頁的內容；短期記憶與工作記憶類似，皆是指在極短時間內的記憶，然而短期記憶強調的是「認知記憶」的部分，而工作記憶指的是記得上一刻的所知所見，並立即用於下一刻的行動中。

　　要測試一個人的工作記憶是否正常，可以請對方從 100 開始計算，持續算出每一次都減掉 7 的答案（100-93-86-79-72……），因為前一次計算的結果會馬上用於下一次的計算，如果工作記憶受損，就無法順利完成。

　　另外一種記憶的區分是陳述性記憶（又稱外顯記憶）和程序性記憶（又稱內隱記憶），前者指的是能夠想起某件事實的記憶，舉凡記人名、地址、事件經過、書本知識等都屬於此類，主要是儲存在大腦，常會隨著時間而衰減；而後者指的是與技術的操作有關的記憶，諸如騎腳踏車、使用樂器、游泳等動作，有點類似一般人所指的肌肉記憶，例如腦袋放空還是可以順利開車回家。這類的記憶與小腦、基底核（Basal ganglia）較有關係，這兩個腦區負責運動的調節，反饋並微調大腦命令的精細程度，再傳達給周邊動器去執行，內隱記憶的持續時間通常較久且不易改變。

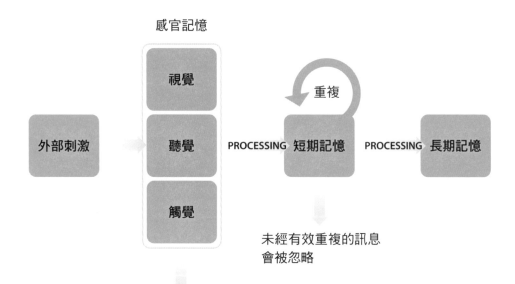

感官記憶

視覺

聽覺

觸覺

外部刺激

PROCESSING　短期記憶　PROCESSING　長期記憶

重複

未經有效重複的訊息
會被忽略

你無意識接收的訊息會
被忽略

為什麼記得住元素表，記不住上周末的晚餐？

　　當我們的長期記憶儲存但還沒有被使用，會有一個衰退的過程。

　　昨天三餐的內容我們還記憶猶新，上周吃過什麼可能就沒那麼清楚了，一個月前的更是幾乎不可能記住；去一趟旅行，可能剛回家時所有細節歷歷在目，但過了幾個月，當你的記憶被日常生活逐漸「洗掉」，記憶就變得模糊不清；剛讀完某一本書的隔一天，你還能講出大部分的內容，過了幾天，很多細節已忘得一乾二淨。

　　有些事如雪泥鴻爪、只有驚鴻一瞥的出現在我們的生命裡，而有些事在經歷時光的洗禮，仍可烙印在腦海中而不會忘記──是的，我們讀書的過程

不就是要力求後者的效果？要能夠記得住、不易忘，重點即在於不斷刺激－強化的過程。

德國心理學家赫爾曼‧艾賓豪斯（Hermann Ebbinghaus）於十九世紀末期提出了「**遺忘曲線**」的概念註2：先去記憶一些無意義的字母組合（輸入記憶），然後定期測量「仍然記得」的程度，結果發現，第一次記憶輸入後一小時有 56% 被忘掉，一天後有 74% 被遺忘掉，過一個月後有 79% 被遺忘掉。由上可知，短期（數小時至一天以內）的記憶衰退可達四分之一，而一天之後的遺忘率，反而變化不大！

想要延長記憶衰退的過程，**就必須重複刺激我們的腦部**，如果在首次接受刺激的隔日就馬上接受第二次的刺激，記憶衰退一半所需的時間約為三至四天；第三日接受刺激後，半衰期更能達到六至七天以上。

因此，若想要使記憶更為深刻，必然要經過重複的刺激，其生物學的機轉在於，每一次的重複刺激，就是幫助我們那些儲存在大腦皮質的長期記憶，再一次被提取至海馬迴，再經歷從短期記憶形成長期記憶的過程。這樣一再重複的過程，能夠改變大腦的神經網絡，可能是使不同的神經細胞之間的互動更為緊密，或者強化了原有連結之間的化學訊號，這就是鞏固長期記憶的基礎。

註 2

Ebbinghaus, H. (1964). Memory: A contribution to Experimental Psychology. H. Ruger and C. Bussenius. Trans. New York: Dover Publications.

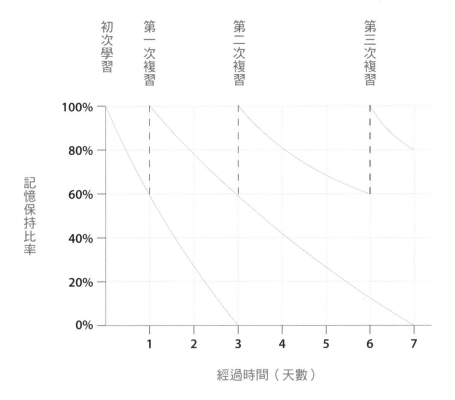

初次學習　第一次複習　第二次複習　第三次複習

記憶保持比率

100%
80%
60%
40%
20%
0%

1　2　3　4　5　6　7

經過時間（天數）

睡個好覺，讓大腦去蕪存菁

　　了解大腦和記憶儲存的基礎之後，就要開始練習強化記憶能力了。但第一件事不是先拿出你的課本，而是先檢視自己的睡眠習慣。**睡眠**是人體強化記憶的過程，我們在入睡時，大腦的腦波與清醒時不同，釋放的神經傳遞物質也不同。

　　經過一天的忙碌，腦內神經細胞的代謝物質會漸漸累積，加上光線變化以及激素的分泌，我們在夜晚時會感到越來越疲累，睡個好覺，可以幫助清除腦部活動所產生的代謝廢物，並具有調節神經突觸的功能，使神經系統之

間的訊息傳遞在部分睡眠周期達到一致。**你在白天所學習到的記憶，將會在睡眠時重整**，大腦神經元之間的連結會被重塑，它會很聰明的幫你排除不重要的記憶，以便空出位子留下重要的記憶。因此，擁有良好的睡眠習慣，對於記憶力好壞是非常重要的！

如果打算熬夜讀書，就得評估效果，當時的精神狀況如何、能不能有效把內容讀進腦袋裡？熬夜後，隔天會不會昏昏欲睡，反而白白浪費了上課的學習機會？偶爾一兩次熬夜還行，但絕對不建議天天犧牲睡眠，最怕就是時間和體力雙重浪費，晚上沒讀好書白天也沒上好課。當然，大考前一天務必早早休息，讓考試時頭腦清醒，絕對比熬夜苦讀來得有效。

背景知識越多，記憶連結越強

除了重複刺激和足夠睡眠，記憶的「**內容**」也扮演著十分重要的角色，試想兩個情況：第一種是要你背誦一串毫無關聯的人名或數字，第二是請你背一串「彼此之間有關聯性」的資訊，何者會比較容易？絕大多數人都會回答是第二種，沒錯，**先理解、再記憶**，會記得更好更順。

我自認為有不錯的記憶力，後來也就讀需要大量背誦的醫學系，在我的學習過程中，三天兩頭就要將海量的名詞或敘述句塞入腦海，而每一個重點之間可能毫無相關，有時候根本無法從前一點推導到下一點。但是就算我再能背，要學這堆複雜的知識也是挑戰性十足，我別無方法，只能透過一次又一次的閱讀，讓大腦接受一次又一次的刺激，好讓記憶曲線的消退減緩一些。

回想一下我們從小到大的學習，偶爾老師會在你還不太懂的情況下，就請你先「硬記」某些知識，老師會告訴大家，某一題很容易考、很重要，先背熟再說。這並不是老師當下不願意講解，而是碰到這種情況，初次學習時多半會覺得好難理解、很難記住，不過慢慢的，隨著學到的知識越來越多，

腦海中的知識網絡逐漸增長，再回顧以前的教材，往往有種恍然大悟的感覺！這說明了當你對某件事情的背景知識越多，要去理解並記得的可能性就越高。

除了前面〈十大高效讀書法〉提到的方法，以下是進一步針對背誦科目的記憶技巧，可幫助你記得更快更牢，但請記得，訓練記憶力無法一步登天，任何方法都要透過反覆練習去刺激你的大腦。

強化記憶能力的五大訣竅

一、邊想邊寫：對大腦有兩倍的刺激

把你正要背的內容同時寫在紙上，手眼並用相當於刺激大腦兩次！絕對比只有單純閱讀來得可靠。不過需要注意的是，**手寫的目的並非抄寫，而是要增加腦中所想**。例如很多人太執著於要做出完美的筆記，太忙著去「寫」而非專注於去「記」正在書寫的內容，往往會掉入記憶的黑洞，以為寫完筆記就什麼都記起來了，但實際上對於大腦的輸入，往往還比不上單純閱讀來得有效呢！也就陷入前文提到的「低等勤奮陷阱」。

因此動筆的時候，必須要時刻確定自己的大腦「有在動」，不是左邊看講義，右邊手就直接抄下去，大腦不是複寫紙，沒法在未經思考的狀態下有效轉換吸收，你必須看過之後理解意涵，再把想特別記牢的地方動筆寫下。

二、聯想法：提取特色、一物帶一物

聯想法是大家最常使用的方式，將不好背誦的事物刻意想出它的特色，或聯想到其他比較容易記住的事物，可能是口訣、諧音，也可能是其他具體事物，**重點是讓好記的東西去帶出不好記的知識點**。

例如「心－動－微－靜－心」，透過短短的五個字就可讓你快速記住國中生物課的血液循環基本動線。進階一點，在背十二對腦神經時，有一個很常見的口訣：「一嗅二視三動眼，四滑五叉六外旋，七顏八聽九舌咽，十迷走來副舌下。」透過四句話二十八個字，將十二對腦神經的名稱記起來。

又或者像高中化學的沉澱表，要記憶沉澱表中「氯、溴、碘」遇到「亞汞、亞銅、銀、亞鉈、鉛」難溶，可以把「氯、溴、碘」聯想成某位政治人物的名字，把「亞汞、亞銅、銀、亞鉈、鉛」用諧音記成「共同贏他錢」，朗朗上口後保證畢生難忘。

三、表格法：把平鋪直述轉成圖像記憶

條列式重點雖然比長篇大論好背，但很多時候我們剛記住了第二條就忘了第一條，把這些知識點整理成表格，我們需要記憶的方式就可以轉換成「每一個項目究竟位在表格的第幾列、第幾欄」，類似圖像記憶的概念，只要想起表格的樣貌，就能回想起**這些知識點的相對關係**。

以醫學的筆記為例，下面這一段敘述「Carotid massage（頸動脈按摩）和 Atropine（藥物名稱）對於莫氏一型（Mobitz type I）和莫氏二型（Mobitz type II）房室傳導阻滯（Atrioventricular block）造成的影響是相反的」，光看名詞像火星文一樣拗口，在沒有理解的情況下很難記得住，但如果將書上文字畫

醫學名詞轉換表格記憶法	莫氏一型 Mobitz I	莫氏二型 Mobitz II
頸動脈按摩 Carotid massage	惡化	改善
藥物 Atropine	改善	惡化

成表格，只要記位子就能記住效果，是不是比單看文字好背多了？

　　再來一個國高中的地理科常碰到的，地球上常見各種氣候類型，每一種的成因、氣溫、雨量等特徵都不盡相同，而常見的題型就是要你判斷氣溫和降水量氣候圖，背到後來很容易頭暈。那麼我們可以把氣溫和降水量當作縱軸和橫軸，分別將國高中課本出現的氣候類型以其性質排列，把整張表當作一張大圖來記憶：位在圖片的右上角代表高溫多雨，左下角代表低溫少雨，其次可以在表格中加上降雨的季節差異，考試時只要回想這張圖就可以順利解題。

世界主要氣候類型圖像化記憶法

氣溫	少　　　降水量　　　多		
高	熱帶沙漠	熱帶莽原（夏雨冬乾）	熱帶雨林（全年有雨）熱帶季風（夏季季風雨量較多）
	溫帶沙漠	熱帶莽原（夏雨冬乾）	夏雨型暖濕（夏雨為主）
		溫帶大陸性（夏雨冬乾）	溫帶海洋性（全年有雨，冬季稍多）
	副極地		
	苔原	高地	
	冰原		
低	少　　　降水量　　　多		

四、237 重複閱讀法

　　這正是源自前述德國心理學 E. 艾賓豪斯的方法。在第一次學習後的**隔天**

（第二天）、三天後、七天後等不同的時間區間重新閱讀一次，延緩記憶曲線下降的幅度。提供大家一個設定複習周期的簡易公式：**每一次複習的時間距離可以是上一次的兩倍**，比如說一天、二天、四天、八天、十六天、一個月。

但平心而論，學生每天光是趕進度可能就一團亂了，我建議不用刻意記這些天數，但把握延緩記憶衰退的大原則：上完新課程的隔天或至少兩天內先第一次複習，再來間隔幾天做第二次複習或第三次複習，在讀課本或講義前先大略快速回想記得的內容，接著才開始翻書或做題目強化不熟的部分，效果更好。

五、做中學，用過的知識更牢靠

背英文單字可能是許多學生共同的夢魘，前面我們有提及背單字的方式，而背單字時，可以再稍稍進階一點，不妨試著造句，當你有使用過這個知識的經驗，腦海中的印象絕對更為深刻。實務上的操作也是如此，即使花了大把時間閱讀說明書、觀看教學影片，絕對沒有親自操作一次來得精確且記憶鮮明，近年常出現的實驗題型更是如此。

在此也順帶提供過來人的經驗：**若學校有實驗課，非不得已真的不要任意翹掉實驗課！**但如果因為趕進度沒辦法實際操作，不妨多上網查找影片觀看同樣實驗的過程，看了過程再搭配腦海中跑一次流程，跟完全靠硬背文字，效果真的差很多！

大腦喜歡這樣記！

1. 重複閱讀，加深印象。

2. 手眼協調，邊讀邊寫。

3. 比較異同，尋找記憶點。

4. 透過不同的角度和方向切入記憶。多和同學討論同一個題目的解法，可以學到他人的解題思路，且當你說出自己的看法時，你也在重整歸納記憶。

5. 一次記不住就記兩次，有餘裕的話，兩天後再記一次；兩次記不住第四天再記第三次，一定會記起來。但二度記憶前先在心裡默想，會比直接翻書記得更好。

我 的 學 習 筆 記

專注力
我們需要的是，剛剛好的過度學習

　　專注力是透過大腦意識控制，當下能夠專心一致的從事某種活動的能力。請想像一下：當你正在閱讀時，眼角餘光瞥過前方走過的一個人，不自覺的抬起頭打量他兩眼，此時身邊傳來一陣談笑聲，你又忍不住轉頭確認聲響的來源……外界的刺激何其多，我們的感官系統隨時都在接受來自四面八方的資訊再加以過濾，但一個人每天的專注力是有限的，一心能夠二用，甚至三用的境界也並非所有人都能夠達到。

　　畫滿螢光筆重點的書本，永遠不如手機畫面更有吸引力，現在是有史以來最容易分心的時代，打開手機、電腦，爆炸多的訊息、新聞撲面而來，如何擁有「專心的能力」、不輕易被外界干擾？大人都如此，更遑論自制力更不成熟的學生。我有朋友做過測試，當他沒有刻意控制自己的行為，每一回合能專注目光在工作畫面上的時間，平均只有五分鐘！我們總是忍不住去切換視窗，等到意識到要切換回工作畫面，已經不知道經過多少個連結，就這樣一路轉換畫面，又足足過了十幾分鐘才能把心力拉回原本的工作上。

　　專注力不足，就難以提升學習或工作效率，原本半小時就能完成的工作可能得花上兩倍時間；換句話說，無法專心，在相同時間區段你能夠完成的工作就比較少。

　　開啟工作軟體或翻開書本，把目光好好放在正事，是展現自制力的第一

關；而能夠持續專注、抗拒誘惑的時間長短，則是更困難的第二關。學習適度壓抑暫時性慾望，有自覺的控制自己行為，對於提升學習效果是非常重要的，在本篇將介紹幾種練習方式，但專注力和長期習慣、時間管理能力相關（請參見下一篇），必須多管齊下的「刻意練習」，請給自己一點時間，一點一滴讓你的專注力越練越強。

「心流」的產生是種魔力

你是否有過某種經驗，或許是小時候沉浸在新玩具的玩法，花一整個下午研究怎麼組裝；或許是做某一項工作時，一連好幾個小時沒有離開電腦，目不轉睛的投入所有心思——就算是再容易分心的人，或多或少都曾有過上述時刻，因此問題在於：人人都具有專心的能力，只是並非所有事物都能吸引你的專心。

1975 年，心理學家米哈里·奇克森特米海伊提出了「心流」的理論[1]，針對人們能夠長時間沉浸在某一件事物而忽略外界干擾的狀態，做了詳盡的觀察和解釋。

「心流」指的是一個人將專注力完全集中在一件事物，**是一種你不需提醒自己去聚焦，就不自覺被該事物所徹底吸引的過程。**在這個過程中，你的知覺和行為將會專心一致，甚至忘了自己身處何時何地，對於時間流逝的知覺將會減弱，不知不覺可能就過了幾個小時。

正常的情況下，每個人的注意力都有限度，因此我們的大腦會選擇要接

注 1

Csikszentmihalyi, M. (2000). Beyond boredom and anxiety. Jossey-Bass.

收哪些感官系統所輸入的資訊，例如你可以決定要不要花點心思觀察遠處的人群，還是餘光瞄一眼就好；在聽音樂時是否要刻意打開耳朵用力聽每一句歌詞，還是僅僅將它當作背景音樂即可。然而，當一個人處在心流狀態，這些外在刺激幾乎無法完整輸入，我們的大腦只會接收來自眼前工作的訊息，而自動忽略掉周遭的人事時地物。

什麼是「適度的過度學習」？

如果在需要專注力的時刻，就能馬上切換模式讓自己進入「心流」狀態，那不就太完美了嗎？可惜實際上往往做不到，當我們想好好看本書，眼前的手機只要隨便跳出一個新訊息，就有可能讓你中斷，你得耗去十幾二十分鐘才有辦法再回到先前注意的事物。

那麼，究竟什麼樣的事物、什麼樣的環境，能造就心流的狀態？

首先，令你進入心流的狀態，**通常具有立即性的回饋**，在過程中，能夠得到立即性的滿足；其次，做的這件事難度屬於「**適度的過度學習**」，提出「遺忘曲線」的德國心理學家 E. 艾賓豪斯也發現：

1. 當我們接收的資訊過於緩慢，我們容易感到無聊而失去專注。

2. 若工作與自己的能力完全匹配，雖然可以很輕鬆完成工作，卻會因為沒有挑戰性而喪失興趣。

3. 若工作或者學習內容超過自己的知識背景或能力太多，你會因為無法下手而放棄，哪來的力氣專注？

因此，達到最大專注力的條件，就是從事對自己來說有適度挑戰性的工作。我們能夠運用自己的知識技能去完成大部分的工作，對於剩下較為困難的部分也會順勢想去解決它，而這時就能讓自己的專注力投入其中。

將上述理論應用在學習上，就是在每一次讀書或複習時，**在舊有的基礎上，幫自己訂定比前一回稍微難一點的新學習目標**，不輕易放過自己，但也不要好高騖遠。

　　最實際的，就是寫考題、寫自修評量的時候，要選擇**恰如其分的難度，避免太多鑽牛角尖的題型**。一份對你來說最理想的試卷，在比例上大約會有八成題目符合你的能力，其餘有幾題是較為困難、必須多花時間去思考的題目；但也要避免那種太簡單的試卷，這會導致你錯估形勢、自我感覺太過良好。

　　每一次沉浸在思考解題的過程，都是在幫助你整合所學（input）、把學科知識做一番整合再輸出（output）的大腦鍛鍊。

為什麼打電動超專心，看書就分心？

　　前述提到「每個人都有專心的能力，只是專注的對象不一樣」，這就像有些孩子看動畫、玩電動可以非常專心到渾然忘我、廢寢忘食，但一叫他看書寫字就有如屁股長蟲、呵欠連連，不是想逃避課業，就是想到處走動、找起零食。

　　有些人能夠長時間專注於枯燥乏味的事物，例如沒有精美圖片的理論書籍或需要耗神的工作，而有些人則是習慣性尋求新的刺激；前者達到專注力的閾值較低（也就是達到專心程度的門檻較低），而後者往往只能專注於較精采、時刻變化的事物。以學習新知識而言，有些人不管有沒有碰到難題都能夠持續投入，一股作氣學好學滿；而有些人較無法堅持，一遇到困難就想中斷，不是需要換個環境，就是不斷推延時間，如此一來變成斷斷續續的學習，成效自然會打折。

　　造成上述這兩種差異的原因，實際上可能與一個人幼年時期所接受到的

刺激類型有關。

　　若一個人自幼年時期就習慣接受**興奮閾值高**的刺激（比較平淡、較難第一時間滿足感官），長大後就比較能長時間靜下心面對看似無聊的事物；若一個人從小太依賴聲光效果、總是接觸**興奮閾值低**的刺激，長大後就較難專心於一成不變的環境，他會習慣性去尋找新的感官刺激，有如上癮，自然無法有耐心投入第一眼比較平淡的事物。

閱讀習慣的養成要趁早

　　問題的根源就在於習慣。這也是許多老師呼籲盡可能讓孩子從小養成**閱讀習慣**的原因之一，引導他們能夠從靜態的、沒有聲光刺激效果的載體獲得欣悅與滿足，等年紀越長、3C 誘惑越多，當他碰到不同選項時，就有更大的機會選擇刺激性低的事物，而不會一味的被刺激強度高的事物吸引。

　　如果你是上述第二種人，自覺比較難「主動」專注於一件事，那麼讀書時請**最大化排除所有可能影響你的刺激**。處於一個安靜而不受干擾的環境，減少有人在你身邊走動的機率，可減少視覺上的刺激；戴上耳機或透過播放背景音樂來隔離外在聲音，減低聽覺刺激（但絕對不能放那種會讓你跟著唱的音樂）。若你每三、五分鐘就想滑手機，一跳出訊息就忍不住想立即回覆，最好的辦法就是固定一個時段關閉網路，或者是放遠一點、鎖進抽屜、在上面貼便利貼擋住畫面等等，重點是製造一點障礙，一旦不夠方便隨拿隨看，就不會無意識的想去觸碰畫面，被打斷的機率就少了。

四象限法：排序不是用想的，要用寫的！

專注力提高也等於拉高時間運用的效能，所以有些人總是能如期做完功課並額外複習，有些人卻覺得事情老是做不完、書讀不完。我們都希望在有限的時間內完美利用每一分鐘，但如果眼前想做的事太雜，或者野心太大、想讀的書太多，一看就頭暈，難免軍心渙散。

當你想努力變好（例如「我這次校排要進步五十名」），卻不知道該怎麼努力起，這種不知從何著手的沮喪反而會令你分散心力，導致每一處都做一點（我只知道每一科要多讀一點），很難專心一致貫徹到底，這時不妨同時採用**目標拆分法＋四象限區隔法**。

首先列出清單，設定一個時間，將這個時段內需要完成的大大小小事情，依據「**緊急程度**」和「**重要程度**」區分為四個象限：（一）重要且緊急、（二）不重要但緊急、（三）重要但不緊急、（四）不重要且不緊急。

接下來，**預估最重要且最緊急**的事情可能會耗去多少時間，設定一個期限（手機都可以設定特定日期、特定時間的鬧鐘）。

再來，照著象限，依序把大的目標分解成較容易完成的步驟，然後就像遊戲闖關，一個一個將它們擊破達標。拆開來看，你會更清楚必須先專心處理哪一件事。

舉例來說，重要且緊急的事可能是「五天後就要考的期中考」，這幾天就必須排開其他事情，先把心力鎖定在衝刺複習，去分配各科的溫書進度；重要但不緊急的事，可能是「一個月後要參加的大比賽」；不重要但緊急的事，可能是「來自朋友的請求」；不重要且不緊急的事，可能是「排出下周的出遊行程」。

一、把待辦事項按照四個象限區分開來

	低　　　急迫性　　　高
高　**重要性**　**低**	

	低（急迫性）　　　　　　　　　　　　　　高

<table>
<tr><td rowspan="2">高

重要性

低</td><td align="center">重要但不緊急
提前安排

例：一個月後要參加的重大比賽</td><td align="center">重要且緊急
立即處理

例：5 天後的期中考</td></tr>
<tr><td align="center">不重要且不緊急
不理會

例：下週的出遊行程</td><td align="center">不重要但緊急
避免速戰速決

例如：朋友找我做的事</td></tr>
<tr><td></td><td align="center">低</td><td align="center">急迫性　　　　　　　　　　　高</td></tr>
</table>

二、把最重要的目標拆分為具體策略：

【目標】期中考校排要進步五十名

→平均分數要進步至少 10 分

→每一科平均要多 10 ～ 15 分

→每天用三小時讀書，前二小時先複習弱科，提升分數的空間最多

→剩下一小時複習本來就比較強的科目，強化進階題

如果有餘力，我會在處理重要且緊急的事的同時，試圖解決不重要但緊急的事，但如果無法同時兼顧就會將後者先往後擺（可以先排時間表，也可以先擱著），然後再利用各種瑣碎的時間來處理重要但不緊急的事，至於不重要且不緊急的事，當然是擺在後面、有餘裕時再來思考。

如此可以幫助你更心無旁騖、排除其他事物影響依序完成工作，最怕就是沒搞清楚順序，先跑去做次要工作，卻又心心念念無法放下最重要的事，如此兩件事都做不好，自然無法專心達到原本期待的績效。

湛樺的 Tips

分心以後，怎麼抓回專注力？

　　不要跟眼前的功課纏鬥了。放下手邊事情，重新進入一個可以專注的項目。有時候是因為工作太枯燥，且已持續專注好幾個小時導致精神開始渙散，若沒有太緊急的壓力，適時轉換一件工作（帶入新的刺激）或者稍作休息（讓運轉過度的大腦喘息一下），都有助於重新進入專注的狀況。

1. 換環境：找間舒服的咖啡館坐一下

　　若在書桌前一成不變的環境讓你很疲倦或焦躁，換個環境，到外面找家安靜的小店坐著，看著形形色色的人、聽著柔和的背景音樂，有助於洗滌煩亂的心境，讓你重新安定，創造新的專注環境。

2. 切換模式：訂鬧鐘，看幾則影片

　　當我已經無法專注，除了起身做個簡單運動活動筋骨，我有時會設定一個短時間（例如十分鐘）看幾個跟功課無關、內容輕鬆的社群網站或影片，讓自己的情緒不要持續緊繃，腦袋休息過後再回來（如果缺乏時間觀念，記得設定鬧鐘），這個方法簡單但有用！

時間管理
學習需要計畫，成功當然要有地圖

　　越是長期抗戰，越需要做好時間管理和進度規劃，按部就班執行，這也是最能安定軍心的基本功。即使讀書再重要、考試再緊張，我們也不可能將二十四小時扣掉吃飯睡覺、上學補習之後全都埋首書本，要學著自己掌握行程和進度，而不是每天被作業截止日或考試追著跑，太鬆散或太緊繃都是不行的，如何妥善分配時間給每一件事、或每一個科目就很重要。

越缺乏自制力，越需要穩定作息

　　時間管理得宜可帶來很多好處，不只是提升效率，更可以培養出長遠的好習慣，**第一個效果就是能穩定作息、安排生活次序。**

　　我們常羨慕有高度自制力的人，這代表他面對大小事情都能藉由大腦的意識去冷靜思考，當目標和慾望相衝突時，他能適度壓抑部分基本慾望，轉而選擇雖然乍看較為無趣，卻能往目標前進或提升生活品質的事物。

　　一般而言，自制力強的人有幾個特質：第一，作息較為固定，每晚定時關上螢幕，該休息的時候就休息；第二，較能克制花費，不會隨意浪費金錢在不必要的事物上，將收入留給生活必需品和投資，著眼未來，而非只看得見當前的享樂；第三，懂得選擇事物的先後順序，他們會優先完成重要的事

情，沒有後顧之憂再將時間留給喜歡的事物。

換句話說，**自律的養成和能否有效掌握自己的生活息息相關**，如果每天總是像無頭蒼蠅一樣瞎忙，要怎麼去談提升效率？對於自制力低落的人來說，乾脆擺爛還比較輕鬆呢！因此與其告訴他「你要拚命抵擋誘惑」，不如引導他學習安排自己的時間、找回學習和休閒之間的節奏，讓生活作息規律，就不會變成一團亂麻。

培養自制力的根本仍舊是「**好習慣**」，我們在談〈專注力〉的章節討論過，要學著把事情分成緊急與重要程度的四象限，區分出優先事項，再將這些事列入計畫表，但在此要特別提醒，不是只有工作或讀書的時間需要分配列入，你應該同時考慮其他所有會占去時間的生活事項，包括運動、洗澡、整理房間、和家人或朋友交流等日常瑣事。

不用擔心把這些瑣事納進來會浪費讀書時間，**考慮得越詳盡，整個時間的規劃概念會越清晰**，也才能做出符合實際狀況的計畫表。若你只顧著把那些看起來很偉大、很重要的工作排入計畫，卻忽略了零碎卻必要之事，你反而更容易落入時間的黑洞陷阱──因為這些小事不管花費的時間多寡，都是構成每日生活的要件，如果忽略不計，一則你會錯估完成一天任務所需的時間，二則會因為達成目標比想像更耗時，導致不斷追進度，反而造成無謂的壓力，甚至壓縮睡眠等休息時間。

改善拖延問題，減少逃避的理由

時間管理的第二個重點效果，就是幫我們改善拖延問題。

我們都曾眼睜睜看著越來越接近的截止日期，卻遲遲不想著手開始，找了各種藉口拖延，假裝忙著做其他事，反而將最重要的一件擺在最後，直到截止日前才瘋狂趕工，最後交出一個乍看完整卻漏洞百出的成果。

要對付自己的「慣性拖延」，除了將事情區分輕重緩急之外，另一個很重要的關鍵，就是這件事「容不容易開始做」。透過時間規劃，我們可以**把必須做的事用比較小的時間單位來分段規劃**。跟目標設定的概念類似，只是這次加上時間單位，特別是中學階段的學習進度是很密集的，每天在學校七、八個小時，放學後如果還需要補習，空白時段非常有限，把時間單位切小，列出每小時甚至每半小時要完成的「小事」、每日待辦清單，再拉長到每周學習或工作計畫，會比一開始就滿懷雄心壯志，直接寫下每月或每學期學習計畫更容易依序達成。

人的心態都是「撿軟柿子吃」，總是傾向先處理輕鬆簡單的事情，因為可以得到「立即」的成就感和如釋重負的感覺，而對於範圍大、複雜又不易解決的事，就會一再找藉口往後推延。要直接「單挑」困難的大事，需要強大的意志力，但如果是利用每一個小的時間單位去完成一件小工作，去執行的意願就會提高許多。

例如我必須在忙碌的生活抽空寫稿，花時間又燒腦，更痛苦的是經常找不到靈感，不過我選擇**將辛苦的事平均分配**，告訴自己只要每兩天有一次打開電腦檔案，每一回只寫數百字或一千字也無妨，總之先一點一滴累積出分量，缺乏靈感時可能寫得很糟，但只要固定每隔幾天或一兩周做一次回顧整理、檢討內容和釐清進度，就能漸漸梳理出可觀的成果，而不至於累積到最後再來哀嚎。

適合中學生學習進度的時間管理

回到學習進度的安排，學生能運用的時段僅是晚上二、三個小時，頂多加上周末假日，若能把握每天或每周固定撥出一定時間預習和複習的大原則，便不會太複雜，比較需要費心安排的，往往是在大型考試之前，需要對自己的學

習狀況有通盤了解，才好安排進度。要怎麼像擠海綿一樣擠出多餘時間來「管理」呢？下面是幾個基本原則：

一、確定計畫的時間長度

先確定計畫表的時間範圍有多長，可能是針對某一件需長期準備的大事，諸如國家考試、升學考試、托福或多益，往往橫跨幾個月甚至一年；也可能是幾天或者一周的短期安排。時間的跨度不同，安排表格的細緻程度也不同，例如一個長達半年的計畫，可能會以月為單位來安排，再細緻一點可能到以周為單位。至於在學期中，如果是一周計畫，就盡可能詳細規劃每個上午、下午的時間。

二、如果是長期規劃

若是針對長期的計畫，建議可以從大處著眼、小處著手，亦即從全局的角度，思考在這段期間內的前期、中期、後期，應該分別完成什麼事。以準備大學學測為例，假設要用半年的時間衝刺，可以這樣大略安排：

第一至第三個月，完整複習一次考試範圍的知識內容；

第四至第五個月，要廣泛練習模擬試題；

最後一個月，練習歷屆試題及強化不夠熟悉的部分。

長期計畫並不需要精確到數個月後的某一天要做什麼，而僅僅是給自己一個概念。

三、如果是短期目標

針對短期目標，要更精確估算在幾天、或者一周內有多少時間能夠利用（星期一至五放學只有二、三小時，周末一天有六至八個小時），再列出所有預計要完成的清單，重點是計畫表的項目要有更多細節，也必須留有緩衝時間。

四、執行和修正

訂完計畫表後，請務必先用幾天的時間嘗試看看，以檢視預估與執行是否有落差，你有可能太高估自己的能力，預留時間根本不夠用，也有可能碰到臨時狀況導致中途卡關，又或許是執行力太低，將時間浪費給其他事了。做過一輪、檢視之後，自然能夠找到規劃的盲點，重新安排進度就能更精確。

五、找出休息時間

好的學習規劃必須搭配品質好的休息，不只是為了恢復體力，同時也是幫助大腦重整。再次提醒，**千萬不要為了工作或學習而犧牲睡眠時間**，長期熬夜犧牲睡眠來爭取讀書時間，短期內看似生出更多時間可以利用，長期來看會造成不良的後果。

六、把零碎時間拼起來，就是一幅大拼圖

就讀高中時，我常利用早上或放學的通勤時間背英文單字或讀英文雜誌，確實幫我省下不少複習時間，但到了大學，雖然每日通勤時間仍長達四十分鐘，我卻寧可在公車上補眠，因為醫學系課程內容難度高，我必須全神貫注應對，因此將通勤時間用來休息更實際。每個人利用零碎時間的方式不同，只要對你有幫助，無論是多背幾個生字還是休息充電，都是有效的利用。

有一個很基本卻很重要的態度：對於學生而言，**每一堂課都要當作你能利用來強化學習效果的時間**！我國中時每天放學大約用二小時左右做功課、讀書，但高一、高二時有許多社團活動或競賽，放學後的讀書時間較難固定，但我會善用在校時間完成功課和讀書。

如果是陌生的新課程，我想大家都認同要用心聽老師講課，因為這是第

一次接收訊息，無論能否聽懂，時間不會白費；但如果你的進度超前、或預習過有了概念，上課內容對你來說相對簡單，在老師允許情況下，不妨拿出習作或講義兩相對照，如同重點複習，你能更從容的寫筆記，或在課本空白處補記重點。畢竟中學生每天待在學校可能超過八小時，當你在校就完成「第一輪學習」，而不是把學習都丟給補習班，或回家才一知半解的翻自修重新讀起，你就比別人多出更多額外複習的時間。

附錄：學測前半年衝刺排程計畫表　　　*適用於暑假期間自主複習

一、一天計畫表範例

時間	內容
09:00-10:00	快速掃描過前一天的讀書內容，強化記憶
10:00-12:00	時段一：當天預計複習的第一個科目／主題
12:00-13:00	中午休息
13:00-15:00	時段二：當天預計複習的第二個科目／主題
15:00-17:00	時段三：當天預計複習的第三個科目／主題，或將整個下午用來專心讀一個科目／主題
17:00-19:00	晚餐休息
19:00-21:00	時段四：針對當天的讀書內容，找題目練習，或複習當天的第四個科目／主題
21:00-22:00	盥洗
22:00-23:00	檢討回想一天的複習結果，排定隔天計畫

二、學測前半年衝刺計畫表範例

時間	內容
7 月	**心態：** ＊正式進入學測的準備階段，先確定自己要考哪些科目，各科的範圍、題目型態等特色為何，排定後續的複習目標。 ＊體認到身為考生的事實，思考自己未來的夢想和方向，勇往直前的朝著夢想前進。 **檢討：** **＊回想過去兩年的學習方式和結果：**過去採用的讀書方法是否真的適合自己，前兩年是否有把課程內容學得紮實，抑或是蜻蜓點水、囫圇吞棗，以確定後續的複習強度。 **＊檢討之前進度，再規劃未來進度：**以星期為進度細分，起初的進度不需要太快，而要**求穩**，之後再慢慢加強加深。 **複習重點：** 1. 國文：在選擇題方面，開始複習國學常識等基本概念；在寫作測驗方面，閱讀範文、收集寫作素材。 2. 英文：複習學測範圍的單字，確保了解單字的詞性、涵義和用法，而不是只有記憶單字的中文解釋。針對過去不熟悉的文法額外重點複習。 3. 數學：從高一的章節開始，大約以**一周一章**（如多項式、指數與對數運算等）的速度複習，要確保能夠掌握該章節所有應該掌握的概念，包括基本定義、公式、解題技巧、常見題型等方面。 4. 自然：回顧高一物理、化學、生物、地科的內容，著重在基本觀念的理解，該花力氣背的，就不要逃避，開始背吧！

5. 社會：利用 7 月複習高一歷史、地理、公民等社會科目，不只是記內容，更要重視整合，利用講義或自行針對時間或空間的尺度，進行跨章節甚至跨科目的比較。

心態：

回顧過去一個月的進度表是否都有完成，是否太快或太慢，若發現無法跟上就檢討原因，是複習計畫超出自己的能力，還是執行上過於鬆散或拖延，才能作為後續調整的參考。

檢討：

在 9 月初會有模擬考，可用來檢視一、二冊的複習狀況，8 月以模擬考為目標，積極針對各科目進行準備。

複習重點：

1. 國文：同 7 月，此時對於選擇題應會較有把握，可以投注多一點心力於寫作測驗，無論是閱讀過去範文、背一點佳句，甚至練習考古題，皆是很好的選擇。作文的練習並非一蹴可幾，需要提早開始準備。

2. 英文：同 7 月，除了針對單字、文法再強化，也可以開始練習大考題型。針對翻譯和作文，找尋過去的題型並閱讀大考範文，找到適合自己的寫作方式及風格，並多加練習。

3. 數學：繼續以一周一個章節的速度複習，此時應該已經進入高一下學期的內容，難度較高一上學期更加深入，可以投入更多的時間。接近模擬考，開始練習大考題型，無論是過去各縣市的模擬考題目，或是學測的考古題，**熟悉大考的出題方式以及面對新題目的思考和解題方式，並且記得計時，才能精準檢視完成考卷所需要花費的時間。**

4. 自然：與 7 月相同，繼續複習高一的內容，並開始寫題目以檢視自己的觀念。

5. 社會：與自然科相同。

心態：

＊此時會面臨第一次的模擬考，可以檢視過去兩個月的複習成果，反思努力是否真的反映在考試成績上，通盤檢視自己的強弱項，特別弱、特別不熟的可寫成筆記。但重要的是心態，**如果考得不理想也無須緊張，因為某種程度代表你算幸運，在這個階段已找出可強化的項目！**

＊進入高三的學期，會同時面臨高三的課程進度及複習的衝突，時間規劃和分配十分重要，要思考自己未來的目標和能力，要以1月的學測及後續的個人申請為目標，或是以分科測驗為目標，以此來分配複習和進度的時間。

複習重點：

9.10 月

1. 國文：依照自己的能力需要，維持固定頻率練習作文、保持手感，如兩周一篇，多嘗試不同類型的題目，以提升寫作素材的儲備。選擇題方面，經過兩個月的探索和嘗試，應該能發現自己較容易失分的部分，針對這些再加強。
2. 數學：以一周一個章節，進入第三冊的複習進度，第三冊後幾何的比重增加，無論是三角函數或者向量，都是十分重要的考點，也是前後緊密相扣的章節，要確保自己能夠完全理解公式和定理。
3. 英文：複習的重點與先前差不多，繼續加強單字、文法，並花較多的時間練習翻譯及寫作。
4. 自然：繼續複習完學測的所有章節。
5. 社會：繼續複習完學測的所有章節。

心態：

11.12 月

＊此時大部分科目都已經讀完第一輪，對於自己的強項和弱項都有更清楚的認識。

＊距離真正的考試進入倒數一百天的衝刺期，應該以更加高昂的鬥志繼續往前衝，但也要注意自己的身心狀況，避免因為壓力或備考而打亂作息、影響健康。

複習重點：

1. 國文：加強不熟之處，特別是練習作文。可以提高寫學測題目的練習，**重點是要熟悉大考的出題方式，並訓練自己的作答時間**，針對錯誤的部分一定要加以檢討。

2. 英文：再度快速的複習學測範圍的單字和文法，練習整份題本和寫作，更要講求細心、避免失分。

3. 數學：此時應該已經完整複習過一次，可再快速針對所有章節的重要概念和公式做重點補強，剩下的時間就是不斷的練習題目，將之前的基本概念應用於考題，訓練分析考題的能力及臨場反應，並且讓自己避免粗心及失分。

4. 自然：重點複習不熟的章節，並從題目中找尋盲點加以擊破。

5. 社會：和自然科相同。

11.12 月

心態：

＊此時已經接近大考，在心態上應該避免過多的起伏，**不要用過於刁鑽困難的題目來打擊自己的信心**，而是重新回顧一次過去半年的複習過程，再度鞏固自己曾經學習過的知識。

＊要保持穩定作息，**甚至可以配合學測各科目的考試時間，讓自己習慣在某個時間考某一科目。**

1 月

複習重點：

1. 練習歷屆考古題。

2. 複習過去練習時曾經做錯的題目。

3. 重點複習各科目較不熟悉或容易失分的內容。

筆記力
關於其他做筆記的疑問與解答

　　是不是所有學霸都很會做筆記？想開始寫筆記，卻不知道怎麼下手？寫「錯題專用本」就好，還是上課拚命抄？

　　關於筆記需不需要做、怎麼做、什麼時間做？我們常收到來自學生和網友的疑問，除了書中舉例的筆記示範，本篇也整理出「最常見的問題」，在此一次分享。

開始寫筆記之前，你要知道的事

一、想當學霸就要寫筆記？

　　絕對是看你自己。做筆記不是為了趕流行，也沒有一定必要的格式，有人靠著超美的筆記考上第一志願，也有人只用雙眼看，不動筆就考上第一志願。我們的目標都是好成績，時時檢視做這件事能否幫助你克服弱點、提升長期記憶，如果答案是肯定的，就是適合你的方式。

　　要記得，筆記是一種整理思緒、消化知識的過程，最重要的目的就是把課本的內容，轉換成以你**更能記住**的方式**呈現**，表格也好、畫圖也罷，或甚至你很有空想重新編寫一本講義也未嘗不可，只要能夠讓你「自己」更好瞭解、更好閱讀、更好背誦，那就是一份好的筆記，當然，別忘了時間成本也要納入衡量。

二、做筆記有特別推薦的格式嗎？

市面上的筆記本格式琳琅滿目，關於筆記的方法論也有一籮筐，但回到基本，絕對還是以你習慣、方便、便利、快速就好。你可以和我們一樣，讀書時手邊習慣要有白紙加上三、四種顏色的筆，但也可以只用黑筆，或者用平板、筆記型電腦，甚至只用便利貼順手就寫、浮貼在課本上，沒有哪一個方式特別好或不好，只要呈現清楚，複習時你會真的想看也讀得進去就好。但這麼說來，筆記有什麼技巧可言嗎？有的，需要注意的眉角或記錄技巧，在本篇及第三大篇談到各科學習重點時，我們會再舉例陳述。

三、要用什麼時間寫出完整漂亮的筆記？

絕對不是上課中。「**上課一邊抄筆記，就沒法專心聽老師上課**」，這是很多人會遇到的困擾，的確，當你想要完整抄寫投影片內容或黑板上的大綱，想必很難同時仔細聆聽老師講授。我們認為兩者都需要兼顧，但大原則是：**老師的教授絕對比自顧自的抄筆記來得重要！**上課時最重要的事還是把握老師「**稍縱即逝**」的話，認真吸收老師精煉消化過再口頭講解、補充的課程內容，絕對比事後謄抄講義更有效率。

建議你可以準備一張白紙，上課中只先記錄重點、關鍵詞。我們所需要的「重點」，不是全部的長篇大論，主要包括：

1. 之前預習（如果有預習的話）感覺似乎有些困難的關鍵點。

2. 在課本占比頁數多、觀念龐雜、你聽得一知半解甚至完全不懂的地方。

3. 你覺得課後會記不住的地方。

4. 老師特別提醒或歷屆大考容易出現的觀念（例如老師強調「這個公式每年必考」或「這個生字十個人有九個會拼錯」）。

以上都大略抄下關鍵詞，下課時重新整理成你看得懂的模式。如果沒有抄好，等下課時再去拜託老師讓你重看一下投影片，並順便把沒有釐清的地

方問清楚。國高中因為每周課程時數有限（社會科甚至只有每周一次），很容易碰到老師上課節奏飛快，因此平時練習快速記下重點的能力，絕對是必要的。

如果沒有準備白紙或記錄本，先抄在課本空白處，回到家之後再將老師的補充、課本重點、講義條列整理，看過後全部統整成自己的筆記。最重要的是做這件事的時間點是「平時回家後」，且「非段考、大考前」。我絕對不建議考前三天還要花非常多的時間謄寫、思考怎麼做表格、怎麼畫羅馬帝國。

該怎麼整理筆記？

一、大彙整：完整詳盡式筆記

這種筆記的寫法就是把課本、講義、補習班、補充、題目等，全部整理，涵蓋大大小小的觀念，謄寫在筆記本或活頁紙上，好處是你在找資料的時候非常方便，一本抵萬本，不需要每天扛一大堆書，找個重點還要東翻西找。但缺點是非常非常的費時，且需要一定的排版、整合能力，如果你是那種「凡寫過就記得住」的人，或者你放學後有很多餘裕抄寫，抑或是整理文圖的速度神速，就很適用這種筆記整理法，但如果還有補習班、才藝課要上，對於排版也沒什麼想法，只會「一邊放空一邊照抄」，那我並不建議寫這種筆記。

二、補帖型：重點精華式筆記

只針對重點整理出筆記，主要利用我們前述「**十大高效讀書法**」裡面的「比較」、「畫圖」兩大方法，針對比較容易混淆的觀念做出對照整理。這也是我認為可適用於多數學生的筆記法，比如說：各國選舉制度的比較、各朝代的叛亂統整、物理公式大補帖等，不會花費太多時間，且可以在考試前「輕盈」的拿起來閱讀複習。

三、錯題本：記錄錯題和弱項

　　這個方法有很多人推薦，但我自己較少使用，因為不那麼適合我。一種做法是將平時大小考寫錯的題目整段剪下，貼到筆記本，方便針對容易出錯的觀念重複加強。如果錯題數不算多，又不愛自己動手寫筆記，我就會推薦你採用這種筆記方式；但如果錯題很多，就會出現各種狀況：剪下來的題目紙張有黃有白、貼起來不夠整齊美觀、寫錯的題目太多、錯的題目剛好位在同一張考卷的正反面同一處⋯⋯剪貼型錯題本對我而言反而成了耗時耗力的困擾。

　　當然，也有相當多人「只」做錯題本，用謄寫的方式記錄錯誤的題目，如果有反覆錯誤的觀念或章節，或者是有些題目特別重要，可能光是一題就囊括了一個完整的大觀念，或者是該題目正好可解決你的卡關盲點，就可以抄錄下來。即使是錯題本，還是要做篩選，而不是一有錯就照抄到筆記本上。

四、其他私房筆記法？

　　我有一個自己很愛用的筆記法：「**自問自答**」。這是我的秘密武器，對於比較困難的科目特別有幫助。我的「高中考前重點筆記」就是使用這個方法，比如說我在整理錯題、或常搞混的觀念時，會在筆記本寫上類似問題：

　　1. 你知道接 ing 與 to 的常見動詞分別有哪些嗎？

　　2. 你一直忘記的用君主立憲的是哪一些國家？

　　3. Winter 請你隨機舉例出一個企業家的成功案例？

　　4. 你會比較兩種界面活性劑的特性差異嗎？

　　在問題之下寫出對應的解答或只有重點提示。你可能會疑惑，這樣跟直接寫出來有什麼不一樣？很有趣，**光是加上「提問 Q」，就有如建立一個線索**，能更有效的幫助我記憶與回想，在背誦這些重點的時候，我會浮現這一來一往的對話 QA，也更容易去思考觀念脈絡。最後，在考前複習時還可以遮住下面的答案，自己再回答一遍。

★學測前自問自答的筆記。雖然問題都非常簡單，但沒想到我在模擬考時還是錯了，連簡單的過敏都搞混，但透過在腦中自問自答的對話，就不容易忘記，下次再看到題目的時候，馬上就會想起自己曾經教導過自己的話！

體液免疫 vs. 細胞媒介免疫

	細胞媒介免疫	體液免疫
多覓者	T細胞	B細胞
抗原結合	抗原與受體有專一性	抗原與抗體有專一性
過程	1. 胞毒T細胞的受體，直接與被感染細胞表面抗原結合 2. 釋出穿孔素，水解酶	1. 輔助T刺激B → 漿細胞 2. 產生大量抗體 3. 抗體與病原體抗原結合，使其失去感染能力，更易吞噬

過敏，排斥為什麼細胞有關？
過敏：B
排斥：T

> 補充：這裡的「過敏B／排斥T」不一定，有T細胞造成的過敏反應，也有抗體造成的排斥

樹突，軸突怎麼分？
樹突：接受
軸突：傳出

大腦外，內層？
外層：(灰皮質) 細胞本體集中區
內層：(白髓質)

位於間腦的下視丘功能？
食慾，口渴，體溫，性慾，血壓，睡眠，情緒等調節中樞，分泌多種激素

反射中樞有哪些？
中腦：視覺
延腦：內臟，唾液，呼吸
脊髓：膝蓋，縮手，排便反

關於做筆記的工具

◎文具

未秧：

我會準備五個顏色的筆，但平常記錄書寫主要以藍、紅、綠三色為主，藍色用來寫一般筆記，紅色作為重點提要，而綠色是補充或較細部的解釋；另外偶爾會用紫色筆來記重點中的重點，或者是「突然想通的部分」也會以紫色特別標注，通常一個章節只會有三處左右用紫色書寫。我較少用黑筆，因為會與書上的印刷字太接近，但用於筆記本時，我會以黑筆標章節名稱。

因為我偏好乾淨整齊的版面，在書包裡一定會準備一把 18 公分、軟質透明的直尺，中間印方格，可以更服貼書本的弧度，且透明尺不會有蓋住字的問題，方格也可以對齊筆記本上的格線。習慣使用 18 公分的尺而非更常見的 15 公分，是因為有些紙張、書本的頁面較大，要繪製較大的圖例時 18 公分比較好用。

湛樺：

我不是五顏六色派的。鉛筆盒通常就只準備藍、紅、黑三種顏色的原子筆和自動鉛筆，平時課業和重點多用藍筆書寫，有特別重要之處用紅筆特別標示（但我也常常用藍筆寫滿整張筆記），黑筆只用來寫作文，另外自動鉛筆主要是在算數學題目時使用，避免耗掉太多立可帶。

◎紙本

未秧：

　　課堂上的「最最重點筆記」，我會直接寫在課本上。但我平常最常用 B5 大小、格紋的活頁筆記本來記錄補充內容。B5 尺寸攜帶方便，且較 A4 更容易排版與書寫。活頁紙可以重新排列，或者臨時要在中間穿插一頁也很方便。我最愛用方格的筆記，不管直向、橫向、斜向都非常好對齊，在歷史、生物等需要大量繪製圖例的科目很好運用。不過如果是需要繪圖為主的科目，買的時候要多加留意格線會不會印刷太深，這會影響圖形的標註和判讀。

湛樺：

　　我對筆記本的格式比較沒有要求，但是在準備學測時，手邊會準備活頁筆記本來製作錯題本，可以不時補充，沒有頁數限制；如果是平日的上課筆記或重點筆記，我通常就是拿一般的 A4 白紙來書寫。

拆解學霸的考試策略

從理解脈絡到應考重點

我們都曾在成堆的課本、參考書和考卷裡載浮載沉,在 0 分至 100 分的量尺中拚搏,直到大學分發塵埃落定。

本章將深入分析國中和高中的考試科目,包括平時準備方式、考試注意重點,以及常見題型分析。雖然舉例的題目以高中範圍為主,然而在讀書方法及考試技巧的觀念,國高中是通用的。希望我們彙整出的學習攻略,能幫助你更有條理的抓住各科的核心要領。

幸運是種能力，
看準紅心，才能命中紅心！

國文科

沒有範圍、拚長期素養的學科

　　相比數學或物理這種一聽就令人頭痛的魔王，國文或許是乍聽之下殺傷力較小的科目，但實際上很多人上了國中，在國七第一次段考就會遭受震撼教育、赫然驚覺「國文考試好難」！沒錯，國高中這六年來，包含會考和學測，國文始終是我們認為最難準備、而不確定性又相當高的一個科目。

　　中華文明五千年歷史，淬鍊出源遠流長的語言和文化，漢字亦是世界上最古老的文字之一，而 108 課綱以素養為王，國文學習也更結合現代生活經驗，並不只有聚焦古人作品，可以說，深厚的國文能力必須靠長時間累積涵養。

　　從國小的國語課開始，一直到國中、高中的國文課，都是時數最多的科目之一。國小階段主要培養的是國字的閱讀、書寫能力及基本語法；國中開始學習文言文及各式古文文體的閱讀，白話文的選文亦漸漸加長；高中則是更加深入的學習各式文體及文學史，以及課綱推薦的「選文十五篇」（如下表）。

　　國文素養雖沒有明確範圍，但若針對考試來歸納統整，到了國中階段，國文考試除了有比國小更難更廣的「字音字形字義」，更重要的是「文意理解及閱讀測驗」，在會考亦有作文考試。高中階段，則包括字音字形字義、國學常識、文學史、更長的白話文及文言文閱讀測驗，寫作測驗則涵蓋短篇寫作及長篇作文，檢測更廣泛的閱讀和書寫能力。

　　國中、高中的國文學習方法，熟讀課本當然是基礎，但如今教材一綱多

本，並非將課本背得滾瓜爛熟就能拿到滿分，平時就要不斷積累你腦內的國文資料庫。

高中推薦選文十五篇

項次	篇目	作者	時代
1	燭之武退秦師（左傳）	左丘明	先秦
2	大同與小康	禮記	先秦
3	諫逐客書	李斯	先秦
4	鴻門宴（史記）	司馬遷	漢魏六朝
5	出師表	諸葛亮	漢魏六朝
6	桃花源記	陶淵明	漢魏六朝
7	師說	韓愈	唐宋
8	虯髯客傳（太平廣記）	杜光庭	唐宋
9	赤壁賦	蘇軾	唐宋
10	晚遊六橋待月記	袁宏道	明清
11	項脊軒志	歸有光	明清
12	勞山道士（聊齋誌異）	蒲松齡	明清
13	勸和論	鄭用錫	臺灣古典散文
14	鹿港乘桴記	洪繻	臺灣古典散文
15	畫菊自序	張李德和	臺灣古典散文

國高中的題型比一比

　　國小到國中的題目長度和難度已經提升一大階，國中到高中的考題又是另一個難度門檻，這裡先以文意分析的題目為例，我們分別來看兩者的差異。

　　國中部分，下面第 1 題為常見的國中白話文考題，重點**在不超出題目敘述範圍的情況下**，**選出最適當的選項**；第 2 題則屬於稍難的文意閱讀題型。

　　高中的白話文文意閱讀則通常是一個短篇的段落，答題時**必須要仔細理解每一句話的意思**，加上前後文之間的關係；而文言文題型則是更難、更長，詞彙有時比較艱澀。

◎國中

1.「人生是短暫的，死亡是自然的，認清了這點，活著的時候才可以真正的投入。」這句話的涵義，與下列何者最接近？（110 會考）（答：(D)）
　　(A) 經歷死亡幽谷，才能發現活著的可貴
　　(B) 能將死亡置之度外的人往往雖死猶生
　　(C) 生命的價值在於不斷挑戰自我，安於現狀等於死亡
　　(D) 了解生命的限制，坦然面對死亡，就能盡情地活著

2.「落帆逗淮鎮，停舫臨孤驛。浩浩風起波，冥冥日沉夕。人歸山郭暗，雁下蘆洲白。獨夜憶秦關，聽鐘未眠客。」關於這首詩的分析，下列敘述何者最恰當？（110 會考）（答：(D)）
　　(A) 首兩句寫出與友餞別的地點與時間
　　(B) 以「風起」、「日沉」自喻懷才不遇
　　(C) 以「雁下蘆洲白」表示太陽將升起
　　(D) 末兩句點出客因心有所思而不成眠

◎高中

1. 依據下文，關於文中所論不求甚解的讀書態度，敘述最適當的是：
讀書不求甚解的態度之一，是服膺高度的審美能力，要求讀書引發一種渾成的心智，如同詩的境遇，它雖借助於文字符號的撩撥，但讀書者實際所取得的，是自我的美經驗之誕甦。其中經不起任何外力挑剔，或慎思明辨等等反省解釋來「徒亂人意」。（改寫自王夢鷗《傳統文學論衡・自序》）（111學測）（答：(A)）
    (A) 毋須經由純理性的知解鍛造
    (B) 僅適於閱讀感性的詩歌作品
    (C) 不需要理解文字符號的涵義
    (D) 應契合社會公認的審美內涵

2. 依據下文，關於不龜手之藥的敘述，最適當的是：
宋人有善為不龜手之藥者，世世以洴澼絖為事。客聞之，請買其方百金。聚族而謀曰：「我世世為洴澼絖，不過數金；今一朝而鬻技百金，請與之。」客得之，以說吳王。越有難，吳王使之將，冬與越人水戰，大敗越人，裂地而封之。（《莊子・逍遙遊》）（111學測）（答：(B)）
    (A) 宋人認為它實際價格為百金
    (B) 它功能單一卻帶來不同效益
    (C) 越人用它來治療洴澼絖之害
    (D) 吳王為爭奪它派遣軍隊攻越

> 洴澼絖：漂洗絲絮

平時準備，你可以掌握的事

    國文這一科要怎麼讀書會更有效率？第一，除了課內知識必須精熟，大

考導向的參考書也要讀熟甚至記熟，絕對會有幫助；第二，大量練習並多看詳解耐心檢討，長期培養語感，國文程度一定會有所提升。

常聽大家說，要提升語文能力的關鍵在於大量閱讀，這句話對也不對。在國小階段大量閱讀課外讀物，一是能夠學習正確使用各式詞彙、句型等基礎文法，二是增廣見聞，學習課本以外的知識；然而針對國高中的國文考試，大量閱讀似乎無法立即反映在成績上的提升，這裡並非否定閱讀的重要性，而是強調，若想提高考試的正確性，需要採取更有系統性的方法。

國中、高中的國文課本，每冊大約有十至十五篇課文，涵蓋文言文、白話散文到新詩、小說等不同的體裁，建議買本參考書放身邊，可以幫助你更快了解每一課的**教學重點**，例如以前高一上的第一篇文言文——韓愈〈師說〉，可連結到「唐宋古文八大家」的相關論述，再由此出發將相關的知識記熟。

統計下來，高中六個學期，累積可能學習到六十～七十個知識點，而這些全都屬於大考出題的範圍。

一、讓很多人頭痛的文言文

這對多數人來說可能是最困難的部分，文言文是古代的書面語，沒有人天生就會之乎者也，要怎麼練習才能在閱讀文言文時更快更流暢？

1. 掌握基礎文言文常用的文法：要注意常見的人稱代詞、句末虛詞、倒裝等等的文法。

2. 多認識典故的由來：古人寫作經常藉「故事」來陳述當前的心情，若你能知道典故的由來，就能知道為什麼作者會這樣寫。這一點就得靠多閱讀或多涉獵歷史故事，一點一滴的累積。

★明代歸有光的〈項脊軒志〉課文解析筆記。你不一定要謄寫課文，可以直接在課本上，將文言文解析的重點、字音字形的比較標注在旁邊。

項脊軒志

項脊軒，舊南閤子也。室僅方丈，可容一人居。百年老屋，塵泥滲漉，雨澤下注，每移案，顧視無可置者。又北向，不能得日，日過午已昏。余稍為修葺，使不上漏。前闢四窗，垣牆周庭，以當南日，日影反照，室始洞然。又雜植蘭桂竹木於庭，舊時欄楯，亦遂增勝。借書滿架，偃仰嘯歌，冥然兀坐，萬籟有聲；而庭階寂寂，小鳥時來啄食，人至不去。三五之夜，明月半牆，桂影斑駁，風移影動，珊珊可愛。

然余居於此，多可喜，亦多可悲。先是，庭中通南北為一。迨諸父異爨，內外多置小門牆，往往而是。東犬西吠，客逾庖而宴，雞棲於廳。庭中始為籬，已為牆，凡再變矣。家有老嫗，嘗居於此，嫗，先大母婢也，乳二世。

二、國學常識要花很大力氣讀嗎？

近年來，單獨考國學常識等死背題型的題目越來越少，綜合型、生活應用題型越來越多，但大考中心並沒有說不考國學常識，或許比例沒有以前高，**但國學常識依舊是有讀、有背就絕對有分的題目**，反而更好把握。

從表中可以看到每年還是有國學常識的題目，有幾年甚至高達 4 題，國學常識雖然涵蓋內容廣泛，且題目多變、類型複雜，但還是可以從近年的考題歸納出較為重點、且出題機率較高的類型。

1. 學派

目前高中學生已經不用背誦《論語》，但可以看出「學派」還是每年學測考試的重點，且題目類型八成以上都為各個學派的比較，是必須留心準備的方向，注意各派代表人物、代表觀點、詞彙，許多題目只要看到各學派的「**關鍵詞**」就可以快速解答，有讀就有分，以難度來說屬於送分等級。

國學常識學測出題比例			
年度	國學常識題	年度	國學常識題
111 年	32 信封啟封詞／提稱語／結尾頌詞	106 年	5 學派
110 年	13 題辭 14 古典文學	105 年	3 造字法則 4 慣用語 19 學派 20 古典文學
109 年	4 對聯 5 書信 9 方位 10 學派 42 古典文學	104 年	13 古典文學
108 年	40 古典文學 41 學派	103 年	5 學派 7 對聯 20 古典文學
107 年	11 學派 16 古典文學 40 詠懷 41 古典文學	102 年	6 對聯 7 古典文學 17 古典文學

★古典文學是萬年不變的考題重點，看完講義不妨自己列一次比較表。

古文運動

唐→ 初唐：陳子昂. 李華. 柳冕. 元結（古文運動先驅）
　　中唐：韓愈. 柳宗元. 李翱. 皇甫湜（古文運動興起）
　　晚唐：駢文復起（古文運動未成）

北宋→ 歐陽修領導. 明道致用
　　　曾鞏. 王安石. 三蘇（古文運動成功）

明→ 明初三大家：文氣勢閎闊. 開國氣象
　　　　　　　　宋濂. 劉基. 方孝孺

　　臺　閣　體：內容空洞. 多歌功頌德
　　　　　　　　楊士奇. 楊榮. 楊溥

　　擬　古　派：反臺閣「文必秦漢. 詩必盛唐」. 實為擬古
　　　　　　　　前七子：李夢陽. 何景明
　　　　　　　　後七子：李攀龍. 王世貞

　　唐　宋　派：反後七子擬古. 倡唐宋古文
　　　　　　　　茅坤（歸有光. 唐順之. 王慎中）嘉靖三大家

　　公　安　派：抒發性靈. 不拘格套. 貴創作
　　　　　　　　袁宗道. 袁宏道. 袁中道

　　竟　陵　派：造語奇秀. 思路崎嶇. 追求「幽深孤峭」
　　　　　　　　鍾惺. 譚元春

清→ 清初三大家：顧炎武. 黃宗羲. 王夫之
　　桐　城　派：方苞「學行繼程朱之後. 文章在韓歐之間」
　深於法. 儒者之文　古文義法. 追求雅潔「義理. 辭章. 考據」
　　vs.
　長於才. 策士之文　方苞. 劉大櫆. 姚鼐（桐城三祖）
　　陽　湖　派：桐城派別支
　　　　　　　　作古文也駢體. 取方逆. 八大家
　　湘　鄉　派：駢散互用「剛柔」區分文學
　　　　　　　　「義理. 辭章. 考據. 經濟」
　　　　　　　　曾國藩. 張裕釗. 吳汝綸

2. 古典文學

這部分的出題比例以這幾年來看僅次於學派，而且古典散文與文學的題目難度相當高，也很容易出現在多選題，準備的時候要格外用心。

古典文學的考題主要有兩大方向，第一個是各代主流文學的流變，魏晉南北朝樂府詩、駢文、唐代近體詩、宋詞、元曲等，包括**興起原因**、**格律**、**別稱**、**代表作家**等，建議以**表格**整理，標記比較容易混淆的地方或者容易忘記的部分，考前快速複習。

以《詩經》與《楚辭》的比較為例：兩者都是先秦時代的重要文學體裁，其發展背景、內容特色、價值都是非常重要的考點。

詩經、楚辭比一比		
書名	**詩經**	**楚辭**
時代	春秋時代	戰國時代
地區	北方（黃河流域）	南方（長江流域）
句法	四言為主	六、七言為主
內容	社會寫實	情感神話
辭藻	樸實敦厚	浪漫虛幻
作者	平民文學，作者多不可考 編者：周太師 校訂者：孔子	貴族文學，作者多可考 戰國：屈原、宋玉、景差 漢代：賈誼、劉安、東方朔、劉向、王逸
價值	最早的詩歌總集 韻文之祖 純文學之祖	貴族文學代表 中國辭賦之祖 中國集部之首

第二個方向則是同類型書籍的比較，如十三經、四書五經等，但這些考題已經不常見，最常見的還是**史書的比較**，而史書的比較又分成兩種，一種是紀傳體、編年體、紀事本末體、國別史、政書體、史評類比較；第二種則是《史記》、《漢書》、《左傳》、《國語》、《戰國策》、《台灣通史》的比較，**相關作者、年代，分別為什麼之祖**，都會是考題重點。

四史：史記、漢書、後漢書、三國志的比較表

名稱	作者	撰述時代	記載年代起迄	特色
史記	司馬遷	西漢	起自黃帝，迄於漢武帝	紀傳體之祖、通史之祖
漢書	班固	東漢	起於高祖，終於王莽之誅	紀傳體斷代史之祖
後漢書	范曄	南朝宋	起自光武，至獻帝止	
三國志	陳壽	晉	三國時期	

3. 題辭、對聯、書信、稱呼用語

最後常見的國學常識就是日常生活中比較會使用到的部分，比如說祝賀會用到的題辭、過年使用的對聯、信件的基本格式等。

三、閱讀測驗：要練習精讀

閱讀測驗占的比例不斷提高，這也符合現今國文或英文教學的趨勢，重點在於接受基礎教育後，考驗學生是否能有正確閱讀並解讀文本的能力。每年都可以看到媒體報導「國文題目的字數又破紀錄！」這也代表閱讀測驗的

長度不斷拉長中。

　　準備閱讀測驗的首要原則是「**有辦法專注讀懂長篇文章**」，聽起來很基本，但必須透過平時閱讀長篇新聞或更多論述型的報章雜誌來練習，如果平常只習慣看社群網站的片段文字，一旦碰到大考需要耐心細讀的長篇大論，就很容易恍神渙散。高三時每個人到學校第一件事就是拿出閱讀測驗題本開始練習，那時候我手邊就兩本題目，一本文言文、一本白話文，每天早上在小考前先寫一至三篇，長期下來閱讀測驗的成績真的有所提升！

　　白話文的閱讀測驗不會太困難，閱讀時可注意文章的**關鍵字**或**轉折詞**的前後，這有助於了解文意，回答問題時切記不要太衝動，**每一個選項的敘述都要回到原文去比對**，注意前後文。

　　很多人都看過網路上「藍色窗簾」的諷刺段子，簡單來說，就是作者僅僅寫了藍色的窗簾，而出題老師就將其解讀為：作者暗示著憂鬱束縛。雖然一般而言藍色在色彩象徵上的確給人一種深沉、憂愁的感覺，但如此延伸詮釋是否是作者的本意？這類題目的爭議始終存在。

　　中文的寫作方式和英文不同，學習英文的過程中，一定都學過「主題句」（Topic Sentence）的架構，英文寫作強調邏輯論證，表達也較為直接；而中文寫作常常比較婉轉而間接，為讀者留下想像空間。

　　這所謂的想像空間，就是文意理解或閱讀測驗最困難的部分，我到底要如何知道除了字面上的意思，作者還有沒有想要表達的深層概念？這個問題說實在並不好回答，偶爾也會看到變成考題後，作者本人表達疑惑或不悅之類的新聞，不過回歸考試，除了**直覺**非常重要，再來就要試著**從出題老師的角度去思考、從考題引用的敘述中找線索**。多做題目、閱讀詳解，可以磨練這類題型的作答技巧。

　　最後，文言文的閱讀測驗要注意哪些重點？如前面提到的，基本文法、常出現的虛字、語助詞等原則必須熟悉，例如同樣的「乃」字，在「**越明年，政**

通人和，百廢俱興，乃重修岳陽樓」是代表「**於是**」；而在「**吾才不及卿，乃**
覺三十里」是「**竟然**」的意思，這些都要透過多閱讀、多練習甚至記憶才能熟悉。

考試時看不懂一大段文言文不要慌張，回頭再看一次題目，靜下心來一
字一字解析跟文章有關的解釋或暗示，仔細推敲，總能找到「相對比較像答
案」的選項。可以從「句號」、「段落」、「出場人物」、「語氣」，先把
整篇文言文的架構切分好，比方說第一段是陳述故事的背景、第二段提到了
幾個人物的應答、第三段是故事的結尾等，這麼一來看題目的時候，會比較
知道要回去看哪個段落去尋找答案。

如果喜歡閱讀的人，或許可以從一些半文半白的小說，例如《隋唐演
義》、《聊齋》、《西遊記》、《三國志》等等來熟悉文言文的語感；或者
坊間有很多針對文言文測驗的補充教材，不妨每天讀兩、三篇當作練習。

聰明考試的攻略

一、字音字形、錯別字

這沒有系統性或者速成的準備方式，只能讀一個學一個，平時準備一本
筆記本，將所有不太熟悉或常錯的題目記下來並常常翻閱。大考的字音字形
雖不算容易，許多字在日常也很少使用，但仍有大部分是來自課內的文章，
先前有古文三十篇，現在有古文十五篇，這些古文中的生難字詞都可能是字
音字形的考題出處，因此在學這些文章時，不只要了解文章的內涵及時代意
義，更要針對如字音字形等細節加以注意，若能在國一國二或高一高二多認
識這些字，大考前就不需要花太多時間背誦。

1. 下列「」內的字，讀音前後相同的是：

    (A)「齎」賞諸徒／「齎」志以歿

    (B)「阡」陌交通／惹禍招「愆」

    (C)「餔」糟歠醨／「仆」地哭號

    (D)「矜」寡孤獨／罪無可「逭」

◆解析：

    (A) 前者「齎ㄅㄞˋ」賞諸徒，便是出自古文十五的〈聊齋誌異‧勞山道士〉：「分齎諸徒」。後者「齎ㄐㄧ」志以歿，出自〈馮諼客孟嘗君〉：「齎黃金千金」。若也曾經延伸閱讀〈岳陽樓記〉，作者范仲淹便有一個相當有名的成語：斷「齏ㄐㄧ」畫粥，此處的「齏」便是「齎」的相似字。

    (B) 前者「阡ㄑㄧㄢ」陌交通出自古文十五課內〈桃花源記〉。而後者惹禍招「愆ㄑㄧㄢ」，此字出自於古文十五〈勸和論〉：勿蹈前愆。

    (C) 前者「餔ㄅㄨ」糟歠醨，與古文三十〈漁父〉：「餔其糟而歠其醨」相同。後者「仆ㄆㄨ」地哭號，與古文十五〈鴻門宴〉：「衛士仆地」用字相同。

    (D) 前者「矜ㄍㄨㄢ」寡孤獨，出自古文十五〈大同與小康〉：「矜寡孤獨廢疾者，皆有所養」。而後者罪無可「逭ㄏㄨㄢˋ」，並非古文三十或十五選文，但出自《尚書》：「天作孽，猶可違；自作孽，不可逭」。或者在補充「官」相關單字「官、菅、管、棺、綰、館、逭」也能學習。

二、字義、填詞

    國文考題最基本的三大重點就是「**形、音、義**」，上一次考「形」已經是 103 年學測，學測第一題常考的是相似字、易混淆字的「音」。

    現在學測不太會出單純考字義的題目，比如只問你同一個「乃」字在不同的句子中的意思；現在比較常見的出題方式為**字義結合國學常識、文意理**

解、閱讀測驗等的出題方式，你必須對該題目的句子、國學常識、前後文都能掌握。另外在讀課本文章時，要多留意「**很常出現卻意思不同的國字**」（特別是這些字曾出現在不同的課文中）。

另外有一種以散文新詩為文本的填詞題目，是非常多人的罩門與困擾，原因很簡單也很窘：你就算看了題目詳解，往往也未必明白為什麼要選擇這個詞彙，簡直就像猜謎！散文新詩在用字上大膽創新，常用不同的感官去呈現原本的感受，比如用視覺去描述聽覺、用顏色形容聲音等，我們只能試著揣想。作家在寫作的上下文絕對有跡可循，會變成考題，代表字裡行間會有提示讓你找到答案，試著去找其中的關鍵字。

107 學測單選題

◎ 31-32 題組

閱讀下文，回答 31-32 題。

惠子謂莊子曰：「人故无情乎？」莊子曰：「然。」惠子曰：「人而无情，何以謂之人？」莊子曰：「道與之貌，天與之形，惡得不謂之人？」惠子曰：「既謂之人，惡得无情？」莊子曰：「是非吾所謂情也。吾所謂无情者，言人之不以好惡內傷其身，常因自然而不益生也。」（《莊子·德充符》）

> 无：同無

31. 下列敘述，符合惠子、莊子二人對有情無情看法的是：

　　(A) 惠子：人的形貌乃根源於無情

　　(B) 惠子：人既可無情亦可以有情

　　(C) 莊子：不因情傷天性是謂無情

　　(D) 莊子：順自然而無情不利養生

32. 下列文句中的「與」，和上文「道與之貌」的「與」意思相同的是：

(A) 選賢「與」能，講信修睦

(B) 可「與」言而不與之言，失人

(C) 人知之者，其謂「與」坎井之蛙何異

(D) 既以為人，己愈有；既以「與」人，己愈多

◆解析：

第 32 題，就是字義與閱讀測驗的結合，了解字義、加上前後文的提示，皆是「給」的意思。答案為 (D) 選項。

(A) 通「舉」，(B) 對……說話，(C) 和，表示並列。

109 學測單選題

4. 下列對聯□內最適合填入的字詞依序是：

甲、書從疑處□成悟，文到窮時自有神

乙、除卻詩書□所癖，獨於山水不能廉

丙、使我開懷□夜月，令人滌省是晨鐘

(A) 何／惟／翻

(B) 何／翻／惟

(C) 翻／惟／何

(D) 翻／何／惟

◆解析：

此考題為對聯與字義的結合，(A)(B)「何」字作為副詞，為「豈、難道、怎麼」的反詰語氣，與（甲）的下聯無法對應，故刪除這兩個選項。（乙）後半句語意為：在山水以外無法保有廉潔，為否定語氣，故選「何」字；「惟」字為「只有、僅、

獨」的意思與（乙）前句不符，故答案為(D)。在作答時候先別急著填字，要瞄過、試著了解上下聯的關係，並知道字的意思才能順利答題。

4. 閱讀下文，最適合填入□□內的詞依序是：

甲、當你工作時，你是一管蘆笛，通過笛心，將時光的□□演奏成樂音。（紀伯倫《先知》）

乙、山坡上偶爾有幾隻黑白相間的花牛和綿羊，在從容□□草野的空曠。（余光中〈風吹西班牙〉）

丙、植物的緘默總包含千言萬語，但又可以將世間無盡喧囂，□□為深沉的靜謐。（徐國能〈蒲葵〉）

    (A) 歌唱／呼吸／幻化

    (B) 歌唱／咀嚼／收攏

    (C) 呢喃／咀嚼／收攏

    (D) 呢喃／呼吸／幻化

◆解析：

    （甲）有歌唱、呢喃可以選擇，前文說明「你是一管蘆笛」，已經將人的角色物化，很多人會選擇「歌唱」的原因是看到了「你」這個字，但這邊的填空是在「時光」的後面，是「時光的什麼」，而歌唱通常是指生物的發聲，選擇呢喃在此表示工作時光的柔美。

    （乙）前文作者提及花牛與綿羊，填入「咀嚼」連接下文草野，為動物吃草的動作，故比起呼吸更為合適。

    （丙）這個選項就需要先了解幻化與收攏的意思，幻化：改變、變化；

收攏：將分散的事物聚集起來。此句話中間出現了「但」這個字，表示兩句話前後出現了轉折，前文「千言萬語」對比文末「深沉的靜謐」，選擇將代表多、大的千言萬語，縮小、「收攏」為比較少、小的靜謐，較為合適。

故選擇 (C)。

三、文意理解、排列順序

在做白話文的文意理解題目時，有一大重點：「**它要你理解的部分，都有範圍**」。這個觀念非常重要，意思就是從題目的敘述中找線索，但**不要對文章沒提到的部分有過多的腦補**。舉兩個非常簡單的例子：朋友跟你說她好睏，可能代表她現在好想睡覺，但不代表她**現在就要去**睡覺；部落客寫說這杯咖啡的 CP 值還不錯，不等於它非常好喝，只能說明他認為咖啡在價格與美味有不錯的平衡。揣摩作者的意思，但不要聯想太遠。

如果是文言文，解題前的第一件事是：**看詩名或文名**。這是你在閱讀這篇文言文之前的「導航」，關鍵在你能否正確理解它的方向，不會從開頭就偏離作者的意思。

109 學測單選題

6. 現代詩中的景物常隱含另一層意蘊，下列敘述最不適當的是：

(A)〈狼之獨步〉中，詩人以「我乃曠野裡獨來獨往的一匹狼」表現其特立獨行

(B)〈再別康橋〉中「我揮一揮衣袖／不帶走一片雲彩」，「雲彩」象徵詩人的漂泊不定

(C)〈錯誤〉中「恰若青石的街道向晚」，「向晚」除了實寫，也隱含一日將盡，歸人卻仍未歸來的失落

(D)〈雁〉中「我們仍然活著。仍然要飛行／在無邊際的天空」，以排

成「人」字的雁群不斷飛行，象徵人的某種堅持

◆解析：

會舉這題為例是因為：課本的文章還是要讀！題目全文就只有以上敘述，考卷上沒有任何選項提到這些現代詩的本文，若你對這四首詩的內容完全沒有印象，這題就真的沒法拿分，除了古文十五或三十之外，熟讀基本、有名、常見的文章，還是相當重要。（答：(B)）

13. 關於詩中石蒼舒之「病」，敘述最適當的是：

人生識字憂患始，姓名粗記可以休。何用草書誇神速，開卷惝怳令人愁。我嘗好之每自笑，君有此病何能瘳。自言其中有至樂，適意無異逍遙遊。近者作堂名醉墨，如飲美酒消百憂。乃知柳子語不妄，病嗜土炭如珍羞。（節錄自蘇軾〈石蒼舒醉墨堂〉）

(A) 石蒼舒醉心翰墨成疾仍不改其樂，蘇軾擔心他過度沉迷而招禍

(B) 石蒼舒嗜書與柳子嗜土炭如珍饈之病，蘇軾認為皆蘊不遇之憾

(C) 蘇軾好書藝而與石蒼舒同病，但自慚不及石神速，故開卷惝怳

(D) 蘇軾消遣石蒼舒病重難癒，意在稱美其癡迷書藝而能逍遙自樂

惝怳：惆悵／瘳：病癒／柳子：柳宗元

◆解析：

解這種題目的時候，先跳看「節錄自……」找到詩名，再快速看過整篇文，知道它想表達的概念與編排，然後從選項倒回去找相對應的答案。

(A) 並沒有提及蘇軾擔心他過度沉迷而招惹禍端。

(B) 文章中並未提到「不遇之慨」，只是提及兩人皆醉心草墨的事情相襯。

(C) 文中「我嘗好之每自笑」表達蘇軾也同曾愛好草書，但並未表達「自慚不及石蒼舒」的情緒。「何用草書誇神速，開卷惝怳令人愁。」表達的是何必書寫草書來表現自己書法的神速，只是讓人看不懂而發愁而已。

(D) 正確，本篇文章雖以「病」字表示石蒼舒的狀態，但其實並未有負面的意思，而是表達他沉醉書藝而能逍遙自樂的態度，故選此選項。

四、國學常識

108 學測多選題

40. 國文課堂上，學生想嘗試從「詞」的文學知識解說：「五代之詞，止於嘲風弄月，懷土傷離，節促情殷，辭纖韻美。入宋則由令化慢，由簡化繁，情不囿於燕私，辭不限於綺語，上之可尋聖賢之名理，大之可發忠愛之熱忱。」下列解說，適當的是：

(A) 五代詞以私情綺語擅場，宋代詞家不復纖辭美韻，崇尚思理，風格弘闊

(B) 五代詞因篇幅短而合音節，宋代詞則因篇幅長而音節漸失，難於演唱

(C) 李煜詞在亡國前多「嘲風弄月」，亡國後則多「懷土傷離」

(D) 蘇軾的詞，可視為「情不囿於燕私，辭不限於綺語」的代表

(E) 在辛棄疾的詞作中，可找到「大之可發忠愛之熱忱」的例子

◆解析：

這題在題幹上雖有給出五代詞與宋代詞的差異，但細看選項，若你對於詞的了解並不深入，甚至對 (C)(D)(E) 選項的作者沒有基本認識的話，這題幾乎沒有辦法解題。

(A) 在題幹中找出答案，其中「私情綺語」、「纖辭美韻」明顯前後配

對錯誤。

(B) 若以國學常識解題，可知宋詞乃配樂之詞，因此又可稱之樂府，並不難於演唱；若從題幹解題，文中也並未提及宋詞音節漸失等情況。

(C)(D)(E) 皆正確。

五、成語

雖然每年都有成語相關考題，但值得注意的是近年比例越來越固定，多選題基本上一定會有一題關於成語使用的正確性，單選題則可能結合題辭、閱讀測驗等出題。

以近四年的成語多選題分析，無法避免的一定會給予五個選項，詢問此成語在這段話裡面的使用合不合理。成語的準備一樣只能在平時累積，但考試有一個非常重要的地方：絕對要知道這個成語的用法是「**正面**」還是「**負面**」，這是每年選項中都會出現的易混淆考點。很多成語可能會用「看似負面」的字來形容正面的事情，比如說：文不加點、萬人空巷等都是此類。

110 學測多選題

38. 下列文句畫底線處的詞語，運用適當的是：
    (A) 終場哨聲響起前，林書豪以一記<u>強弩之末</u>的絕殺球，助球隊逆轉勝
    (B) 多年未見的同學在小陳的婚宴上歡聚，筵席上<u>觥籌交錯</u>，熱鬧無比
    (C) 面對錯綜複雜的國際局勢，須具<u>縱橫捭闔</u>、折衝樽俎的智慧和能力
    (D) 小華遭指控偷竊金錢，因此深感憤怒，極力申辯此為<u>絕無僅有</u>之事
    (E) 老張八面玲瓏，不輕易表露真實想法，總是<u>首鼠兩端</u>，誰也不得罪

◆答案：(B)(C)

36. 下列文句畫底線處的詞語，運用恰當的是：

(A) 經歷過落後地區<u>窮形盡相</u>的生活，他比以往更積極投入公益

(B) 他在人群中一向表現得<u>諱莫如深</u>，沒有人真正知曉他的心思

(C) 實力堅強的球隊卻場場皆輸，慘遭淘汰，戰績如此<u>差強人意</u>

(D) 小李無法兌現對好友的承諾，一直<u>耿耿於懷</u>，始終無法放下

(E) 巷口小吃店熬過<u>慘澹經營</u>期，目前已是近悅遠來、門庭若市

◆答案：(B)(D)(E)

◆解析：

　　110 學測 (E)，前文「八面玲瓏」是正面的形容詞，形容一個人言行手段，圓融周到，然「首鼠兩端」則是負向詞語，形容人猶豫不決，前後矛盾因此錯誤。108 學測 (C) 亦同，前半句指出球隊場場皆輸，屬於負面敘述，但「差強人意」指「雖然不夠好，但大體上還算令人滿意」，與前文表述並不一致，此選項錯誤。

六、混合題

　　以前的國文考題分為單選題、多選題、國文寫作（非選擇題），而這種混合題型則是介於選擇與非選擇之間的題型，許多同學一看到非選擇題就很緊張，建議平常多參考大考中心的解析與範例，就不會感到太陌生。

注 1

詹乃凡、潘莉瑩，109/07/15，＜精準閱讀，適切表達──談國文科混合題型的評量精神＞，大考中心官網《選才電子報》。

選擇題屬於較客觀性的評量，國文寫作則為主觀的評測，而混合題型著重在「**精準閱讀，適切表達**」（詳見大考中心官網）注1，就是先客觀的理解題目與文本，再以你的主觀意見作答，強調：

1. 主觀表達能力。

2. 理解、分析、比較、整合能力。

3. 文句組織、詞藻使用等能力。

混合題型的答案可以在題目的文章中找線索，**只是考驗你找不找得到，以及找到後該如何表述出恰當又精準的答案**。從大考中心的國語文綜合能力測驗考試說明，可看到測驗目標包括兩大面向：

(A) 國語文知識的認知與應用

A1. 字形、字音、字義的辨識與應用

A2. 語詞、成語意義的辨識與應用

A3. 語法的辨識與應用

A4. 表現手法、表述方式的辨識與應用

A5. 具備重要文學作家、作品、體類、流派的知識

A6. 具備重要學術思想、文化的知識

(B) 文本的理解與探究

B1. 訊息的檢索與擷取

B2. 文意的理解、比較、分析、統整

B3. 內容的延伸與反思

B4. 形式的推究與分析

B5. 結合文學、文化知識的詮釋與鑑賞

混合題型的目標著重在第二項的 B1. 訊息的檢索與擷取和 B2. 文意的理解、比較、分析、統整，並不需要像作文那樣，從無到有的創作出來，而是要能正確理解文本與解讀、闡述、作答，以下以不同文體的題目為例：

◎ 32-34 題組

閱讀下文，回答問題。

甲、西湖最盛，為春為月。一日之盛，為朝煙，為夕嵐。今歲春雪甚盛，梅花為寒所勒，與杏桃相次開發，尤為奇觀。石簣數為余言：「傅金吾園中梅，張功甫玉照堂故物也，急往觀之。」余時為桃花所戀，竟不忍去湖上。

由斷橋至蘇隄一帶，綠煙紅霧，瀰漫二十餘里。歌吹為風，粉汗為雨，羅紈之盛，多於隄畔之草。豔冶極矣！

然杭人遊湖，止午、未、申三時。其實湖光染翠之工，山嵐設色之妙，皆在朝日始出，夕春未下，始極其濃媚。月景尤不可言，花態柳情，山容水意，別是一種趣味。此樂留與山僧遊客受用，安可為俗士道哉！（袁宏道〈晚遊六橋待月記〉）

乙、寒食後雨，予曰此雨為西湖洗紅，當急與桃花作別，勿滯也。午霽，偕諸友至第三橋。落花積地寸餘，遊人少，翻以為快。忽騎者白紈而過，光晃衣，鮮麗倍常，諸友白其內者皆去表。少倦，臥地上飲，以面受花，多者浮，少者歌，以為樂。偶艇子出花間，呼之，乃寺僧載茶來者。各啜一杯，蕩舟浩歌而返。（袁宏道〈雨後遊六橋記〉）

> 白其內者：內穿白衣的人／浮：飲酒

32. 關於甲、乙二文的比較，下列敘述最適當的是：（單選題，2 分）

　　(A) 乙文遊西湖的時間，正是甲文認為西湖最美的時辰

　　(B) 甲、乙二文皆暗示作者喜歡遊客較少之時暢遊西湖

　　(C) 甲文的「山僧」與乙文的「寺僧」，同樣無視西湖之美

(D) 甲文的「羅紈」指西湖遊客，乙文的「白紈」則指白馬

33. 乙文作者記錄了兩種文人式的娛樂遊戲，請參照表格提示，在下列空格填入相對應的適當文字。（共 6 分。原文 2 分，規則說明 4 分）

遊戲	原文文句	原因／規則說明（作答字數：24 字以內）
模仿		原因說明：凸顯色澤
競賽	臥地上飲，以面受花	規則說明：

34. 袁宏道《瓶史‧清賞》：「夫賞花有地有時，不得其時而漫然命客，皆為唐突。」此處說的雖是欣賞室內盆玩，但其中「得其時」的觀念，同樣適用於戶外賞花。請就下列甲、乙文文句判斷是否符合「得其時」的觀念，並說明理由。（共 10 分。甲、乙各 5 分：勾選各 1 分，理由說明各 4 分，僅勾選而未說明理由者不給分）

文章	原文文句	符合／不符合（請勾選）	理由說明（作答字數：各 48 字以內）
甲	余時為桃花所戀，竟不忍去湖上	□符合 □不符合	
乙	此雨為西湖洗紅，當急與桃花作別	□符合 □不符合	

◆解析：

　　有時混合題型會提供一篇白話文和一篇文言文，或同時給兩篇白話文或兩篇文言文，出題老師會請考生找出兩篇文章的相同處，並比較相異處，但其實以文本解讀理解來說，與閱讀測驗並無差異。

　　跟大家分享，當我做閱讀測驗時在腦中一定會跑一次的流程，以此題為例，我的思考邏輯如下：

1. 看一下題目的關鍵字。以此題來說 33 題提示了乙文有講到兩種娛樂遊戲。34 題提示「得其時」三個字不會出現在文章裡。

2. 針對第 32 題與 34 題的詞彙或小句解讀，並不會在第一次閱題我就特別留意，第一次閱題會以整篇架構、主旨理解為主。

3. 兩篇的篇名都出自同作者，而且都是「遊六橋」的記事。但差別處在第一篇是「晚」、第二篇是「雨」。

4. 先看甲文。

5. 第一段他提及西湖最「盛」之時，關鍵字「春」、「雪」、「梅花」、「桃花」。有朋友多次請作者去看「梅」，但他喜歡西湖的「桃」。

6. 第二段提到漂亮的景色。

7. 第三段開頭午、未、申三時，又提到月色，這段主要呼應篇名的「晚」。

8. 再看乙文。

9. 寒食後雨，點出季節還有天氣。要與桃花作別，而遊客少。有朋友與作者飲酒茶作樂，可知娛樂遊戲在乙文的後半部。

10. 太艱難無法理解的字詞都可以先跳過，旨在先明白他大致在形容的主題或敘述什麼即可。

第 32 題類似一般的閱讀測驗，除了兩文的同義對照，若問「詞彙」的含義如 (D) 選項可回去那個詞的那句話（句號到句號）確認。從甲文末段「然杭人遊湖，止午、未、申三時。其實湖光染翠之工，山嵐設色之妙，皆在朝日始出，夕春未下，始極其濃媚。月景尤不可言，花態柳情，山容水意，別是一種趣味。此樂留與山僧遊客受用，安可為俗士道哉！」及乙文的「游人少，翻以為快」，皆可以看出作者喜歡遊客較少之時暢遊西湖。

第 33 題為點出乙文的兩種文人式的娛樂遊戲，這題我認為稍有難度，若看不懂這句：「諸友白其內者皆去其表」就很難回答。但觀看這幾分範例試卷，普遍遇到表格題的順序都與文章提到的順序一致，大考中心雖未說這是必然，

若實在無法作答，可先看表格第二行的競賽遊戲是：臥地上飲，以面授花；第一行的答案有較大的機率在此文句的前方，可以先往前尋找。

　　可以說，解題絕對需要基本的文言文素養。從乙文第一句看起：「寒食後雨，予曰此雨為西湖洗紅，當急與桃花作別，勿滯也。」敘述自己欲前往與桃花作別。第二句：「午霽，偕諸友至第三橋。」描述與朋友前往第三橋的客觀事實。第三句：「落花積地寸餘，遊人少，翻以為快。」講述景色、遊客。第四句：「忽騎者白紈而過，光晃衣，鮮麗倍常，諸友白其內者皆去表。」這句指的是忽然有一個身穿白色絹衣的人騎馬經過，衣上晃著花光，顯得異常鮮麗，於是朋友們穿白內衫的都把外衣脫去。表格的第一列描寫「模仿」的行為，且原因是「凸顯色澤」，因此可知此格答案是「**諸友白其內者皆去表**」，脫去外衣以模仿騎者，目的是凸顯內衫的白色。

　　而表格第二行「臥地上飲，以面受花」，競賽的規則當然就是從這句話的前後文找答案，可以看到接續為「多者浮，少者歌」，眾人躺在地上，讓花落在臉上，臉上落花較多的人喝酒，較少的唱歌。不確定「浮」的意思也沒關係，題目下方就有提供注釋。這題考驗大家是否可以找出**這句話出自文章的哪個段落的哪句話**，如果夠清楚，答題精準度就提高。

◆參考答案：

遊戲	原文文句	原因／規則說明（作答字數：24字以內）
模仿	**諸友白其內者皆去表**	原因說明：凸顯色澤
競賽	臥地上飲，以面受花	規則說明：臉上落花較多的人喝酒，較少的唱歌。

　　第34題，可以看出混合題型的題目多變，無論是勾選或填充都有可能。題目雖問「得其時」的概念，考生可能無法直接從這三個字理解意思，因此題目給了「不得其時」的範例句參考，不得其時的相反概念就是得其時。

這題我一開始在解答時也是甚為困惑，一度認為第一格兩者答案皆可，而大考中心給出的第一格答案也是勾選任一答案皆對，但重點是**「解釋說明」可不可以支持你所勾選的選項**。此題考的還是文意與語氣的解讀，若能理解這題並不困難。

◆參考答案：

文章	原文文句	符合／不符合（請勾選）	理由說明（作答字數：各48字以內）
甲	余時為桃花所戀，竟不忍去湖上	☑符合 □不符合	袁宏道把握桃花盛開的時節賞花。
甲	余時為桃花所戀，竟不忍去湖上	□符合 ☑不符合	今歲梅因寒氣所勒晚開而為奇觀，理當優先賞玩，不宜戀於湖上桃花之常景。
乙	此雨為西湖洗紅，當急與桃花作別	☑符合 □不符合	袁宏道把握桃花盛開的時節賞花。

可瞭解到第33題、第34題，原因、規則、理由說明，都是以主觀自我白話文的方式陳述，因此該如何以自己的語言解釋就相當重要，若用詞不夠貼切或不夠恰當，依然無法在混合題獲得滿分。

111 年學測混合題

◎第二題（占14分）

閱讀下文，回答35-37題。

卡夫卡說：「世上有無窮的希望，只是不屬於我們。」他筆下的人物，都致力於看似可及的目標，卻始終搆不到成功的邊。在這驟然黯淡的世界，把卡夫卡的話反過來講好像也通：「世上毫無希望，除了屬於我們的希望。」

我講的是氣候變遷。人們絞盡腦汁想控制碳排放，實在頗有卡夫卡小

說的氣氛。我常聽人說：只要眾志成城，就能「解決」氣候變遷問題——在1988年有科學證據時，這可能是事實，但過去三十年，排放到大氣中的碳，卻相當於兩百年來工業化社會的碳排放量。

科學家研判：倘若全球平均溫度上升超過2℃，大勢將無可挽回。「政府間氣候變遷專門委員會」的說法是：要把上升溫度控制在2℃以內，必須在「下一個」三十年間，把淨排放降到零。

決策人士所提的解方，在我看來應有幾個先決條件。首先，製造汙染的國家得關閉大部分能源與運輸的基礎設施。根據《自然》期刊某篇論文的說法，現有全球基礎設施倘若運作到正常壽命終止，碳排放量將超出大災難來臨前所能接受的限額——這還不包括數千個施工中和已規劃的計畫。其次，應有周全的能源政策。說到這裡，不得不提個笑話——歐盟使用生質燃料，卻使印尼因種植油棕樹、採收棕櫚油而加速濫伐。最後，人人對受限的生活必須照單全收，為後世、為遠方受威脅的國家忍受不便。

你可以說我悲觀，但我實在不覺得人們能在短期內貫徹解方。有些行動派人士主張，若公開承認問題無法解決，會降低大眾採取改善行動的意願。這讓我想到某些宗教領袖，生怕大眾若少了永遠得救的保證，就懶得循規蹈矩。我因此很好奇，倘若我們決定告訴自己真相，接下來會如何？

長遠來說，當溫度越過無法回頭的點，我們只能接受世界的變化。但短期來看，碳排放減半，多少可延緩面對臨界點的時間。宗教改革時有個教義問題：行善是因為能進天堂？或單純因為行善是好事？如今儘管「天堂」是個問號，你還是很清楚，如果人人行善，世界就可能更好。（改寫自強納森・法蘭岑〈倘若我們不再假裝〉）

35. 上文是以議論為主的散文。請就文中觀點，回答下列問題：

(1) 依文意推敲篇名〈倘若我們不再假裝〉，人們一直假裝能做到什麼

事？（占 2 分，作答字數：20 字以內。）

(2) 文中認為第 (1) 題所指的事情不易達成，所依據的期刊論文內容為何？（占 4 分，作答字數：40 字以內。）

36. 請就上文藉「宗教」闡明觀點的部分，回答下列問題：

(1) 倒數第二段提及「某些宗教領袖」所怕的事，作者以此說明什麼主張？（占 2 分，作答字數：20 字以內。）

(2) 最後一段透過宗教改革的「教義問題」，表達了作者希望在氣候變遷問題上，人們應有怎樣的認識及作法？（占 4 分，作答字數：40 字以內。）

37. 下列 2021 年的新聞，能印證作者「悲觀面」想法的是：（占 2 分，單選題）

①已開發國家承諾於 2023 年前，每年提供 1000 億美元協助開發中國家因應氣候變遷

②英、美等國承諾，2022 年底前終止海外未減排化石燃料的直接投資，日、韓等大金主國未加入連署

③懸宕多年的《巴黎協定》全球碳交易市場規則，於氣候峰會確立架構，有助於政府與企業交換碳權

④印度提議將氣候峰會協定的措辭，由碳排放「逐步淘汰」改為「逐步減少」，獲中國、伊朗、南非等國支持

(A) ①③　(B) ②④　(C) ①③④　(D) ①②④

◆解析：

　　第 35 題需要理解文章的主旨與主張，第二小題提到期刊；第 36 題著重在「宗教」觀點，可看到相關關鍵字出現在第五、六段。第 37 題，要先了解文章作者的「悲觀面」想法，再比對題目給的新聞敘述。若以難度來說，因為是白話文

且題目相當好找聚焦的範圍，我認為比我們前面舉例的上一題簡單不少，但需要稍微多一點的敘述，所以考生能否自信、準確、精要的陳述就是關鍵。

第 35 題，題目第一小題限制 20 字，你要注意，不是寫越多就越高分！這題大考中心給的滿分答案最少只有 6 個字，所以「精準扼要」為考生在作答務必記得的原則，而前文也說了混合題還是包含「客觀」的部分，無需過多「創作」。

第二段開頭便點題作者在述說「氣候變遷」，後面也提及「人們絞盡腦汁想控制碳排放，文章主題明確，第一小題答案為「解決氣候變遷問題」、「控制碳排放」、「解決暖化問題」等。第二題題目為「依據的期刊論文內容」，因此答案照文章寫即可：「**現有全球基礎設施倘若運作到正常壽命終止，碳排放量將超出大災難前所能接受的限額。**」

第 36 題，聚焦在倒數一二段，第一小題問作者提及「某些宗教領袖」是想表達什麼主張。避免看到關鍵字就「只顧著往後找」，同一段落的前後文句都有機率有關聯性。以此題來說，「有些人士主張……公開承認問題無法解決……這讓我想到某些宗教領袖。」答案在關鍵字之前就已出現：「**如果知道氣候問題無法解決，就不想減碳。**」

由此兩段落語氣與敘述可知，作者並不認同第一小題某些宗教領袖的作為，所以第二小題的答案絕對與第一小題不同或相反，即使無法全然了解教義的本義依然有線索可作答。作者以教義舉例，意思是我們不論能不能進入「天堂」，依舊會行善，並也希望世人避免因為糾結「能否解決變遷的問題」，就不挺身解決。參考解答：「**就算知道氣候變遷的問題無法解決，我們還是應該為繼續減碳而努力。**」

第 37 題偏向一般的閱讀測驗單選題，只要能理解文章與題目便不難，答案為 (B) ②④。

國文寫作

這樣寫，基本分就不會差！

　　十個學生有八個害怕寫作文，而且不只是小學生，到了國中高中，還是有很多人一想到寫長篇作文就頭痛。我還記得我人生中的第一篇「長作文」，是國小三年級時老師要求我們在課堂上寫的，我已經忘了題目，只記得三、四百字的文章，對我來說像是永遠湊不滿字數的遙遠終點，邊寫邊害怕自己沒法完成這個可怕的任務。

　　到了國中，每一次段考都要寫作文，而每一次考試前我也都焦慮的不得了。不過，在會考時我拿到六級分，進入了自己的第一志願。到了考大學的學測，在作文項目我也拿到了還算滿意的成績。隨著經驗累積，我發現要增強作文能力的第一步，就是**從不要害怕寫作開始**。

　　寫作絕對是一種很寫意的、很個人的心情抒發或觀念闡述，但我們要討論的是，既然作文是國高中升學考試的項目之一，你必須把它當作「**考試**」，至少在應考時不能全然當作「**創作**」來看待。

　　既然是考試就有評分，作文評分是將稿紙掃描後，交由閱卷老師以電腦閱讀、評分，每位老師能閱讀一篇作文的時間很短，也因此，先不論是否立論新穎、文辭精煉，我相信所有老師都會耳提面命：**字體工整端正絕對是基本要求**。字體如同人的外貌，給閱卷老師正面的第一印象（至少讓他容易閱讀吧！），老師會比較樂意給你合理的分數；反之，若字體龍飛鳳舞、歪七扭八，老師還得瞪大眼去判讀每一個國字，他的心累可能會體

現在你的分數上。

字體保持工整之後，要怎麼穩住基本分數，甚至可讓老師一眼驚豔？以下就來聊聊作文拿分的幾個原則。

平時準備，你可以掌握的事

一、切三段還是五段？段落和字數的分配

在寫作長篇作文時，要先思考「怎麼切」，我自己最常選擇**五段式的架構**：

1. 首段 4 ～ 5 行；

2. 中間三大段各 8 ～ 10 行；

3. 末段 4 ～ 5 行。

這是來自我國中國文老師的建議，很好用，直到高中我都是採用這種分配方法。這種架構可確保文章不會過短或過長，也必定有足夠篇幅闡述清楚你的想法。以議論文為例：

1. 首段先以一兩句話做鋪陳，接著定義題目；

2. 中間三段採取論點、正例、反例的架構；

3. 末端總結全文，並以鏗鏘有力的文句做結尾。

若你能夠做到架構分明、論點清晰、舉例適當，大概已經能夠獲得中等以上的分數。雖然說近十年的學測作文仍以抒情文或記敘文占多數，但從 108 課綱的角度來看，我們預期論說文的比重會越來越高。

如果是抒情文或記敘文，可以四到六段來切分，除了上述的順序，簡單來說還可以依照下面原則鋪排：

1. 時間先後

2. 概要到細節

3. 感情的變化

4.空間的轉移

一樣要注意段落之間的流暢銜接，避免段與段之間過於跳躍。

此外，當然沒有寫幾段就能拿到滿分的保證，要注意的是字數的掌握，還有分段的能力，111 年學測大考中心的作文答案卷為 A3 尺寸，正反面格式相同，都有 836 格（如下圖），**答案卷正反面要看清楚**，免得第一和第二題寫錯面。請記得，閱卷老師並不期待你在時間內寫出千字以上鉅作，能在題目要求的字數內完整表達觀點，是抓分數的關鍵。

近年的學測作文改成兩大題，各寫一面，每一面有 836 格。

二、不要當搖擺人：觀點與立場要明確

華美的辭藻抒情並不是高分的關鍵，近年不論是會考或學測的題目，都偏重在**培養學生「思考」與「批判」的能力**，不再只是單純的請學生描寫一段過往的事蹟或故事，而是針對題目給的圖片、文字、敘述，表達自己的立場與論點。

很多事情沒有絕對的對與錯、好與壞，但是請記得保持一致的觀點。

110 年會考作文「未成功的物品展覽會」，請考生寫出自己人生經歷中一項未成功的代表物品，重點不是你要選擇什麼物品，評分的標準取決於這件物品背後所代表的故事，以及你的寫作能力。

111 年學測國語文寫作參考試卷（卷一）以「被遺忘權」為題，明確請你表明贊成或反對，並提出此權利應否推行的理由。在這樣的題目中，就必須清楚表達你的意見，從贊成和反對選擇其一，你可以先分析贊成及反對各自的優點和缺點，**但是最後的結論絕對不能是既贊成又反對**。評分的依據是根據整篇文章的說理，而不是看你的選擇是贊成還是反對，若無法明確的表達自己的想法與立場，會是作文拿分的致命傷。

遇到任何議論題，或者需要表達看法的題目，記得在**下筆前就決定好要站在哪一方，自始自終保持一樣的立場，並提出證據或論點加以闡述。**

三、細節影響流暢度：錯字、標點、格式

千萬不要小看這些瑣碎的細節，雖然繁瑣，但細節才是致勝關鍵。

錯字問題你一定聽到煩了，但我想提醒的是，現在大家習慣用手機打字，讓我們越來越不在意字的正確性，但對於寫作而言，寫錯字，意思往往就天差地遠。但也無須太過擔心，每個人寫作時會用到的詞彙量不會突然爆棚，因此平常留心常寫錯的字，確實訂正即可。

標點符號的使用也要注意，雖然閱卷老師不會有太多時間仔細檢查標點

符號，但既然標點符號的作用是讓閱讀者「好閱讀」，該斷句的地方斷句，該加書名號的地方要加，破折號要占幾格等小細節，都會影響閱讀的流暢度。此外，我想很多人從國小開始都被糾正過「標點符號要好好寫」，但很奇怪，到了高中還是有人會出現跟標點符號有關的小毛病：標點符號寫太小，句號是一個圈不是一個點，逗號有一個尾巴，不要寫得與句號太像。

四、加分的機會：名言佳句上哪找？

下一步，則是如何提升文章豐富和精采程度。秀出名言佳句，對文章有畫龍點睛之效，這一點眾所皆知，不過在行文中要怎麼應用比較好？此處所謂「佳句」，不只是「天才是一分的天分，加上九十九分的努力」這類語錄，而是包括所有**修辭運用完善、對仗工整、稍帶華麗的句子**。這類句子的存在，目的是適度**點綴文章，但絕對不能通篇使用**，否則會使文章看起來浮誇，反而掩蓋你的核心論據。

佳句的使用，在於你的腦中有多大的資料庫可以提取，這只能依靠長期的閱讀和記憶，不要期待在考試現場的緊張氣氛下，能夠創作出多優美的文句。

第一個來源是課本。**課文是很好的資源！**在作文中適度引用課文中的佳句，一方面可豐富你的文章，另一方面也能夠向閱卷老師展示你對於課文文本的精熟程度。

第二，多看歷屆範文。大考中心的網站可以找到**歷屆評選出的範文**，多閱讀別人的好文章，可以了解何種文風、體裁的文章較符合閱卷老師的口味，並可以從中學習好的文句運用和寫作方式，看多了，一定能夠整合成自己一套的寫作模式。

第三，**中國的高考滿分作文**。網路上能查詢到他們高考的作文範例或佳句，也可以作為寫作的素材來源。對岸的作文題型、寫法與我們熟悉的稍有

不同，然而其特色在於**精巧的典故使用**，以及**精美的排比句型**，諸如我在網路上看過的一段「雖然你現在還只是一株稚嫩的幼苗，然而只要堅韌不拔，終會成為參天大樹；雖然你現在只是涓涓細流，然而只要鍥而不捨，終會擁抱大海；雖然你現在只是一隻雛鷹，然而只要心存高遠，跌幾個跟頭之後，終會占有藍天。」這種句型無論是放在首段或者末端，都能提升你的作文層次，讓閱卷老師眼睛一亮。

有些佳句太長根本記不住，不用去硬背，而是要多練習「**造樣造句**」，久而久之你會記住各種配方，再根據不同題目去調整；更重要的是，一定要自己練習運用，只要用過一次，下次要提取記憶時就更為容易。

五、避免腦袋空白：平日累積內容素材

很多考生都遇過這種窘境：看著題目，遲遲無法動筆，腦中一片空白，想不出如何展開論述，因為你找不到論點、沒有事例符合題旨。這個問題很難有速成的解方，只能靠平時累積腦內素材庫，多看多寫多練習。

但到底練習的頻率要多還是少？還是要以自己的能力與時間分配為主。平時練習寫作的題材可從歷屆學測、指考，或各區域模擬考的題庫中去挑，目的在於**熟悉各式不同風格的文體**，並從中蒐集素材。因為當你寫過的題目越多，你的守備範圍就越廣，一次又一次，在練習過程中找尋各種好用的素材，寫多了，拆解題目、發展論述就更加得心應手，不至於看到稀奇古怪的命題就心慌意亂。

然而，即使平常準備充足，難免還是會碰到考試時找不到半點靈感的狀況，此時先別焦慮，先回想你曾經練習過的題目，找出跟考試題目「最像的一篇」，在舊有的基礎上適度微調內容與架構；或是從自己的經驗出發，思考有沒有發生過類似的、可以扯上關係的事件？

看大考中心公布的佳作範例，有不少是家人間的親情敘述，但你可能會

想：萬一我沒有這種故事怎麼辦？其實考試時，你的文字能否兼顧情意和描寫才是最重要的，分辨故事的真假並不是測驗的目的。

可準備的六大故事題材：

1. 我與家人

2. 我與朋友

3. 我與其他重要他人（影響我這輩子的人，也可能只是在路上看到的行人）

4. 歷史上知名人物的故事（連帶背誦他所說過的話）

5. 某個產業的歷程或者是某個企業家的發展、突破

6. 近期的焦點議題或故事，比如說原住民相關權益與相關人物、法律修改的內容與相關人物

這些都是很常見的基本作文材料，透徹了解、思考，就如同撒下天羅地網，可以運用在很多很多題目上。

要記得，同一件事可以從不同角度切入探討，**同一個經驗亦可以套用在很多題目上**。當你的稿紙上開始出現一些字，第一行、第二行的寫下去，就不會那麼不知所措，寫一寫自然會觸發新的想法、順勢往下延伸。

雖然現在大考的作文題目乍看之下無奇不有，其實多數仍可以找到類似的核心概念，這絕對是可以靠平常練習來提高得分機率的項目，簡單歸納起來，就是**讀好文、記佳句、多觀察**，不要被題目嚇倒，從你平時寫過的素材去找適合的切入點，考試時就比較能順利發揮。

聰明考試的攻略

平時有餘力要多分析、練習考古題，可以從中訓練自己的寫作思維。考

高中的會考作文，形式延續過去的基測，皆是一篇命題作文，並無重大改變；但考大學的學測，近年來（107 年、及 111 年以後）的寫作題型卻有不小的調整，現在共有兩大題，分別評量考生的「知性統整判斷能力」與「情意感受抒發能力」。

以下的作文考古題分析，會針對**讀題重點**、**思考邏輯**、**寫作方向**等重點提出建議，雖然是以學測的題目為例，但這些方法無論是在國中還是高中階段都適用。

一、學測國文寫作的第一大題

閱讀題目素材，再根據指示寫出扼要的回答，或針對某一個觀點寫出自己的想法。一般會有字數限制，第一小題約 80 字，第二小題約 400 字。

第一小題通常會要你從文章中找出符合問題的答案，因此準備的重點在於「如何找到文章的關鍵字及核心觀念，並切中要點的簡述」，**一邊讀，一邊就要試著圈出關鍵字。**

第二小題則是根據題目提供的材料，寫出你的論述，**評分的重點在於是否能夠說服他人**，而修辭或美麗的詞藻則屬次要。

以下列舉近幾年的考題做為參考（在此省略文章素材）：

111 年學測第一大題

◎問題（一）：臺灣與丹麥的樂齡活動案例，都有堅定的推動者。請分析上文所述兩件案例，活動內容的關鍵差異是什麼？用意有何不同？文長限 80 字以內（至多 4 行）。（占 4 分）

◎問題（二）：如果要帶長者在臺灣進行樂齡之旅，一定有許多待注意事項。請以「樂齡出遊」為題，寫一篇短文，說明樂齡出遊的意義，並思考如何

照顧到長者在生理與情感上的需求。文長限400字以內（至多19行）。（占21分）

◎問題（一）：根據上文，使用手機的習慣——「低頭」，可能造成多種負面影響，請歸納出其中3種類型。文長限80字以內（至多4行）。（占4分）

◎問題（二）：請以「低頭與被低頭」為題，撰寫一篇短文，檢視你的相關經驗，陳述手機對你的影響，並擬定今後的對策。文長限400字以內（至多19行）。（占21分）

◎問題（一）：依據上文，請說明電影裡的「忘情診所」和「健忘村」，在刪除部分記憶的劇情上有何差異？文長限80字以內（至多4行）。（占4分）

◎問題（二）：假設「經驗機器」存在並且運作穩定，可以讓人享受虛擬的「幸福人生」，你認為將對人類產生什麼影響？權衡利弊，你會支持開放這樣的機器上市嗎？請闡明自己的意見。文長限400字以內（至多19行）。（占21分）

◎問題（一）：請依據上文，說明積木誕生的背景因素。文長限80字以內（至多4行）。（占4分）

◎問題（二）：玩具對你而言，較偏向「玩物喪志」或「玩物養志」？請就

你的成長經驗，說明你的看法。文長限 400 字以內（至多 19 行）。（占 21 分）

二、學測國文寫作的第二大題

　　第二大題通常為文意分析和長文的題目，題目會提供一至兩篇的素材，有時包含兩個小題，第一小題的字數不定，約一百字左右；而第二小題較接近傳統的命題作文，只要在不超出稿紙的範圍，文長不限。

　　第一小題是分析文章脈絡，要從表面的文字看出作者想要表達的內在意涵。答題技巧是仔細閱讀素材，審思每一句話、每一個詞彙在文章中欲表達的意義，**除了正確理解文意，也要避免過度衍伸作者的原意。**

　　第二小題是架構在閱讀素材上的命題作文，題目會從素材中出發，但在寫作時大多可以自己根據題旨發揮，述說自己的經驗和體會，而不必處處緊扣素材。長篇作文的得分關鍵在於完整的**文章架構、起承轉合、正確的文句使用，以及作為點綴的修辭、佳句。**考生的生活經驗是很重要的題目來源，平常練習時可不要小看基本題，除了前面提過的題目，還有像：「我的興趣」、「我最喜歡的季節」、「我的夢想」、「獨處經驗」、「一件印象深刻的物品」……這些雖然是基本中的基本，但你必須思考有哪些不同面向的素材，以及如何去描寫、如何寫出引人入勝的文句。

　　108 至 111 年的學測作文題目分別為：「溫暖的心」、「靜夜情懷」、「如果我有一座新冰箱」、「當我打開課本」，題目看似很華麗，不過若仔細分析，相信都不是太困難的題目，核心依然環繞著個人的生活省思和體驗。

　　考試時不要看到題目就匆促下筆，先多多思考被包裝過的題目背後，是否僅僅只是如上述的幾個基本概念，若能成功破題，剩下的只是把先前曾經寫過的段落，改寫上去而已。

　　以下列舉近幾年的考題做為參考（在此省略文章素材）：

◎題目：如上文所述，若能從不同角度切入課本，進入知識的想像，或許可以讓課本帶領我們經歷驚奇的旅程。請以「當我打開課本」為題，寫一篇文章，敘述任一學科課本對你的意義，書寫你探索課本內容、知識的經驗與體會。（占 25 分）

◆解析：

「當我打開課本」，題目說明「寫一篇文章，敘述任一學科課本對你的意義，書寫你探索課本內容、知識的經驗與體會」，而前段的說明文章有提到「中學教育的課程內容，是否曾經點燃你對知識的熱情？」題目與前幾年學測相比，似乎回到了較傳統的主題。

從題目來看，寫學科是最安全的取材，除了國文、英文、歷史、地理這些考科，若對音樂、美術有興趣或有所造詣，這兩科也是不錯的描寫選擇。

寫文章時先提到你選擇的科目內容，再延伸出你對知識的經驗與體會。舉例來說，以歷史課本的原住民章節為例，若有親朋好友是原住民，就可以描述自己、家人與原住民的角色關係，討論課本與現實的異同，並對原住民進行深入描述，亦可延伸到更廣義的民族問題。

或者以地球科學課本的氣象章節為例，可以結合自己的生活經驗，描述颱風天的氣象播報，比較課本的理論與你日常所見的氣象播報，現實、想像和經驗有什麼差距？還可延伸至颱風天對家人或對社會的影響、風雨過後的救災行動等等。

題目雖看起來有其侷限，但只要能夠扣到「課本」兩字，內容的選擇是非常自由的，你可以從自己準備過的素材中尋找適合的主題，再思考如何將故事與某一學科課本作聯結，只要論述合理都不算是偏題。

◎問題（一）：文章的最末作者寫道：「他哭了，我也哭了。」請就文章脈絡分析文中弟弟哭的原因是什麼？「我」哭的原因又是為了什麼？文長限 150 字以內（至多 7 行）。（占 7 分）

◎問題（二）：作者琦君以「金盒子」為題，內容敘寫「金盒子」的來歷與它承載的故事與情感，這是一種「睹物思情」的寫作手法。請試著選取一項對你有特別意義的物件，並以此物件為題，敘述物件背後相關的故事與情感。文長不限。（占 18 分）

◆解析：

　　「金盒子」考的是「睹物思情」，許多人在寫這題時，會不自覺的進入「物」的框架，絞盡腦汁思考出一個對自己具有特別意義的物品，或許是一件禮物、一個獎盃等，然而這一件物品背後的故事要發揮得宜，會需要一點巧思。

　　碰到這類題目，要求書寫一個物件背後的故事與情感，不妨換個角度思考，**不先以物發想，而是先想一個故事或一段情感**，如果是曾經寫過的主題或你擅長描寫的領域更好，再回過頭去想，這些經歷中，有沒有一件特別的物品，即使是非常平凡的亦可（若沒有就自己想一個），也就是說先有好寫的故事，再把物品置入其中。我們在思考作文內容時不必被題目的引導所框限，有時候**反向思考**會更輕鬆好下筆。

◎問題（一）：甲、乙兩篇文字都提到「飛翔」，但兩篇文中的「籠中鳥」

對於飛翔的感受不同，請加以說明，文長限 80 字以內（至多 4 行）。（占4 分）

◎問題（二）：成長過程中你是否有類似〈致母親〉一文中的感受，請以「籠中鳥」為題，寫一篇文章，內容不限親子關係，可舉自己或他人經驗作例證，文長不限。（占 21 分）

◆解析：

以「籠中鳥」為題，文章素材描述一個人在成長的過程中，與母親的關係漸趨漸遠，經常不在母親的身邊，即使身處同一個屋簷下，親子關係也十分疏離。母親如籠中鳥，希望子女能經常陪在身邊，而子女卻夢想著寬廣而自由的藍天。但作答時內容不限關係，寫作方向可朝向與他人的互動，不論是親子、朋友等皆可，描述感情的羈絆與個人發展之間的矛盾，只是記得在文末還是要扣回「籠」和「鳥」兩個字。本題的題旨較為新穎，較不易找到類似的題目，要靠平時累積練習和臨場抒發。

111 年學測參考試卷（卷四）

◎問題（一）：二文作者分別表達了怎樣的體悟？請加以描述。文長限 100字以內（至多 5 行）。（占 7 分）

◎問題（二）：甲、乙二文都涉及一段人生的省思或啟示，請以「走自己的路」為題，寫一篇文章，回顧你成長過程中的選擇經驗與感想。（占 18 分）

◆解析：

「走自己的路」是引用美國著名詩人佛羅斯特的〈未行之路〉及王安石〈遊褒禪山記〉等素材，核心在於回顧成長過程中的選擇經驗與感想。本題

能夠選擇的寫作素材幾乎無限制，以記敘兼抒情的體裁為主，核心在於「選擇」兩字，文章中務必要寫出自己曾做出的一個選擇、選擇前及選擇後的不同、這個選擇和其他人所做出的選擇有何不同。只要能夠提及上述幾個問題，加上對於人生故事的合理描寫，應該都能拿到不錯的分數。

◎題目：冰箱可以很滿，可以很空，當你打開冰箱，通常想尋找什麼？又看見什麼？假如有一座屬於你的新冰箱，你會有怎樣的想像？冰藏什麼（虛實皆可）會符合你所期待的美好生活？請以「如果我有一座新冰箱」為題，撰文一篇，文長不限。（占 25 分）

◆解析：

　　這個題目能夠發揮的範圍很大，虛實皆可，冰箱中可以冰藏親情、友情、愛情、夢想、期待……等非實體的概念，又或者是一碗飯、一根香蕉、一根冰棒、一罐咖啡等實體之物。不論你選擇冰藏什麼，都必須寫出理由，若是從實體之物出發，最好能延伸到抽象的概念，諸如從一盤家常菜聯想到祖父母的親情、從一塊巧克力逐步聯想到你的夢想等等。

　　只要回想你過去曾經寫過的文章，試著稍作改寫以符合冰箱的框架，並確保內容正向積極，就是能得到不錯分數的好文。類似的題目還有 102 年指考「遠方」、103 年指考「圓一個夢」等等。不過有一點需要稍微注意，那就是不要落於俗套，你在考場的第一想法，非常可能也是其他人的第一想法，先別急著下筆，稍作暫停，從多幾個角度思考或破題，或許能想出不老套的寫法。

◎題目：甲文中，蘇軾面對夜闌風靜，意欲「小舟從此逝」，遠離塵世；乙文中，陳列則從山居中的恬靜，興發「人間是我的根本用情處」的情思，二者顯然不同。請以「靜夜情懷」為題，連結甲文或乙文的體悟，寫一篇文章抒發你對靜夜的體驗及感受。（占 25 分）

◆解析：

　　講得更白話一點，這個文謅謅的題目或許可視為「我的興趣」夜晚版，又或許是你某一次在夜晚中發生的經驗，與 104 年學測「獨享」、102 年學測「人間愉快」的題材相似，只是需要確保你的內容時間點是在夜間。寫作時可以包括以下幾點：對夜景的描寫（可多使用修辭、針對夜晚的周遭環境進行描寫）、對你正在從事的活動的描寫、以及自己的心境及體悟，若以上三點都能掌握，應會有不錯的分數。

◎問題（一）：請依據甲、乙二文，分別說明陶潛對於人子、外公對於阿啟伯的善意。文長限 120 字以內（至多 6 行）。（占 7 分）
◎問題（二）：陶潛或者外公對他人的善意，你可能也曾見聞或經歷過，請以「溫暖的心」為題，寫一篇文章，分享你的經驗及體會。（占 18 分）

　　「溫暖的心」可以當作是描寫好人好事或人與人之間的善意，著重在自己的生活經驗與人際互動，與 106 年指考「在人際互動中找到自己」有異曲同工之妙。畢竟每一個人的生活經驗都不同，寫出來的內容較不會雷同。高

分的要點在於細膩生動的描述生活經驗，是你接受到他人的溫暖，抑或是有自己對他人提供溫暖的經驗？描述過程並寫出心得及反思就很完整。

三、新題型：看圖寫作

　　看圖寫作是 111 年學測參考試卷中嶄新的題型，過去只有在英文作文有這類題目，在此之前幾乎沒有出現在國文作文的考題，代表未來出現的機率有可能提高。寫作重點在於先仔細**觀察圖片的每一個細節**，務必在文章中將所有的細節仔細描寫。

　　若想要針對此題型多做準備，可以參考英文作文的範文及改題老師評論，雖是不同科目，但學習文章架構的要點精華，對於國文寫作亦有所幫助。

111 年學測參考試卷

◎題目：以下為宋・李唐〈炙艾圖〉，又稱〈村醫圖〉，描繪古代農村行腳郎中幫人治病的情形。炙艾，亦作艾炙，是傳統中醫治病養生的療法，運用艾葉製成艾炷、艾條等材料，燒熱後施於體表，刺激經絡、穴位或特定部位。李唐為宋代傑出畫家，出身布衣，又有顛沛流離的生命經驗，因此除了山水畫之外，也留下不少風俗人物畫，生動呈現底層百姓的生活樣貌。

　　請仔細觀察圖中的人物，編寫一則故事，內容須包含角色、對白、情節等三要素。文長不限。評量學生觀察圖畫細節、情境想像、敘述故事等情意感受抒發能力。

◆解析：

　　以這一題圖片來看，從背景和環境，到人物的衣著、表情、動作都得仔細觀察。除了單純的描述，也需加入自己的想像，揣摩圖中人物在當下的場合會有什麼心境和想法，他們正在從事什麼活動。最後可能需要思考圖畫所代表的寓意，這部分也是根據圖片自由發揮。

英文科

用上所有的感官，考試贏一半

　　先說一個現實：除非你讀中文系或日文系，否則不管是自然組或社會組，上大學一樣逃不了要面對英文！只要參加國際性的活動、研討會或學術研究，共通語言都是英文；在大學，除了極少數科系，大多數教科書、參考資料、老師準備的投影片也都是英文，甚至於在網路上找第一手學術資訊，也有過半是英文，若沒有一定程度的聽說讀寫能力，要學習更深入的知識會很辛苦，也有礙於你參加國際活動。回到考試的現實來說，在台灣，英文也是被最多大學科系採納的學測科目之一，若能在英文科拿到高分，將有助於取得進入理想科系的門票。

　　如有餘力，我們會建議高中畢業時能達到全民英檢中高級的程度，如要挑戰多益，則以 800 分以上為目標；如果大學讀的是對英文程度要求較高、會大量使用原文教材的科系，最好有多益 900 分以上的程度，面對專業科目的英文可更得心應手。

　　台灣不像新加坡等國家，我們的日常生活很難沉浸在英文的環境，從國小到高中，英文的學習往往侷限在每周寥寥幾堂的時間，要把英文學到能順暢閱讀文章或流利的對話，確實需要額外投注大量心力，但英文能力越好，你越能從更多、更廣的面向接觸這個世界，而且學習語言所花費的努力會逐日、逐年累積，絕不會白費！

回到大考英文試題的討論，我們常在 YouTube 看到外國人試考學測英文的影片，影片的結論常是「原來連外國人都覺得台灣的英文考題好難啊！」但這並不難理解，學測是為了考驗閱讀及寫作能力（聽力有另外的英聽測驗），考試是用英文的書面語，對於這些講英語的外國人來說，在日常中未必會特別側重文法的練習，寫考題多少會感覺有點難度；不過對於從小接受單字、文法訓練的台灣學生來說，如果跟著教學進度踏實前進，大考的英文試題其實並不至於太困難。

學英文無法偷吃步，但仍可以加速前進

在國中階段，會學完近八成的基礎文法觀念，再加上單字量的增加，國三畢業應該可以閱讀部分基本的英文文章；而高中的重點則是更大量的累積單字、片語，強化更深入細膩的文法觀念，並開始培養寫作能力。

在此有一個基本觀念要跟大家分享：我們在學數學的時候，都有自己擅長和不擅長的單元，好比說「排列組合」對我來說很簡單，學「矩陣」也沒在怕，但在算「向量」時，我的腦袋彷彿塞住了怎麼看都看不懂。很多科目都是如此，數學、物理、化學、生物，有些單元可跳著學，你可能不懂 A 觀念，但很會 B 項目，或者 A、B 都不擅長，但 C、D、E 等單元你卻能得高分；然而英文的學習不是這樣，就像學中文是從牙牙學語喊爸爸媽媽開始，再來認識ㄅㄆㄇ、認國字，學英文是一路累積厚植的成果，假設小一是程度一，到了高三是程度十，中間就有如蓋大樓，必須打地基疊加而成，無法跳躍速成，不會 ABC 就無法背生字，不懂五大句型就很難進入分詞構句、寫好文章。英文沒有捷徑，你能強化的能力是**我要怎麼用最短的時間從 1「跑」到 100，而不是我要怎麼用最短的時間從 1「跳」到 100。**

平時準備，你可以掌握的事

一、學單字，不只是背單字

第二章有提到，學單字不要把它想成是「背」，盡量把累積單字量當成長期積累的生活習慣，像存錢一樣，有基本財力才有辦法談其他，單字量不足，閱讀文章會十分吃力，更遑論要「輸出」開口說和寫信、寫作文。那麼，學到「堪用」的英文程度，究竟需要多少單字量？108 課綱對國中生的要求大約是兩千個基本常用單字，但盡量以「**3000 單**」為努力目標，到了高中就提升至「**7000 單**」，網路上有很多免費資源可找到這些核心單字。

記憶單字的方法可參考第二章，但要把單字活學活用，最有系統的方式是「**字根字首記憶法**」，多熟悉組成一個字的字首、字根、字尾，看得多了，當你碰到新的生字就比較容易猜出意思，而不需要每碰到一個新字就耗時耗力去查字典或死記。

特別是很多單字看起來很長，其實可拆分成小部分的組合，例如：

單字的開頭加上 a 或 an，通常代表「否定」的意義；

uni 代表「一個」、bi 代表「兩個」、tri 代表「三個」。

這個原則到大學看原文書、必須記憶各領域的專有名詞時非常好用，許多醫學專有名詞也都是以字根的方式組合，例如：

aqua 代表「水」，cardio 代表「心臟」，hepato 代表「肝臟」，cepha 代表「頭」。

第二種方式是「**多比較拼法相近的單字**」，集合起來一起學：

adapt 是「適應」，但長得很像的 adopt 是「採用」；

principal 可當「校長」（n.）或「主要的」（adj.）；差一個字母的 principle 是「原則」；

dessert 是「甜食」，少一個字母 s 的 desert 重音若放在第一音節是「沙漠」，而重音若放在第二音節就是「拋棄」之意。

上述的例子非常多，特別容易出現在**選擇題**中，不妨拿一本筆記本，專門把這些相似單字記下來。

二、延伸反義字，並能夠造句

在學單字的時候，只有背出單字的拼寫及中文意思是不太夠的，盡可能延伸到**同義字、反義字及例句**。

英文單字的掌握能力可以分為兩種，一種是「看到」這個字的時候你會知道它是什麼意思，另一種是能夠主動把單字在口說或寫作中「使用」出來，這兩者實際上有很大的鴻溝。例如一個動詞，你必須知道它是「及物」或「非及物」動詞、後面需要加上什麼介系詞、三態變化等不同形式才能夠正確的使用，平時準備時，最簡單的方式就是**試著造句**，能夠先造出正確的短句，未來才有可能組出一整篇文章。

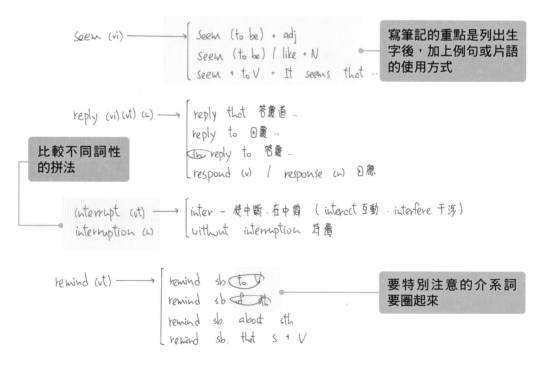

三、學文法就像疊積木

各種時態、動詞三態、變化多端的句型……會不會覺得學文法很暈？其實文法只是共通的規則、句子構成的基礎方式，白話來說，你得依照文法規則造句，別人才能搞懂你在講什麼！

人類的語言依照「自由語素」的多寡，大致又可分為「分析語」與「綜合語」，前者就像漢語，沒有詞形變化、名詞無格變化、動詞本身不表示人稱、時態、語態；後者如許多印歐語系的語言，如德文、法文等，會透過字尾變化達成名詞、形容詞的格變化，以及動詞可表示人稱、時態、語態等變化。看到這裡是不是頭有點痛了？別擔心，我只是要說，其實英文文法相對於其他印歐語系語言（甚至是它的近親德文），可是簡單多了。如果你有興趣學其他歐洲語言，你就會發現英文是十分和善可親的！

學文法的第一步，就是要告訴自己：「**原來英文是相對簡單的語言，只要不排斥就能搞懂文法變化**」。

平時怎麼練習呢？請記得，文法既然是「規則」，一定是可遵守、會反覆出現好讓你更熟悉。從國一開始就得跟上進度，不管早懂還是晚懂，英文文法就像疊積木，是不斷疊加上去的，如果連動詞三態都背不起來，根本無法學習「過去完成式」的構句形式。

很多人問我們，在會考或學測前能否臨時抱佛腳，讓英文分數大躍進？答案是你或許可以多背一些生字，但如果連基本文法句型都搞不懂，不太可能。

另一個情況是，當你去問英文考滿分的同學，為什麼這題的**介系詞**要選 to 不是 at？對方有很大的機率會跟你說：「不知道，『感覺』就是這個。」沒錯，對於介系詞，往往得透過長時間的做題與接觸，讓規則成為你的「**習慣**」，你就能漸漸不必靠死記，自然挑出正確的答案。

學文法，最簡單就是從動詞三態開始，再來熟悉五大句型、被動語態、名詞、代名詞、助動詞、動名詞、不定詞、分詞構句等觀念，因此必須跟上每個學期的學習進度，只要多做題目、確實訂正，**文法題反而會是失分率較低的得分題型。**

　　文法規則的「例外」考題通常只占少數，在你學懂基本大規則之後，請找筆記本寫下比較容易考到的例外題，比如說最常見的：「to 後面什麼時候接 ing，而不是接原型動詞，例如：in addition to, look forward to 都是接 ing。」因為這裡的 to 並不是常見的不定詞（to+ 原型動詞），而是當介系詞，後面應該加名詞。五大句型是學文法的關鍵基礎，盡可能熟悉下面這些簡稱，不需硬背，多看句子拆解，慢慢就能習慣並看懂句子的構造：

Vi: intransitive verb （不及物動詞）
Vt: transitive verb （及物動詞）
Vl: linking verb （繫動詞）
S: subject （主詞）
O: object （受詞）
C: complement （補語）
SC: subject complement （主詞補語）
OC: object complement （受詞補語）

◆**對照舉例如下：**

1. **I quit.**（主詞 S+ 動詞 Vi）
2. **I quit my job.**（主詞 S+ 動詞 Vt+ 受詞 O）
3. **I bought him a book.**（主詞 S+ 動詞 Vt+ 受詞 O1+O2）
4. **Life is difficult.**（主詞 S+ 動詞 Vl+ 主詞補語 SC）
5. **A new job makes everything better.**（主詞 S+ 動詞 Vt+ 受詞 O+ 受詞補語 OC）

★學基本句型和新的單字一樣，除了記下重點，也不妨多練習造句，使用多了，就不容易忘記。

It is said that S + V... 據說...

* It is + 過去分詞(Vpp) + [that 子句]
  (虛S)   (真S)

基本文法句型

1. It is believed that S + V... 一般相信
   It is expected that S + V... 一般預料
   It is thought that S + V... 一般認為
   It is reported that S + V... 據報導
   Ex. It is reported that the issue of toxic starch has already had a major impact on spending.
   It is known that S + V... 一般皆知
   It is estimated that S + V... 據估計
   Ex. It is estimated that the tornado damage was over $2 billion.

2. It (is) said that S + (V)...
   = S + is said to V (同時態)
                to have + Vp.p (異時態)

使用時機舉例

3. It is said = It is rumored
              = People / They say
              = Word / Rumor has it
              = The story runs / goes

四、強化閱讀能力的關鍵

與國文的閱讀測驗類似，考前要找一本閱讀測驗的練習本，每天養成習慣，不求多，只做幾題短篇與長篇，目的在熟悉英文的閱讀並訓練耐心，可培養語感與了解英文文章常見的編排方式，絕對能提升考試時的讀題速度。

在讀內容時，注意**每一段落的第一句和最後一句**，這些通常會是一整段的核心概念所在；至於文章中跟解答有關的關鍵字要怎麼找？包括跟**文章題目有關的字詞、一個花了許多篇幅來解釋的名詞**，以及遇到 however、but 等轉折詞時一定要特別注意前後文語氣，可以將之圈出，再比較前後表達概念的差異，其他細節，會在後續談考試攻略的舉例進一步說明。

聰明考試的攻略

一、閱讀測驗：注意數字、轉折和關鍵詞

閱讀理解占大考選擇題分數約 1/3 至 1/2，是搶分的兵家必爭之地。讀懂、讀對是核心關鍵，不要求快，而是一字一句慢慢看清作者想表達之意思。閱讀測驗的題型不會有太大的變化，大致有以下幾種：

1. 文章主旨

What is the main idea of ... ?

What does ... mainly ... ?

What is the title of ... ?

四個選項之間的差異或許不大，但總有一個是最能夠代表全篇文章的主旨，此時須細心的閱讀，切記不要斷章取義，**一定要全篇讀完才能下結論。**

可能作者在首段描述一個現象，而在下一段會提出自己不同的意見或立場，如果太心急只讀一半就可能落入理解錯誤的陷阱。試著圈出關鍵字，可能是某一項作者正在描寫的事物，也可能是某一句總結前後的句子，當你能夠找到關鍵語句，對於了解全篇文章的主旨一定有幫助。

2. 解釋、正確與否

What does ... mean?

What is true about ... ?

What is ... used to do?

　　同一份考卷可能會出現相當多這種題目敘述，比如說一篇關於歷史的閱讀測驗，選項中會敘述：「＿＿ 發源自 ＿＿ 王朝」、「＿＿ 在 ＿＿ 年代是用來 ＿＿」；一篇關於環保的閱讀測驗選項中會敘述：「珊瑚礁的白化是因為 ＿＿」、「現今人類運用 ＿＿ 的新科技技術 ＿＿」等。這些文章中通常會提及很多個王朝、很多個造成污染的原因、很多個人類的新科技，但只有某一個是正確的，選項會刻意配對錯誤，讓考生瞄到「有提到的那個字」以為就是對的，這便會掉入題目的陷阱，因此必須確定，提到這個關鍵字的時候內容是在敘述哪件事、哪個時間點，是不是在同個段落等，都要小心檢查，在腦海中快速建立整個文章的脈絡，抓到時間的演進或空間的變化，都有助於解題。

3. 推論、理解

Which can be inferred from ...?

What is the author's attitude?

What does ... most likely suggest?

這類型的題目為「推論」，其實並不困難，通常只是要推論文章背後的含義或者是作者的立場，而在分出語氣表達是正面或負面之後，常常選項中的答案就清晰可見；而同樣的，這種題目也必須要看完整篇文章才能作答，若只看單一段落會有很大的機率選到陷阱選項。

一般人剛開始做閱讀測驗的時候還不懂怎麼抓重點，直接的方法就是先標記出以下內容：

1. 注意主題句與結尾句（一個段落的第一句）
2. 注意所有數字（年代、大小、事發經過等）
3. 列舉請自己做出 1. 2. 3. 的標記
4. **專有名詞、粗體字、人名、國家等**
5. 轉折語氣的前後對比（**however, but, nevertheless, etc.**）
6. 因果關係的前後呼應（**because, therefore, result from, in order to, etc.**）
7. 最高級、比較級

二、翻譯題：降低被扣分的機率

翻譯和作文，測驗的是你「**輸出**」的能力，純「**輸入**」的聽力和閱讀對多數人來說比較容易，而英文寫作和口說往往令人畏懼。但翻譯實際上就是寫作的基礎，當你能夠將心中所想的中文句子順暢翻成英文，不斷累積、拉長後，就能成為一篇文章了。

寫翻譯題的技巧，在於先區分中文句子中的文法結構，**找出主詞、動詞、受詞、補語、連接詞、轉折詞**等詞類結構，分別找尋適當的英文翻譯，再將之連接成一個完整的句子，先注意現在式、過去式、未來式等不同時態，再注意動詞第三人稱單數、名詞複數等變化。

翻譯一題有 4 分，一個錯誤占 0.5 分，雖看似不多，但只要犯的錯誤太

多就可能被累積扣很多分數，因此一定要注意。平日需要大量練習，無論是市面上專攻此題型的參考書，或者網路上能夠找到的題型皆可。平時多演練解析中文句型的能力，試著了解中文和英文在句法結構（如語序、時間）的不同，背誦單字時亦可思考要如何在句子中運用，例如動詞可以直接加上受詞，或者應該以動詞片語（動詞主體及介系詞）的形式連接後方的名詞，腦海中的內容越多，在翻譯或作文時都能令你更有自信。

111 學測中譯英

◎題目：（1）飼養寵物並非一項短暫的人生體驗，而是一個對動物的終生承諾。（2）在享受寵物所帶來的歡樂時，我們不該忽略要善盡照顧他們的責任。

◆解析：

　　句法架構都不難，第一句的關鍵要會寫「飼養寵物 keeping/raising pets/a pet」，以及主句型「並非⋯而是 not⋯but⋯」。「短暫的 short-term/temporary」，「人生體驗 life experience/experience in life」，「終生承諾 lifelong commitment/promise」。第二句「在享受⋯時」譯為 while enjoying/when we enjoy，代表「歡樂」的字有不少選擇，例如 joy/fun/pleasure，「忽略 ignore/neglect/overlook」，「責任 responsibility」，「善盡照顧他們 take good care of them/take care of them well」。

◆參考答案：

1. Keeping a pet is not a short-term life experience but a lifelong commitment to animals.
2. When we enjoy the joy they bring to us, we should not ignore the responsibility of taking good care of them.

◎題目：（1）根據新聞報導，每年全球有超過百萬人在道路事故中喪失性命。（2）因此，交通法規必須嚴格執行，以確保所有用路人的安全。

◆解析：

　　這兩句的難度並不高，第一句掌握基本單字「根據 according to」、「道路事故 road accidents」就能完成，但很多同學會錯在「百萬 a million」加了 s，「道路事故 accidents」卻忘記加 s，就容易被扣分，這種細節要格外注意。第二句的單字「交通法規 traffic regulations/laws」、「執行 enforce」、「確保 ensure」，「用路人 road users」，確實拼寫，並注意動詞的主被動就能順利拿分。

◆參考答案：

1. According to news reports, there are more than one million people who die from road accidents throughout the world every year.
2. Therefore, traffic regulations must be enforced strictly to ensure the safety of all road users.

◎題目：（1）我們有時會違背自己的意願去做某些事情，就只為了要取悅朋友。（2）其實，在面對同儕壓力的時候，我們應該學習堅持自己的原則。

◆解析：

　　這年主要考的依舊是單字的掌握和片語的運用，例如第一句「違背 go

against/violate」、「意願 will」、「取悅 please」。第二題「其實 actually」、「同儕壓力 peer pressure」、「堅持 stick to」、「原則 principle」。在文法方面第一句直接以簡單句型作答即可，但必須將「為了」（to、for）譯出，才能得分；第二句可以使用一般直述句（when we face）或者分詞構句（when faced with、when facing）。

◆參考答案：

1. We sometimes go against our will to do certain things only to / just to please our friends.

2. Actually, when facing peer pressure, we should learn to stick to our own principles.

　　整理出這三年翻譯用到的單字：according to、accident、enforce、ensure、traffic regulation/law、go against/violate、please、peer pressure、stick to、principle，其實這些字的難度不高，許多在國中就背過，只是有沒有確實記得、並能正確聯想並運用這些詞彙。

三、英文作文：以 200 字為練習目標

　　我相信英文作文對絕大多數的高中生而言都是一大挑戰，高中以前學的是基礎的英文單字和文法概念，頂多是寫簡單的句子，而高中升大學的大考中，需要以英文撰寫一篇至少 120 字的短文，因此需要提早以最有效率的方式做準備並大量練習。

　　學測的英文作文，比較常見的題型是提供幾張圖片，要求考生根據圖片內容撰寫一篇文章，或是給予考生簡短的前提文字，針對某個主題寫出自己的看法。考卷上的指示雖然是至少 120 字，但根據經驗，只有 120 字實在有點難完整表達自己的意思，歷屆的高分範文皆有大約 **200 字的長度**，因此建

議大家以 200 字為練習目標。

　　近年題目日趨生活化，有可能出圖片、圖表、敘述等各式題型，因此各種類型的文章最好都要準備，配合不同題材會運用到哪些連接詞、片語等都可以多記起來。

　　英文作文與國文作文不同，強調要**直接、清晰的把想法陳述出來**，因此「**主題句**」（Topic Sentence）的概念務必牢記，每一個段落的首句，應該先以一句話總結全段的核心概念，下文再展開敘述。

　　作文的基礎仍舊是單字和文法，並且必須是「正確使用」，在日劇《東大特訓班》也有提到的，除非你有百分之百的把握程度，否則，**不要刻意追求使用艱難單字**，以免閱卷老師還沒眼睛一亮就已先挑出一堆錯誤、越改越上火。

　　細節掌握非常重要，例如動詞三態變化、名詞複數等基本文法，避免在這種地方粗心犯錯，因為錯誤積少成多，可能會使閱卷老師對你的基本能力產生懷疑。當你確定文法使用正確，且文章完整、首尾呼應、說理清晰（更好的是描述生動），即使沒有使用艱深的單字或片語，也能拿到平均之上的分數。

　　而當你已經能夠達到這個水平，欲進一步提升分數，就可適度做單字的替換，例如下面生字很好用：

wonderful、fantastic、exceptional、outstanding 等詞替換 **good**。

ponder over、contemplate、weigh、mull over 等詞替換 **think**。

　　善用這些看起來「比較高級」的單字，基礎在於平日要多背「同義字」，當你將相近意義的詞彙或片語一起背誦，寫作時能夠替換的單字庫就更豐富，遣詞用字不再一成不變，閱卷老師也能夠感受到你更高層次的英文能力。

　　近兩年的學測作文題型，可看到題目與生活結合的趨勢，對圖表的識讀力將是基本。

◎題目：不同的公園，可能樣貌不同，特色也不同。請以此為主題，並依據下列兩張圖片的內容，寫一篇英文作文，文分兩段。第一段描述圖 A 和圖 B 中的公園各有何特色，第二段則說明你心目中理想公園的樣貌與特色，並解釋你的理由。

◆解析：

　　看圖說故事是很常見的題型。第一段要求描述兩圖的公園各有何特色，這跟平時是否練習景物的描寫有關。有一點很重要，對於圖片的描述不要侷限於你肉眼所見，例如圖 A 除了單純描述有溜滑梯等遊樂器材以外，亦可以延伸想像兒童在此遊玩嬉戲的畫面；圖 B 除了綠意盎然，還可以想像人們會在此從事什麼活動，會讓你的文章更為生動。

◆參考答案：

The park in picture A features slides for kids, which is filled with laughter and joy. The park in picture B features a place with silence and harmony, with sunshine glistering through the space of the leaves. （作答時可繼續延伸描寫）

第二段要求說明心目中理想公園的樣貌與特色，並說明理由，這邊要怎麼寫就相當自由，例如我心目中的理想公園是一座適合各種年齡層的公園，無論老幼都可以安全的在公園內活動，自在的做他們想做的。

◆參考答案：

As our society is getting older in an accelerating speed, my ideal park is a place that satisfies all age groups where grandparents or parents can bring their offsprings to enjoy a pleasant time in the park. There should be entertainment facilities for younger children, which at the same time ensure the safety of users. In addition, a comfortable environment with beautiful vegetation suitable for walking would be great for the elderly.

111 學測參考試卷

◎題目：下圖呈現的是美國某高中的全體學生每天進行各種活動的時間分配，請寫一篇至少 120 個單詞的英文作文。文分兩段，第一段描述該圖所呈現之特別現象；第二段請說明整體而言，你一天的時間分配與該高中全體學生的異同，並說明理由。

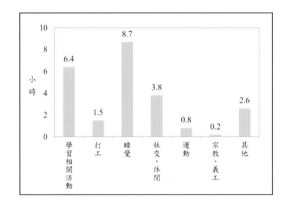

◆解析：

在第一段的開頭可以先用一句話敘述題目，作為整篇文章的主題。

◆參考答案：

The graph demonstrated the time distribution of students from a high school in the United States of America.

要描述該圖所呈現之特別現象，首先可以清楚描述每項活動所花費的時間，再描述此案例有何特別現象，一件事情之所以特別，一定是因為「有比較而產生」，雖然題目並未寫明，不過一個合理的寫法是根據自身的經驗做比較，例如指出台灣的學生每天花費在學習、睡眠的時間，與題目所指美國高中學生有何差別。注意題目的關鍵字是「特別」，可以用一些單字，例如especially 來描述特別之處。

◆參考答案：

In average, the students spend 8.7 hours on sleeping, 6.4 hours on studying, 3.8 hours on social and leisure activities, 1.5 hours on part-time jobs, 0.8 hour on exercising, 0.2 hour on activities and voluntary works, and 2.6 hours on other things. The time distribution is quite different from that of Taiwanese students, especially the shorter time used for studying and longer time for sleeping. Taiwanese students typically spend 8 to 10 hours a day at school, and have to finish their homework or attend additional classes after schooltime...

第二段的關鍵字是「你」一天的時間分配，因此乍看之下好像跟第一段有點類似，但第二段就應該寫你自己的安排，而不是討論全台灣多數學生的

現象，所以主詞應該是 I，而不是廣泛的 Students in Taiwan，細節的部分可以嘗試敘述更為清楚，更重要的是要記得說明理由。舉例來說可以提及自己因為要準備升學考試，每天孜孜矻矻讀書，早出晚歸，甚至睡眠不足，更不可能有時間從事志工活動或打工。

◆**參考答案：**

My time distribution is quite different from the students surveyed. First, as a typical Taiwanese student, I spend approximately 10 hours at school taking classes and doing practices. In the evening, I usually review the knowledge I learned on the same day, which usually takes 2-3 hours. As a result, I could barely go to bed before midnight. Nevertheless, I usually get up at 6 o'clock in the morning, resulting in a sleeping time of approximately 6 hours, which is a lot shorter compared to the report. Moreover, under strenuous studying schedules, I could only chat with my friends and do leisure activities after finishing the preset schedule, not to mention doing part-time jobs. In conclusion, my personal time distribution differs a lot from that of the students in the USA.

四、混合題：填空注意細節

混合題是從 111 年學測開始的新題型，題目會架構於一篇閱讀素材中，而考題可能包含選項不限的單選題、多選題、填充題。作答時與閱讀測驗一樣，要回到文章中找答案，填充題的部分記得注意**單字的詞性變化、單複數**等細節，就能拿到高分。

◎題目：

50. Fill in the blanks with the information contained in the passage about kale and chia seeds. (4 分)

	Nutrient(s)	Benefit(s) of the nutrient(s)
Kale	iron and vitamins	**Make red blood cells**
chia seeds	**Omega-3s/Omega-3 fatty acids**	protect against cardiovascular disease

◆解析：

　　Kale 的好處可從文章中第二段 4～6 行 Fans of superfoods like to list the things that kale contains a lot of, such as iron and vitamins, and point out what those things do (**make red blood cells**). 得知。

　　Chia seeds 包含的營養成分可從文章中第三段 1、2 行 Another example is chia seeds. One hundred grams of chia seeds contain about 17g of Omega-3s, about eight times as much as salmon. 得知。

湛樺的 Tips

對於學英文可能會有的其他疑問

Q. 現在的小學大多教授自然發音，KK 音標還重要嗎？

A：學習正確的發音規則是學語言很重要的部分，相較於中文字的書寫方式與讀音是分離的，英文等印歐語系的語言，每一個單字的發音與其拼寫方式有一定的關連，以德文為例，每個字母或者字母組合（例如子音的 ch、母音的 ai、ei、oi）都有幾乎是一對一的讀音，因此只要掌握基本的發音規律，唸出來的發音基本上不會有問題。

然而現代英文一路演變到現在，受到許多不同語言的影響，在拼字與讀音之間的關係有許多不一致之處，例如同樣的 ough 字母組合，在 enough、cough、drought、brought、through、thorough 等單字中的讀音均不相同。我們當然可以透過大量的聆聽與覆述來學習，現在亦有許多網路辭典都附有發音的功能。不過辭典中一定也會附有音標，諸如台灣常使用的 KK 音標、國際通用的 IPA 國際音標等，對台灣學生來說掌握 KK 音標就如同掌握注音符號，花費的時間其實不多，但碰到不會讀的單字就能更快推測讀音，是很有效率的工具。不過英文既然是國際通用的語言，在每一個地區都有各自的腔調變化，英國、美國、澳洲、印度等國家的發音也不盡相同，與其想盡辦法讓自己的發音跟美國人或英國人一樣，最重要的還是能夠讓對方理解你想表達的意思。

Q . 國高中時期學英文和上大學以後的應用、學習策略差在哪裡？

A： 國中英文著重於文法架構和基本單字的建立，高中除了繼續學更深入細緻的文法，要進一步累積單字量，在考試方面，會考會有英聽測驗，剩下是以選擇題為主的閱讀題型；高中除了有英聽、選擇題，還有翻譯和寫作。整體來説，國高中的考試大多還是以聽、讀為主，寫作次之，多刷題目有助於訓練分辨文法陷阱和增快解題速度；但口説的訓練就比較可惜，在一般學校較少有練習會話或演説的機會。

在大學階段，絕大多數科系都需要閱讀英文教科書或文本，做報告也需要查找英文期刊論文，不過不用太擔心，學術文章的特點在於表達方式大多清晰易懂，句子架構不至於太複雜，甚至不常出現倒裝等較不易閱讀的句法，只需要掌握高中基礎程度的英文單字，再加上記熟各學術領域的專有名詞，通常不會太困難。可以精進的差異在於提升閱讀速度，以及如何從一整篇文章中抓重點，怎麼做到不要每讀一頁就得重新查上 N 個單字，這需要長期練習。至於口説、寫作能力則要看科系需求，但如果有志於國際交流活動、會議簡報、論文寫作，或想進入需要常跟外國人溝通的職場，聽、説、寫的能力都需要趁早長期訓練。

Q . 怎麼增進聽力？

A： 最常見的方法應該是聆聽網路影片或英文演講，YouTube 上的各種教學影片是很好用的資源。國中階段的各種聽力測驗多會放慢速度，但到了高中階段，若有餘力就盡量訓練聽力要跟得上正常語速。如果喜歡看劇，可以試著先關掉字幕，如果聽不懂就打開字幕重新聽一次，找出自己不懂的單字，或是練習多聽外國人講話的連音，在娛樂中練聽力是不錯的方式。

Q. 大家都說國小、國中、高中每個階段的英文難度都是跳躍性成長，為什麼會這樣？

A: 這是真的。其實不僅英文，在國小、國中、高中，每跳一個階段，各科的份量、深度、考試題型都會有極大的不同。國小英文是以簡單日常對話及基本句型為主，每一課單字量可能不到十個，目的是讓孩子產生興趣。國中則是從基礎的文法、句型重新講述一遍，但進度比國小快上許多，每一課的單字可能多達二十幾個，也會有核心文法觀念，考題更是常見細微的文法陷阱。如果英文底子沒有打好，到了國中可能會有點心慌，要花上更多時間學單字及文法。

高中的重點在於深入的文法觀念及單字量的累積，課文長度明顯比國中長許多，單字也更注重同義字、反義字、詞性變化等多面向比較。另一個較大的差別是考試題型更多變、閱讀測驗拉長、取材多元。建議從國中階段就養成習慣閱讀課本之外的文章，有了基礎，上高中才不會感到太吃力。

Q. 接續上一個問題，我應該補習英文嗎？是要補兒童美語還是升學導向的補習班？如果我沒有補習會不會趕上同學？

A: 以我過去的經驗，國小階段的兒童美語補習班常搭配外籍老師，發音比較正統（除非老師本人有特殊口音），教材生活化，多少有讓小朋友練習對話的機會，缺點在於教學系統性不比升學導向的補習班。

到了國高中，升學導向的補習班授課模式與兒童美語補習班差異頗大，大多是一個老師在台上單向授課，會大量的補充句型、單字等等，最有幫助的部分是在高中的英文寫作測驗，補習班會告訴學生怎麼掌握得分方法更有效率。如果認真聽課、有複習，在短時間內提升英文「考試能力」是可以預見的，然而這並不表示上補習班是學好英文的必要條件！除了掌握授課重點，永遠都需要自己加強閱讀和記憶，尋求多元的聽、說、讀、寫等資源。

Q . 在國中、高中階段，我應該準備英文檢定嗎？

A：在台灣的英文檢定有全民英檢（GEPT）、多益（TOEIC）、托福（TOEFL）、雅思（IELTS）等等。

全民英檢是 LTTC 財團法人語言訓練測驗中心所舉辦的檢定，但使用範圍限於台灣，分為初級、中級、中高級、高級、以及優級，一般人大多只會考到中高級，因此以下僅介紹中高級以下的考試。

初級、中級、中高級的考試都包含兩階段，第一階段為聽力及閱讀，第二階段為寫作及口說，四個科目均達到標準才算通過考試，中級大約為國中畢業的程度，而中高級大約為高中程度。比起多益，全民英檢的特色在於有必考的口說及寫作測驗，所以有些注重這兩種能力的單位或企業，會要求全民英檢的證明。

多益是廣泛被國際採用的測驗，包含聽力及閱讀，滿分 990 分（口說及寫作測驗需額外加考），內容主要以商業及日常英文為主。我知道許多人會選在高中三年級申請大學前「順便」考多益，因為已經拚了這些年，又是密集準備學測的階段，英文能力正達到黃金期，趁這時期去考，若能拿到 900 分以上的成績，對於大學申請入學可能有加分的效果。

托福及雅思，則跟出國留學較為相關，若要去美國留學的大多會選擇考托福，要去英國留學的則大多會選擇雅思，兩者都有聽、說、讀、寫四大項目，難度也較全民英檢或多益來得高，若讀者有類似的需求再去準備即可。

數學科

克服心中恐懼，打敗萬年 Boss

相信對很多學生來說，數學根本是「挫折製造機」，是困難甚至令人恐懼的一個科目，相較於其他科，除了需要更多理解能力，變化多端的題型和考試時分秒必爭的時間壓力，都是很大的挑戰。包括我自己在內，我想大家或多或少在數學這一科都有滑鐵盧的經驗。

提到 108 課綱，大家浮現的印象就是「數學題目很長、題型生活化、素養無所不在」等等，但回顧課程核心，其實萬變不離其宗，大方向的邏輯和次序是一樣的。國小階段從基本算數、加減乘除開始，到單位換算、分數與小數、幾何圖形、列式與計算等核心能力；國中要認識指數，進入代數領域（二元一次方程式、一次函數和二次函數圖形），以及幾何領域（如基本幾何圖形的角度關係、三角形的三心、圓形等）；高中課程分為數學 A（偏向理工、醫農、商管領域）及數學 B（偏向文史哲或法律領域）兩種版本，而共同的章節則是延伸國中內容，例如指數與對數的運算、三角函數、向量幾何、矩陣運算等。

舉一反三之前要先「溫故」

整體來說，高中數學無論是描述或計算，使用的符號都更多，算是從國

小、國中階段較具象化的學習，進階到大學抽象化觀念之間的過渡，在知識層面上更複雜，題目變化更多元。和仰賴沉浸環境、累積式學習的英文科不太一樣，數學演算需要的能力是邏輯、歸納和推理，但即使不同階段有不同的思考路徑，數學的鍛鍊目標要能「舉一反三」，這代表各單元的觀念和基礎仍是連貫的，學新觀念時若能習慣和舊單元統整思考，久而久之就能提升解題能力。

　　無論是計算錯誤導致失分慘重，或是被難題打敗，想破頭也想不出解方，這些挫折我都經歷過，但隨著學習經驗增加，加上好幾年的家教經驗幫助我提煉出更順暢的數學思維，這個科目不再讓我望之恐懼。我想分享的是基本心態，長久以來，「數學好難」這個咒語讓好多學生在心裡設立了門檻，其實多數人還是可以學好數學，大家千萬不要先入為主、自己嚇自己，保持開放信念、找到適當方法，你也能擊退數學心魔。

平時準備，你可以掌握的事

一、精熟課本所有名詞和連動觀念

　　除了一些特殊的難題，每一個數學題目背後都對應一個課本的基本觀念，考試時不知如何下手，往往是你對於課程內容的掌握不夠熟練。因此，準備數學的第一步，就是翻開你的課本或參考書，先辨識、釐清每一個章節究竟有哪些知識點需要理解和記憶，而這也是第二章「十大高效讀書法」的第一步。

　　舉例而言，碰到「排列組合」的單元，你必須理解何謂直線排列、何謂重複排列，不同的名詞各自代表什麼意涵；三角函數的單元中，注意 sin、cos、tan 等函數的不同定義，了解各種和角、差角公式的內涵及應用；向量的單元中，你必須理解內積與外積有何不同，什麼是正射影、投影點、對稱點。

不要看到專有名詞就略過，有三個基本動作：

1. 先搞清楚課本和講義中一定會提到的名詞，了解意思。

2. 必須在闔上書後能完整的寫出公式。

3. 能聯想到該名詞或公式所連動的觀念。

二、公式要背更要懂

你可能聽過一種說法：「如果能通盤理解，許多公式就不需要死記硬背。」但這句話也容易造成誤會，首先，真正通盤理解又反應神速的神人可能是少數中的少數；其次，不需要死背，並不代表你不用記熟。

雖然大考的題本最後常會附註公式，但數學公式如同英文的二十六個字母，代表的是這個學科的核心觀念，說真的，課本的基本公式沒有不需要背的選擇。你不能期望自己在考試中還要推導圓或橢圓的方程式，或在時間壓力下能用複雜的思維取代簡化的公式解題。

但「理解」和「背書」本來就沒有衝突，理解的確是學好數學的根本。老師授課時不一定會對公式做很詳細的推導，許多學生也習慣只記得最終結論，而不去理會推導過程，結果陷入一知半解的情況。例如大家知道座標向量的內積是「**兩個向量 x 分量相乘加上 y 分量相乘**」，但究竟有多少人知道為什麼可以如此計算？這個結論和最原始的「**兩向量長度相乘，再乘以其夾角的 cos 值**」此一定義之間有何聯繫？

只記得結論的讀書方式，很容易成為學習過程中的盲點，而偏偏你少記的地方也常成為考試的考點。因此，在學任何公式時都要盡可能去看懂推導過程，而這些計算過程並不需死背，只需理解。

至於某些難度偏高的參考書或補習班講義，常會出現課本沒有出現過、更複雜且更難記的公式，這一類的公式我則認為不一定要刻意去背，**多數只能用來解單一題型，無法廣泛使用。**這些公式會伴隨特殊題目，碰到時不妨

思考一下，這些題目是否有第二種或第三種解題方式，找出其他解方會比刻意去記誦複雜公式更實際，也學得更透徹。

三、所謂粗心，不是真的粗心

　　我以前也常因粗心失分，當時總安慰自己，這些東西我都會，只是因為粗心所以寫錯。每個人都會有失誤，這是難免的，然而大考數學的配分很重，有時才多錯兩題就掉了一個級分。如果單純因為粗心而失手，事後應該會很自責、很難接受。定心一想，造成粗心的原因大概有兩個層面：**一是為何會做錯？二是為何出錯後並未發現？**

　　但無論是哪一個，實際上都可以歸因於對課程不熟，以及答題技巧不足。

　　有一個基本的觀察，如果你每一次考試都要寫到最後一分鐘，幾乎沒有時間檢查，那就要先檢討你對這個單元是否不夠熟悉，導致每一題花的時間太長，你需要的是考前針對弱點多做練習，先求拉高熟練程度。

　　如果你的做題速度並不慢，寫完考題也多半有時間從頭檢查，卻常有盲點檢查不出錯誤，這時要先檢視你的字跡，算式寫得工整，檢查時就不需花太多力氣；反之若第一次計算寫得龍飛鳳舞、甚至有如鬼畫符，光是回頭細看就很浪費時間。別小看這個動作，**做題目時一行一行將算式寫好，同時也能幫自己整理思考脈絡。**

四、什麼是有效果的檢查？

　　更常發生的狀況是你以為有檢查過、字跡也算工整，但結果就是錯，那麼這就跟你檢查的「思路」有關。

　　以一個很簡單例子來說：78+87=「155」這個答案錯誤的算式，檢查的時候並不是「看著 78 加上 87 應該等於 155」，很多人都是這樣習慣性直接看算式往下走，那你的思路當然會順著原本寫的式子想，看兩三次也不一定能

挑出錯誤。檢查的用意在於「跳脫原本可能出錯的解題或思考方法」，因此正確的做法應該是「想著 78 加上 87 會等於多少？」、「155-87 是否等於78」，在考卷旁倒回去驗算，並重新確認題目要求解的內容（特別是應用題，很多人連題目「真正要問什麼」、「單位是什麼」都沒看懂），另寫一次算式，才是更有效果的檢查。

此外，還有另一個很好的訓練：**嘗試一題多解**。許多數學題可以從不同方向去解題，平時（但大考前兩三天比較不適合）多做這種練習有很多好處，一來考試時不易因為忘記某一種方法而卡關；二來在檢查時換一種算法，如果答案和第一次不同就是警訊，提醒你重複確認。所以我在教學生的時候，凡是有多種解法的題目，都會鼓勵學生多花一點力氣在同一題，多練習各種算法以培養手感。

五、題目到底是不是做越多越好？

這也是千古爭議的難題，每一個人都有自己的經驗和想法。小學和國中階段的數學，透過大量刷題的確能有效提升成績；到了高中，補習班更有以題海戰術聞名、或以精準命題聞名的，但花大把時間做題目的 CP 值高嗎？不可諱言，以我自己而言，我是偏向題海戰術一派，記得高三上學期，我幾乎每天都會練習一份不同區域的學測模擬試題，以加強手感、接觸各種題型。碰過的題型越多，我越能將先前學到的內容融會貫通，在不同題目情境下應用，或是更快找到文字包裝下的題目核心，這些技能我只能透過大量練習而得到。

然而我這樣做的前提在於，已經將課程內容讀得十分精熟，我知道所有公式的內涵及每個單元最重要的觀念，練習題目是進一步的應用並強化熟悉。

如果你尚未熟悉課程內容，我並不建議直接狂做題目，因為這會本末倒置，導致你學到的內容太零碎，一旦碰到變化題就束手無策，甚至喪失自信；更糟的狀況是連講義詳解的內容都看不懂！因為詳解的敘述正是基於「假設學生已學完課本內的基礎知識」。

觀念如同地基，地基打得牢，後續的學習和做題才會穩固，題目只是在地基和架構都已經建立完成後，填充空缺的材料而已。

此外，我會建議你只要有做練習題，就算是答對的題目，也要去看詳解，對照自己的解題思路與詳解是否一樣，一則是釐清自己還不夠清楚的環節，二則是也許可學到不同算法，未來可運用在其他類似題型。至於寫錯或不懂的題目，更應該仔細對照詳解，搞清楚自己思考上的盲點，究竟是觀念錯誤還是計算上的疏失，務必認真對待每一題曾經做錯的題目，記住原因。

聰明考試的攻略

考數學之前特別需要放鬆心情，至少在前一天就停止太多無意義的刷題，因為這只會讓你越寫越緊張。

拿到考卷的第一件事，請先大略瞄一下總題數，心裡有譜大概每一題或每半張題目可花上多少時間答題。學測的考試時間為 100 分鐘，**平均下來一題只能分到 5 分鐘的時間**，而大部分題目都需要思考、列式、計算。

現在的大考數學題型包括單選、多選、填充、計算等，通常一題單選、多選、填充的配分都是 5 分，單選和填充題都是做一次計算後即可寫出答案，而多選題則是在一個大題內有五個小題，相當於要做五次的計算。在拿到考卷後，**先寫單選和填充題**，尤其前一、兩題通常會是較為簡單的題目，可以增加信心，最後再分配多一點時間解多選題和較困難的題目。

遇到難題時先不要嚇自己，靜下心再多看一次敘述，從已知條件中找線索，重點是回想一下該單元有什麼重要觀念。寫完整份考卷後一定要檢查，跳脫思路、回頭從題目看起，嘗試不同的方法解題，或者重新計算一次。

一、基礎題型分析

每年學測都會有幾題較為基本的題目，只要對考試範圍的課程和公式有基本概念，依照題目敘述一步一步做，大部分能解出，這類題型一定要拿到分數，亦是能夠增加信心的題目。

109 學測單選題

4. 令 $I = \begin{bmatrix} 1 & 0 \\ 0 & 1 \end{bmatrix}$，$A = \begin{bmatrix} 1 & 1 \\ 3 & 4 \end{bmatrix}$，$B = I + A + A^{-1}$，試選出代表 BA 的選項。

(1) $\begin{bmatrix} 1 & 0 \\ 0 & 1 \end{bmatrix}$ (2) $\begin{bmatrix} 6 & 0 \\ 0 & 6 \end{bmatrix}$ (3) $\begin{bmatrix} 4 & -1 \\ -3 & 1 \end{bmatrix}$

(4) $\begin{bmatrix} 1 & 1 \\ 3 & 4 \end{bmatrix}$ (5) $\begin{bmatrix} 6 & 6 \\ 18 & 24 \end{bmatrix}$

◆解析：

這題考的是反方陣的求法及矩陣乘法，也是課綱內最基本的內容。就根據題目的要求，先求出 A 的反方陣，然後計算 I+A+A⁻¹，這邊相加完的結果依然會是一個 2x2 的方陣，接著計算 BA，這邊要注意的地方在於矩陣的乘法在大部分情況下不具有交換率，因此相乘的順序要留意。(答：（5））

A. 設 x, y 為實數，且滿足 $\begin{bmatrix} 3 & -1 & 3 \\ 2 & 4 & -1 \end{bmatrix} \begin{bmatrix} x \\ y \\ 1 \end{bmatrix} = \begin{bmatrix} 6 \\ -6 \end{bmatrix}$ ，則 $x + 3y = $ 。

◆解析：

　　這題考的是矩陣的乘法運算及二元一次聯立方程式的解，是課綱內最基本的內容。首先計算兩個矩陣的相乘，然後會得到一個二元一次聯立方程組，再用國中學過的方式解出答案即可。（答：−4）

9. 從 1, 2, 3, 4, 5, 6, 7 這七個數字中隨機任取兩數。試選出正確的選項。

$\quad$ (1) 其和大於 10 的機率為 $\dfrac{1}{7}$

$\quad$ (2) 其和小於 5 的機率為 $\dfrac{1}{7}$

$\quad$ (3) 其和為奇數的機率為 $\dfrac{4}{7}$

$\quad$ (4) 其差為偶數的機率為 $\dfrac{5}{7}$

$\quad$ (5) 其積為奇數的機率為 $\dfrac{2}{7}$

◆解析：

　　這題考的是機率的定義、七個數字選兩個數字的組合數，以及如何有規律地列出所有的可能性。第一步是決定機率的分母，也就是所有的可能性，從七數中隨機取出兩數的可能性為 C^7_2。其次是分別計算兩個數的和大於 10、和小於 5、和為奇數、差為偶數、以及積為奇數的組合數。這邊重要的

地方在於依照順序列出，例如和大於 10 的組合可以從最大者開始列，再將數字依序遞減，務求沒有遺漏，如 (7,6), (7,5), (7,4), (6,5)；和小於 5 則可以從最小的數字開始列舉，如 (1,2), (1,3), (2,3)，剩下的選項都可以依此方法一一列舉。（答：(3)(5)）

108 學測多選題

10. 在 $\triangle ABC$ 中，已知 $50° \le \angle A < \angle B \le 60°$。試選出正確的選項。

   (1) $\sin A < \sin B$

   (2) $\sin B < \sin C$

   (3) $\cos A < \cos B$

   (4) $\sin C < \cos C$

   (5) $\overline{AB} < \overline{BC}$

◆解析：

   由 $50° \le \angle A < \angle B \le 60°$ 得到 $100° \le \angle A + \angle B \le 120°$

則 $60° \le \angle C \le 80°$ 因此三角形 ABC 為銳角三角形，且 $50° \le \angle A < \angle B < \angle C \le 80°$

   其次要知道三角函數（$\sin$ 和 $\cos$）在第一象限角的大小關係，$\sin$ 函數在第一象限為遞增函數，其函數值從 $0°$ 到 $90°$ 逐漸變大，$\cos$ 函數則為遞減函數；因此選項 (1)(2) 正確、(3) 錯誤，且因為 $\angle C > 45°$，$\sin C$ 會大於 $\cos C$，(4) 亦錯誤；最後選項 (5) 可以使用大角對大邊的觀念得到 AB 邊大於 BC 邊。（答：(1)(2)）

二、基本概念的延伸和變化

110 學測單選題

5. 設 $f(x)$ 為實係數三次多項式函數，滿足 $(x+1)f(x)$ 除以 $x^3 + 2$ 的餘式為 $x + 2$。若 $f(0) = 4$，則 $f(2)$ 的值為下列哪一個選項？

   (1) 8   (2) 10   (3) 15   (4) 18   (5) 20

◆解析：

這題考的是多項式的除法原理，首先要根據題目所述寫出

$(x+1)f(x) = (ax+b)(x^3+2) + (x+2)$

代 $x=0$ 得 $f(0) = b \times 2 + 2 = 4$，代 $x=-1$ 得 $0 = (-a+b) \times 1 + 1$，

由這兩式以解出 $a=2; b=1$ 最後代入 $x=2$ 即可求出 $f(2)=18$。（答：(4)）

109 學測單選題

7. 坐標平面上，函數圖形 $y = -\sqrt{3}x^3$ 上有兩點 P,Q 到原點距離皆為 1。已知點 P 坐標為 $(\cos\theta, \sin\theta)$，試問點 Q 坐標為何？

(1) $(\cos(-\theta), \sin(-\theta))$

(2) $(-\cos\theta, \sin\theta)$

(3) $(\cos(-\theta), -\sin\theta)$

(4) $(-\cos\theta, \sin(-\theta))$

(5) $(\cos\theta, -\sin\theta)$

◆解析：

這題看起來是一題關於三角函數正負性質的題目，不過若仔細觀察題目，$y = -\sqrt{3}x^3$ 為一個對原點對稱的奇函數，因此若點（a,b）在此圖形上，則點（-a,-b）也一定在圖形上，即可判斷答案為 $(-\cos\theta, -\sin\theta)$，但是並沒有這個選項，這邊我們可以透過 $\sin(-\theta) = -\sin\theta$ 的性質，判斷答案為 (4)。

109 學測單選題

6. 連續投擲一公正骰子兩次，設出現的點數依序為 a,b。試問發生 $\log(a^2) + \log b > 1$ 的機率為多少？

(1) $\dfrac{1}{3}$　　(2) $\dfrac{1}{2}$　　(3) $\dfrac{2}{3}$　　(4) $\dfrac{3}{4}$　　(5) $\dfrac{5}{6}$

這題結合對數 log 和機率的概念，實際上的重點是對數的部分，以及如何在兩次隨機 1, 2, 3, 4, 5, 6 的組合中列出所有符合要求的可能。這種題目的列舉過程一定要有邏輯依序列出。$\log(a^2)+\log b>1$ 可以藉由對數律寫成 $\log(a^2 \times b)>1$，則可知 $a^2b>10$，所有的 (a,b) 組合有 (2,3), (2,4), (2,5), (2,6), (3,2), (3,3), (3,4), (3,5), (3,6), (4,1), (4,2), (4,3), (4,4), (4,5), (4,6), (5,1), (5,2), (5,3), (5,4), (5,5), (5,6), (6,1), (6, 2), (6,3), (6,4), (6,5), (6,6)，$\dfrac{27}{36}=\dfrac{3}{4}$。（答：（4））

三、進階幾何題

110 年學測選填 F

F. 如圖，機器人在地面上從一點 P 出發，按照以下規則移動：先朝某方向前進一公尺後，依前進方向逆時針旋轉 45°；朝新方向前進一公尺後，依前進方向順時針旋轉 90°；再朝新方向前進一公尺後，依前進方向逆時針旋轉 45°；再朝新方向前進一公尺後，依前進方向順時針旋轉 90°，……，以此類推。已知機器人移動的路徑會形成一個封閉區域，則此封閉區域的面積為_____平方公尺。（化成最簡根式）

◆解析：

這題的重點在於能夠看得出來，持續以相同方式移動後所形成的圖形是什麼形狀，再找到方便計算面積的小部分，累積後得到整個圖形的面積。題目給的圖形形狀似乎很不規則，但是如果根據題目所述，P 點所在的角應該

會是一個直角，合併圖形右上方出現的直角一起判斷，則這個圖形繞一圈後會類似兩個正方形旋轉 45 度後的相疊，只要能做到這一步，相信面積的計算會變得非常容易。（答：$8 + 4\sqrt{2}$）

G. 設計師為天文館設計以不銹鋼片製成的月亮形狀，其中有一款設計圖如右圖所示：圖中，圓弧 QRT 是一個以 O 點為圓心、$\overline{QT}$ 為直徑的半圓，$\overline{QT} = 2\sqrt{3}$。圓弧 QST 的圓心在 P 點，$\overline{PQ} = \overline{PT} = 2$。圓弧 QRT 與圓弧 QST 所圍出的灰色區域 $QRTSQ$ 即為某一天所見的月亮形狀。設此灰色區域的面積為 $a\pi + \sqrt{b}$，其中 π 為圓周率，a 為有理數，b 為整數，則 $a=$（化為最簡分數），$b=$。

◆解析：

　　本題測驗的是圖形面積的相加減計算，看似困難，只要仔細思考各區域之間的關係便可輕鬆作答。QRT 是一個半圓，而 QPTS 是一個以 P 點為圓心的扇形。新月形的面積等於半圓 QRT 減掉弧形 QST，而 QST 之面積可以用扇形 QPTS 減掉三角形 QPT 來求得。(答：$a = \dfrac{1}{6}$，b=3)

四、混合題型

　　混合題型是 111 年學測的新題型，過去的學測數學僅有單選題、多選題、

選填題，指考數學才有計算題的部分，而新課綱在學測中就有混合題型，通常包括一題選擇題及一題計算題（非選擇題），由下方 111 年學測考題為例，19、20 兩題計算題各占 6 分，配分非常重。非選擇題需注意的重點如下：

1. 字跡務必端正，方便改考卷老師閱讀。

2. 不要跳步驟，每一條式子之間的變化都要清楚地交代。

3. 所有要假設的未知數或任何符號都要清楚記錄。

111 學測數 A 混合題或非選擇題

◎ 18-20 題組

坐標平面上有一環狀區域由圓 $x^2 + y^2 = 3$ 的外部與圓 $x^2 + y^2 = 4$ 的內部交集而成。某甲欲用一支長度為 1 的筆直掃描棒來掃描此環狀區域之 x 軸上方的某區域 R。他設計掃描棒黑、白兩端分別在半圓 $C_1 : x^2 + y^2 = 3$ $(y \geq 0)$、$C_2 : x^2 + y^2 = 4$ $(y \geq 0)$ 上移動。開始時掃描棒黑端在點 $A(\sqrt{3}, 0)$，白端在 C_2 的點 B。接著黑、白兩端各沿著 C_1、C_2 逆時針移動，直至白端碰到 C_2 的點 $B'(-2, 0)$ 便停止掃描。

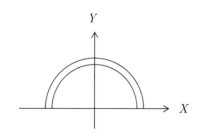

18. 試問 B 點的坐標為下列哪一選項？（單選題，3 分）

(1) $(0, 2)$　　　(2) $(1, \sqrt{3})$　　　(3) $(\sqrt{2}, \sqrt{2})$　　　(4) $(\sqrt{3}, 1)$　　　(5) $(2, 0)$

◆解析：

　　點 A 為 $\left(\sqrt{3},0\right)$，點 B 落在半徑 2 的大半圓上，可以設其坐標為 $\left(a,b\right)$

　　AB 距離為 1，因此根據兩點間距離公式

　　$(a-\sqrt{3})^2+(b-0)^2=1^2$ 展開得 $a^2-2\sqrt{3}a+3+b^2=1$

　　$a^2+b^2=4$　代入上式，得到

　　$-2\sqrt{3}a=-6，a=\sqrt{3}$

　　由　$a^2+b^2=4，b=\pm 1$（負不合），因此　$b=1$

　　$B=(\sqrt{3},1)$　答案選（4）

19. 令 O 為原點，掃描棒停止時黑、白兩端所在位置分別為 A',B'。試在答題
卷上作圖區中以斜線標示掃描棒掃過的區域 R；並於求解區內求 $\cos\angle OA'B'$
及點 A' 的極坐標。（非選擇題，6 分）

◆解析：

　　區域 R 如下所示：

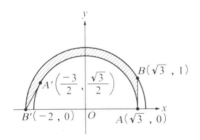

此時 $B'=(-2,0)$，設 $A'=(c,d)$，位在半徑為 $\sqrt{3}$ 的小半圓上

$A'B'$ 距離為 1，因此根據兩點間距離公式

$(c+2)^2+(d-0)^2=1^2$ 展開得　$c^2+4c+4+d^2=1$

$c^2 + d^2 = 3$ 代入上式，得到 $4c = -6, c = -\dfrac{3}{2}$

由 $c^2 + d^2 = 3$，$d = \pm\dfrac{\sqrt{3}}{2}$，（負不合），因此 $d = \dfrac{\sqrt{3}}{2}$

$A' = (-\dfrac{3}{2}, \dfrac{\sqrt{3}}{2})$

$\overline{A'B'}$ 之長度為 1，$\overline{A'O}$ 之長度為 $\sqrt{\left(-\dfrac{3}{2}\right)^2 + \left(\dfrac{\sqrt{3}}{2}\right)^2} = \sqrt{3}$

觀察 $\triangle OA'B'$ 可以發現 $\overline{OA'} = \sqrt{3}, \overline{OB'} = 2, \overline{A'B'} = 1$，三者為 $1:\sqrt{3}:2$ 的關係，

可以知道 $\angle OA'B' = 90°$，因此 $\cos\angle OA'B' = 0$

點 A' 位於從 x 軸正向逆時針旋轉的 $150° = \dfrac{5}{6}\pi$，而 $\overline{OA'} = \sqrt{3}$ 因此點 A' 的極坐標為

$[\sqrt{3}, \dfrac{5}{6}\pi]$，或寫 $[\sqrt{3}, 150°]$ 亦可。

答：$[\sqrt{3}, \dfrac{5}{6}\pi]$ 或 $[\sqrt{3}, 150°]$

20.（承 19 題）令 Ω 表示掃描棒在第一象限所掃過的區域，試分別求 Ω 與 R 的面積。（非選擇題，6 分）

◆解析：

見右圖

(1) Ω 表示第一象限的斜線區域面積

由 $\overline{OA} = \sqrt{3}, \overline{AB} = 1, \overline{OB} = 2$ 可知 $\angle AOB = 30°$

Ω ＝扇形 OBE 面積＋$\triangle$OAB 面積－扇形 OAD 面積

$= \dfrac{1}{2} \times 2^2 \times \dfrac{\pi}{3} + \dfrac{1}{2} \times \sqrt{3} \times 1 - \dfrac{1}{2} \times \sqrt{3}^2 \times \dfrac{\pi}{2} = \dfrac{\sqrt{3}}{2} - \dfrac{\pi}{12}$

(2) R 表示一、二象限內的斜線區域面積

第二象限內的面積＝第二象限的環狀帶－（$\triangle OA'B'$ 面積－扇形 $OA'C$ 面積）

$$= \frac{1}{2} \times \frac{\pi}{2} \times \left(2^2 - \sqrt{3}^2 \right) - \left(\frac{1}{2} \times \sqrt{3} \times 1 - \frac{1}{2} \times \frac{\pi}{6} \times \sqrt{3}^2 \right) = \frac{\pi}{2} - \frac{\sqrt{3}}{2}$$

第一象限面積＋第二象限面積

$$R = \left(\frac{\sqrt{3}}{2} - \frac{\pi}{12} \right) + \left(\frac{\pi}{2} - \frac{\sqrt{3}}{2} \right) = \frac{5\pi}{12}$$

我認為這是 111 年學測數 A 最困難的一題！牽涉到的觀念涵蓋了圓的方程式及參數式、極坐標、面積計算等。題目的敘述（黑、白端）尤其不易理解，也容易混淆。第 18 題計算 B 點的坐標，要先假設坐標，再用方程式求解，19 題及 20 題是 111 年學測數 A 唯二的非選擇題，其計算尤其複雜，首先以斜線標示掃描棒掃過的區域，就是一大難點，若成功畫出來後，會發現這個區域是一個很不規則的形狀，接下來第 20 題求面積則需要用許多圖形的相加或相扣才能求得，一不小心就可能計算錯誤，算是一題需要謹慎作答的題目。

這是新制學測數 A 第一次出現的計算題，推測未來每年可能都會有一至兩題較複雜的計算，面對這種題目切記不要心慌，仔細分析題目的每一個條件之間有何關係進而耐心求解。

◎ 18-20 題為題組

瘦長的塔因為年代久遠，塔身容易傾斜。在下方右圖中，以粗黑線條代表塔身，而塔身的長度稱為塔高，塔身與鉛直虛線的夾角 $\theta°$ 稱為該塔的傾斜度($0 \leq \theta < 90$)，又塔頂至鉛直虛線的距離稱為該塔的偏移距離。

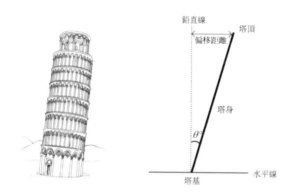

18. 已知世界上傾斜度最高的摩天大樓坐落於阿布達比，其傾斜度達到 18°。此傾斜度換算成弳（或弧度）為下列哪一個選項？（單選題，5 分）

$(1)\dfrac{\pi}{36}$ $(2)\dfrac{\pi}{18}$ $(3)\dfrac{\pi}{20}$ $(4)\dfrac{\pi}{10}$ $(5)\dfrac{\pi}{8}$

◆解析：

　　這題考的是課本最基本的概念，$2\pi = 360°$

因此 18° 以弧度來表示為 $2\pi \times \dfrac{18°}{360°} = \dfrac{\pi}{10}$

19. 中國虎丘塔、護珠塔與義大利的比薩斜塔是三座著名斜塔，它們的塔高分別為 48、19 與 57（公尺），偏移距離分別為 2.3、2.3 與 4（公尺），塔

的傾斜度分別記為 $\theta_1°$、$\theta_2°$ 與 $\theta_3°$。試比較 $\theta_1°$、$\theta_2°$ 與 $\theta_3°$ 三數的大小關係。（非選擇題，4 分）

◆解析：

根據示意圖 $sin\theta = \dfrac{偏離距離}{塔身}$

$sin\theta_1 = \dfrac{2.3}{48}, sin\theta_2 = \dfrac{2.3}{19}, sin\theta_3 = \dfrac{4}{57}$

可知 $sin\theta_2 > sin\theta_3 > sin\theta_1$

當 θ 為銳角時，θ 與 $sin\theta$ 成正相關，因此 $\theta_2 > \theta_3 > \theta_1$

答：$\theta_2 > \theta_3 > \theta_1$

20. 假設有塔高相等的兩座鐵塔，它們的傾斜度 $\alpha°$，$\beta°$ 分別滿足 $sin\,\alpha° = \dfrac{1}{5}$ 與 $sin\,\beta° = \dfrac{7}{25}$。已知兩座鐵塔的偏移距離相差 20 公尺，試求它們的塔頂到地面之距離相差多少公尺。（非選擇題，6 分）

◆解析：

設塔高為 x

前者的偏移距離為 $\dfrac{1}{5}x$，後者的偏移距離為 $\dfrac{7}{25}x$

則 $\dfrac{7}{25}x - \dfrac{1}{5}x = 20, x = 250$

塔頂到地面的距離為塔身 $\times cos\theta$

$cos\alpha = \dfrac{2\sqrt{6}}{5}, cos\beta = \dfrac{24}{25}$

因此兩者的距離差為 $250 \times \left(\dfrac{2\sqrt{6}}{5} - \dfrac{24}{25} \right) = 100\sqrt{6} - 240$ 公尺

答：$100\sqrt{6} - 240$ 公尺

我看 111 年學測數學考卷

一、難倒一堆好漢的「學測數學 A」

111 年學測的數 A 題目確實較困難,難度等級比起 106 年及 110 年學測不僅不遑多讓(這兩屆也是有名的難),甚至各題目的平均難度還超出上述兩屆。以下是我整理各單元的分析,但要提醒的是,難易程度是個人的主觀評價。

108 課綱的數 A 課程,增加了期望值、三次多項式函數性質、三角函數圖形與疊合、及矩陣線性變換等內容,但本次學測數 A 中,僅有期望值及三次多項式函數性質有出題,而三角函數圖形及矩陣線性變換等章節沒有出題。

本次較為困難的是多項式函數(包含三次函數)及混合題的部分,必須要細心沉穩的思考才能作答,而一般幾何題目(包括平面上直線方程式、平面向量、空間向量)等章節,雖不致非常困難,然而大部分需要一定的計算及分析。相對的高一範圍,如排列組合、對數、數據分析的題目較為容易。

從本次考試已經可以看出,將數學拆分為數 A 及數 B 的目的之一,即是為了能夠鑑別出高分群,以避免過多學生滿級分造成篩選不易,從結果論而言,這一年數 A 得到 15 級分與 14 級分的人數皆不到八百人,甚至 15 級分的人數僅占考生的 0.99%,連用來計算分數級距的前 1% 考生,都有人沒有拿到 15 級分,可謂前所未見。

可以想像,未來數 A 可能會朝向較困難的趨勢(也因此之前有補教界表示,考題沒有最難只有更難)。

二、比較平易近人的「學測數學 B」

數 B 相較數 A 則平易近人許多,只要掌握公式即可作答的簡單題目不少,而一些中等難度的題目,實際上只是需要稍微繁雜的計算。建議只需要考數 B 而不用考數 A 的同學,要把重心放在熟悉課本或講義的基本題目,把最基本的概念和公式弄懂,不需要花費太多時間鑽研刁鑽的難題,把握基本題就能拿到高分。

111 數 A 考題範圍

單選題	難易程度	章節
1	易	排列組合
2	中	對數
3	易	數據分析
4	中	對數
5	中	貝氏定理
6	易	平面直線
多選題		
7	中	不等式
8	中	三角函數
9	難	向量線性組合
10	難	多項式函數（三次）
11	中	立體圖形、三角函數
12	難	多項式函數
選填題		
13	易	期望值
14	中	三次方程式、矩陣
15	中	三角函數
16	中	空間向量
17	中	空間向量、求極值
混合題		
18	中	極坐標
19	難	極坐標、向量內積
20	難	幾何圖形面積

111 數 B 考題範圍

單選題	難易程度	章節
1	易	絕對值不等式
2	易	週期性變換推理
3	中	排列組合
4	中	向量、對數運算
5	易	矩陣運算
6	中	弧長、經緯度
7	中	數線
多選題		
8	中	平面上的直線
9	中	三次函數性質
10	中	數據分析
11	中	向量內積
12	易	二次方程式
選填題		
13	中	指對數函數
14	易	向量內積
15	易	條件機率
16	中	排列組合與機率
17	中	排列組合
混合題		
18	易	弧度制
19	易	三角函數
20	中	三角函數

社會科

跨領域整合為王

　　我高中時雖然選擇自然組，然而國中時社會科是我最強的科目，甚至到了高中，它一直都是幫我在段考拉高分數的重點科目。

　　選組制度將學生一刀切，自然組與社會組涇渭分明，很容易造成刻板印象，大家總認為選自然組的人邏輯理解力比較好、對數字比較敏銳，而社會組的人則是「很會背」，但我想這僅是體制下的粗略區隔。其實許多文組科系，如中文系、法律系、哲學系都十分注重邏輯能力，只是思考方向跟理工科的路徑不同，他們更需要批判性思考的思辨力，以及學習如何從文本中擷取資訊加以分析。

　　再來看所謂的理組或自然組，如果你選擇理工類科系，如電機、資訊、工程，最重要的能力是邏輯思維，但如果偏好生命科學或醫學相關科系，如生命科學、醫學、藥學、醫事檢驗等，其實你反而要比文組的學生更會背、更會記，因為這類科系非常非常需要背誦能力！

　　我們在高中時即使是自然組也要學滿四個學期的社會科（當時學測是 75 級分制），而 108 課綱強調適性揚才，引入學群（班群）的概念，選課也更多元。我個人則認為中學階段屬於基礎學科，能學得更多元、更全面並沒有不好，不論考試科目，學好社會科可訓練思辨能力，是培養通才的重要基礎。

同屬社會家族，讀法有差異

國中的社會課程設計分為歷史、地理、公民與社會等三科，且一直延伸到高中，但無論是會考或學測，這三者都是合在一起考試，近年來的趨勢是社會科的跨科整合越來越受重視，考驗統整能力的整合題型也越來越多。

整體來說，歷史科的課程安排傾向略古詳今（也就是古代的部分被濃縮了），空間推移由近及遠，分為臺灣史、中國（東亞）史和世界史三大部分，強調區域間的互動。國中的教材相對單純，大致是以時間為序列的通史架構；高中則依時序加上主題導向，透過歷史資料的閱讀和分析，更深入探討不同地區的政治、社會、產業、文化、人口流動等議題。

地理科的國中課程，分為「基本概念與臺灣」、「區域特色」與「地理議題」，探討人類活動和自然環境之間的互動；高中的部分則區分為「地理技能」、「地理系統」、「地理視野」等核心素養。

公民與社會科在國中和高中有四大學習主題：「公民身分認同及社群」、「社會生活的組織及制度」、「社會的運作、治理及參與實踐」以及「民主社會的理想及現實」。國中學習較淺顯的概念，高中則更深入的探討每個主題的內涵。

有些孩子不喜歡社會科是因為不愛背書，但其實社會科的學習，要以思考、整理和記憶並重。要記得凡事都有因果和脈絡，**思考、比較**，**再記憶**，**絕對比傻傻的狂背年代和順序來得有效果**。不過雖然這三科被歸類在同一個考科，但是學習和考試方法不盡相同，以下就分別來談談這三科的讀書策略。

▶地理科：貼近生活，自然人文並重

108 課綱的地理課程設計「立足台灣，放眼世界」，強調台灣與世界的關聯與問題，例如新住民、南島語族等議題，亦更為注重世界各區域的聯結。與舊課綱相比有些微調整，但細看並沒有太大變化，只有部分內容稍微簡化。我們就以高中地理課程的「地理技能」、「地理系統」、「地理視野」這三個部分為例。

地理技能：包括地理學的研究方法、地理資訊系統和地圖。地圖技能的學習可謂地理科最重要的部分，要了解地圖的繪製方式和邏輯，才能正確理解圖表所要表達的概念。

地理系統：包括地形、氣候等自然地理學概念，主要在描述和解釋地表上自然景觀的變化，以及人口、交通、聚落、都市、產業、世界體系等人文地理學概念，主要在解釋人的行為和選擇，對於土地的影響及所形成的空間差異。值得注意的是「世界體系」是 108 課綱新增章節，探討區域互相依賴與不平等交換、擴散與反吸、核心－半邊陲－邊陲體系等區域發展的重要概念。

上述這兩大主題合在一起就是「通論地理」，以宏觀的角度來解釋地表各種自然和人文現象，通常高一上學期的內容涵蓋地理技能和自然地理，而高一下學期則以人文地理為主。

地理視野：包括東南亞、紐澳地區、伊斯蘭世界、歐洲文明、美國、南方區域等區域地理的介紹。通常會再次提及各區域的自然環境特色，再由此引出產業經濟發展、人口流動、區域整合等主題。相較於舊課綱，篇幅大幅縮減。

平時準備，你可以掌握的事

一、圖片：絕對是精髓

學地理的核心精神就是圖片！尤其以**示意圖**及**地圖**最為重要。

許多人在看課本時會自動忽略旁邊的示意圖，以為那些只是附帶的插畫，但千萬不要對課本的圖片視若無睹，上面有很多考試重點呢！**地理的一張圖片，常能表達比文字更多更豐富的內容**；即使不是複雜的示意圖或分布圖，課本照片的圖說往往也會是課文的佐證或重點濃縮。例如在地形的章節可能有冰河地形、石灰岩地形等地表景觀的描述，你要搞懂它們的特徵和成因，第一個重點是課本要看，上面一定有完整示意圖，畫得比自修更清晰，這些圖不是為了美化版面而放，**每一張都有其知識點**，預習時先看大範圍大方向，複習時則要仔細詳讀圖片的說明文字。當然最好的方法是自己動手畫一次，一方面可加深印象，另一方面在標示時就可思考造成這些現象的連帶知識。

地圖是地理學的核心，比起純文字，地圖更能清楚的闡釋許多現象在地表上的「空間分布」，例如全球的行星風系圖、洋流分布圖、產業結構分布、人口分布等。

記得要「**由小見大、由近看遠**」，從區域的「點」一路放大，比對到更廣闊的「面」去擴展整合，例如洋流分布圖，若只有看太平洋的洋流，很難理解全球不同區域的洋流模式，要同時比對觀察全球洋流系統，跟著氣候類型一起背、一起理解，你就能了解什麼地方會有暖流，什麼地方會有涼流，為什麼北半球的洋流主要是順時針方向，南半球的洋流主要是逆時針方向，這些洋流流向又怎麼影響局部地區的氣溫和降雨。融會貫通了，自然就不容易忘記。

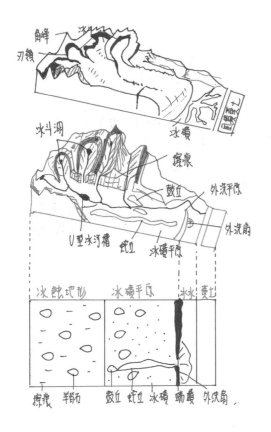

★冰河地形非常複雜，有時候考試會用立體地形圖考結構問題，有時候又使用平面圖，只因為題目的表述方式和課本不同，我們就突然不會寫！所以我把冰河地形重新思考並繪製一次，並盡量不遺漏圖中要表達的細節如擦痕、羊背石等。

高地氣候

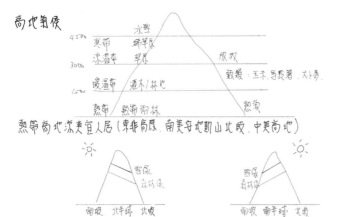

熱帶高地涼爽宜人居（東非高原．南美安地斯山北段．中美高地）

★氣候垂直變化的部分主要是探討不同海拔高度的溫度、濕度、植被的差異比較，然而考題常常出現的陷阱是有時問南半球，有時問北半球。可以很簡單的整理成小圖示，也提醒自己在考試要注意題幹。

二、成因：「前世今生」都很重要

有想過為什麼地理那麼複雜、為什麼地球上的地表景觀有萬種風貌？還是你只是單純去記「某一國有哪些高低地形」或「某一國有哪些經濟作物」？

四季的變化成因，會受地球自轉軸的偏離所牽動，而地球自轉所造成的行星風系，又連帶造就不同緯度的風向和降雨，導致天差地遠的地貌與地景特色。再加上陸地和海洋的分布，洋流的流向與地形的影響，又產生更加細微的區域自然環境變化。

學地理必須把**自然景觀和人文景觀**一起對照，二者環環相扣，大自然的條件會決定一個地區或國家第一級產業的生產模式、人口分布，甚至經濟發展的面向。

哪些國家擁有先天的自然資源優勢、哪些國家位在貿易繁盛中繼地、哪些國家因為獨特的氣候與地形發展出何種特別的產業？風土和人文之間息息相關，換句話說，你必須把前後學過的知識連帶對照，習慣同時將不同的示意圖統合比較，例如看某區域的氣溫雨量圖的時候，同時對照此區域的自然景觀帶、主要作物、以及都市與人口的分布，使用**疊圖分析**（把同一區域的不同圖排在一起對照）來學習，事半功倍，能建立起更完整的概念。

三、體驗：到不了的地方，就多看看別人的生活吧！

我認為地理是最貼近人們每天生活的學科，也因此對多數學生來說，有關台灣的單元相對容易學習，我們舉一個小例子：台北天氣濕冷，昨天下雨、今雨、明天還是下雨，但如果你要去台南旅行，卻不會忘記帶短袖和防曬用品。我們「習慣」並發展出對於台灣地理的「生活認知」，寫到台灣相關考題，自然不至於因為陌生而慌張。

有時間多看看多走走，體驗不同地區的風土人文環境，「行萬里路」絕

對是活學地理的最好方法；但世界上畢竟有太多地方我們一時半刻到不了，那麼每次學習一個地區的地理知識，不妨多找找網路照片或影片來輔助了解——看到當地人的穿著，可以想像當地氣溫；看到食物料理，可了解產業和作物。從生活中學地理，總會比硬梆梆的死背課本更生動、更有感。

　　整體來說，地理學著重在於**人與環境的關係分析**，大部分的理論和現象都有可以解釋的成因，通論地理的基礎要學得紮實（如地形、氣候、產業），再將這些概念套用到區域地理的範圍，進一步了解不同國家的歷史文化背景、自然資源、產業結構、乃至與鄰國的關係，自己依照脈絡去思考「前因」（例如自然環境）與「後果」（例如經濟活動、國際關係），許多課文單元的知識點就能串成一個多層次的網絡，無需硬背。

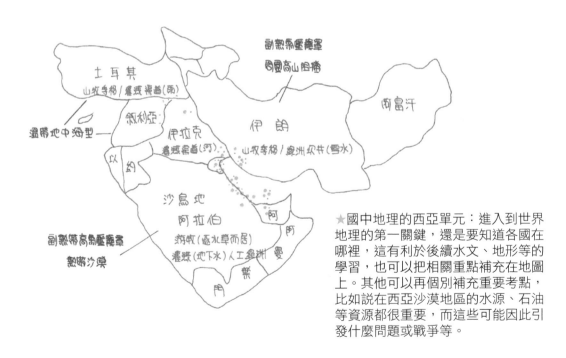

★國中地理的西亞單元：進入到世界地理的第一關鍵，還是要知道各國在哪裡，這有利於後續水文、地形等的學習，也可以把相關重點補充在地圖上。其他可以再個別補充重要考點，比如說在西亞沙漠地區的水源、石油等資源都很重要，而這些可能因此引發什麼問題或戰爭等。

一、西亞

位置 ——
- 歐、亞、非三洲的接觸地帶，交通的十字路口
- 東起帕米爾高原，西至地中海東岸

地形 ——
- 土耳其 — 安那托力亞高原 ⊓
- 伊拉克 — 美索不達米亞平原（精華區）
- 伊朗 — 伊朗高原 ⊓
- 阿拉伯 — 阿拉伯高原 ⊓（古陸塊）

氣候 ——
- 熱帶沙漠：乾熱少雨，上空副熱帶高氣壓籠罩，空氣下沈
- 溫帶地中海型：在黑海和地中海沿岸的小部份地區，夏乾冬雨西風

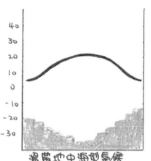
溫帶地中海型氣候

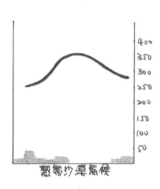
熱帶沙漠氣候

畜牧 ——
- 游牧（貝都因人）（現有許多改為定居放牧）
- 飼養駱駝、馬、牛、羊 —— 食、衣、住、行 —— 財富和社會地位的象徵

綠農 ——
- 沙漠地區地下水位接近地面的山麓沖積扇，水源豐富，植物終年生長，稱「綠洲」
- 水利設施興建，棉花種植興盛，椰棗、棉花、瓜果為主要貿易商品

石油 ——
- 西亞為全世界最大油田，占 2/3（波斯灣）（No.2 沙烏地阿拉伯，No.4 伊朗）
- 農牧業 石油 → 工商業

紛爭 ——
- 位置：歐亞非接觸帶，戰略地位重要
- 石油：強國重視和爭奪
- 信仰：多數西亞國家（伊斯蘭）vs. 以色列（猶太教）（以阿戰爭）
- 民族：以色列 vs. 巴勒斯坦
- 水源：以色列 vs. 約旦

國家 →
- 以色列
  - 猶太人為主，猶太教
  - 開發約旦河水利
  - 發展高科技農業及工業
- 土耳其
  - 地跨歐亞兩洲，控制黑海進出地中海的水道，有歐亞陸橋之稱

▶歷史科：縱橫古今中外，交互對應

　　歷史是我國中時期最有把握的科目之一，當時很幸運碰到年輕優秀的歷史老師，只要上課認真聽、課後將課本讀熟，考試基本上都可順利過關；然而進入高中以後，情況就變了，並不是老師教學風格的問題，而是我發覺高中歷史的教學模式與國中有非常顯著的差異。在章節的編排上，不只是時序，高中課程有更多依照主題將歷代制度做串聯比較的章節，細節也增加不少，考試題目的深度與廣度也大幅提升，不像國中，多半只是考課文出現過的內容，高中歷史的設計，會期待學生在課本內容的基礎上，有更多的思考，有能力聯結每個時代的制度、特色、影響。

　　歷史科是每一次課綱修訂時，各方意見的必爭之地。來看看 108 課綱高中歷史的大致編排：

　　台灣史：第一章討論原住民族，第二章討論台灣各個時期的移民，第三章討論台灣從清帝國到日本統治時期的政治制度，第四章討論中華民國政府遷台後的政治發展，第五、六章討論各時期的經濟制度，第七章討論文學、藝術發展與信仰等社會方面。

　　東亞史：第一、二章討論政治權威和國家統治，第三、四章討論從古代到近代，以中國為核心的東亞地區人群移動，第五章討論近代中國、日本、朝鮮、越南等國邁向現代化的挑戰和歷程，第六章討論第二次世界大戰和共產主義的發展。

　　世界史：第一章討論歐洲古典文化、基督教文明和文藝復興，第二章討論西方社會的宗教改革、啟蒙運動、社會變革、民主發展，第三章討論伊斯蘭教的發展，第四章討論歐洲國家的海外探險及世界互動，第五章討論兩次世界大戰和冷戰局勢，第六章討論反殖民運動和全球化等現代思潮。

　　從上述的概要，有以下觀察：

1. **略古詳今**：過去編年體的課綱多少都會提古代夏商周的政治、社會概況，而 108 課綱對於遠古時期的討論相對較少，而是將重點放在較為近代的歷史時期。

2. **打破傳統編年史的敘事方式，採取主題式教學**：國中歷史課程和舊課綱的高中歷史以編年史為主，例如先學完台灣在明鄭統治時期的政治、經濟、社會發展，再將時間推展到清領時期、日治時期，中國史的部分亦依照朝代的順序介紹。但新課綱的課程不一樣，依照主題內容，從古至今一以貫之的介紹，其好處是可以在短時間內整理中國歷朝歷代的人群移動和國家統治的脈絡演變；缺點在於時序概念變得較為模糊，以世界史為例，第二章的啟蒙運動及後續民主制度的確立，在時序上反而是在第四章前半（歐洲國家的海外探險）之後，必須釐清時間先後及相互之間的影響。

平時準備，你可以掌握的事

一、自己建立一張時間表

相較地理科是探討空間的學問，歷史處理的是時間的關係，因此無論現在課本如何編排，自己心中都一定要有一個「時間表」，將各種歷史事件依照時間排序，呈現出事件的演變，其因果關係也將更為鮮明。如果覺得新課綱教材以主題帶動的課程會讓你頭昏，也可上網找找以前舊課綱的參考書或講義筆記，用來搭配參照時間序，這對接下來要提的「橫貫比較」或「縱貫比較」都會有幫助。

★參考書多半會有時間軸的整理，自己看完後再整理列出重點，不必刻意背誦年代，當你自己寫過，對前後順序就更有印象。

法國史概要：時間朝代與政權變更
最早的原始人生活痕跡可上溯至距今約兩百萬年前的冰河時代
距今三萬年以上　舊石器時代：尼安德塔人、克羅馬農人（東南山區）
距今一萬年　中石器時代
距今約8000年　進入新石器時代（法國東部）

西元前5000-3000　巨石文化（布列塔尼及庇里牛斯山區）
　　　　　　　　　（延伸至北歐、東南歐，擴及範圍甚大）
西元前450起　塞爾特人移入、進入拉田（La Tène）文化時期
　　　　　　　　　（鐵器時代第二期）

西元前200起　羅馬人開始佔領高盧地區，在南部建立行省
西元前58　凱薩任「高盧行省總督」
西元前52　進入長達500年之羅馬的高盧時期

二、橫貫比較：同時間比對不同區域

在台灣史、中國（東亞）史、世界史的同心圓循環中，**同一個歷史時間點將會被重複三次**，東方的經濟會影響西方的發展，西方的科學技術也能反過來帶給東方世界新的衝擊。

準備大範圍考試時，在同一時間區段中，掌握世界各國的發展情況及大事非常重要，台灣史與中國史之間的聯繫比較緊密，因此還不會覺得太困難，但將東亞的近現代史與歐美的近現代史相互對照，就常被忽略。全球化讓世界更加密切，任何一處的風吹草動都可能影響全球的局勢，因此越是近代的歷史，就越要注意各地區的相互交流，而這也是考試中容易出現的考題類型。

例如十九世紀中後期，因為西方工業革命及新型政治制度的興起，工業生產力迅速提高，從而需要更多的原料產地和市場，地大物博、人口眾多的中國便成為了目標，而台灣也在這個歷史背景下展開現代化的建設。

　　不只如此，包括日本明治維新、中日甲午戰爭、第一次和第二次世界大戰，台灣、日本、中國等東亞地區扮演的角色，課本不一定有詳細敘述，但對於了解世界歷史發展脈絡卻是不可或缺的重點。

　　平時要多注意課本或講義中所附的時間表，再自行補充相關的知識點，例如下表，呈現從十九世紀末到二十世紀中葉台灣、中國（東亞）、西方的世界局勢，你自己也可做一次比較表，去對照不同地區的歷史發展，或以此表為基礎，自行補充各事件的後續影響。

年份	台灣	中國（東亞）	西方世界
1894 年		中日甲午戰爭	
1895 年	台灣、澎湖割讓日本，進入日治時期	馬關條約	
1896 年	六三法頒布		
1900 年		八國聯軍	
1904 年		日俄戰爭	
1905 年	第一次戶口調查		
1908 年	西部縱貫鐵路完工		
1911 年		辛亥革命	
1912 年		中華民國建立	
1914 年			第一次世界大戰開始
1915 年	西來庵事件	袁世凱接受二十一條要求	

年份	台灣	中國（東亞）	西方世界
1917 年			俄國十月革命，蘇聯成立
1918 年			第一次世界大戰結束
1919 年	進入內地延長主義時期	五四運動	巴黎和會召開
1926 年		北伐戰爭	
1930 年	日本南進政策，工業台灣開始；霧社事件		
1931 年		九一八事變	
1934 年	日月潭發電所成立	中國共產黨軍隊長征	
1936 年		西安事變	
1937 年	進入皇民化政策時期	盧溝橋事變，日本全面侵華	
1939 年			德國、蘇聯瓜分波蘭
1943 年			開羅會議
1945 年			第二次世界大戰結束，德國、義大利、日本戰敗；雅爾達會議

三、縱貫比較：同地區比對不同時間

除了同時期做不同地區的比較，同一個地區的**不同時間比較法**也非常重要。這亦是過去歷史教材最常出現的編撰邏輯，例如中國各朝代的興起和滅亡背景，都有相似和相異之處，各王朝的政治制度、經濟制度、文化發展、滅亡原因等，都是可以比較整理的重點。縱向的比較有利於釐清時代的差異、興衰因果，其實也更容易記憶。

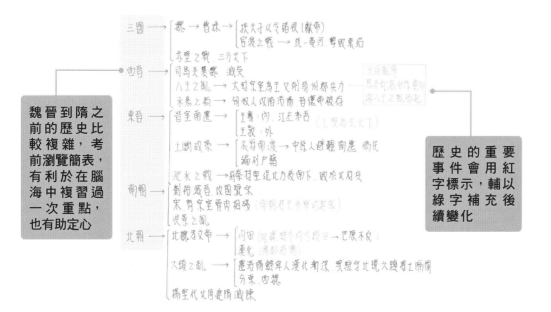

魏晉到隋之前的歷史比較複雜，考前瀏覽簡表，有利於在腦海中複習過一次重點，也有助定心

歷史的重要事件會用紅字標示，輔以綠字補充後續變化

四、高分的關鍵：像賓果一樣交叉比對

前面是多數人都會使用的方法，但最後一個比較法我認為更重要，這是可以鑑別出「頂尖分數」和「不錯分數」的細膩型考題。

可別和前面的第三項搞混了，舉例來說，前面比較的是「宋元明清的耕田制度」，但進階版是，你先比較**「在宋代的時代背景下，耕田、稅賦、兵役制度之間如何受到國家政治、自然環境、人口增長等因素影響，彼此之間又是如何互相影響？」**；再進一步看**「那它的前後朝代又是什麼情況呢？其他更遠的朝代，制度又是如何呢？」**。

政策與制度會因不同年代的自然、人文、風俗而有所改變，這一切都息息相關，若能連結前因後果，細節便不會太難釐清，也不會在考試的時候選到前後互相矛盾的選項。

例如下頁表，主軸是中國歷代的土地制度，比較不同時期的差異是基本功，但不妨自己再延伸結合政權更迭、人口移動、社會風氣或其他變遷對應比較。

時代	耕田、賦役制度	解析
西周	井田制	由八塊私有土地包圍著中間的公有土地，私田收入歸農民，公田收成則上繳貴族
春秋	初稅畝	公私田均按畝繳稅
戰國	廢除井田制	背景為商鞅變法，獎勵耕種
新莽	王田制	為解決土地兼併問題，將土地收歸國有，再進行分發
西晉	占田制　戰亂▶大量流民	限制土地最大擁有值，防止土地兼併
北魏	均田制	分配田地，增加稅額
隋	租庸調　▶提升稅收　▶均田制	租：田賦（每年繳交粟 2 石） 庸：力役（每年服役 20 日） 調：地方特產（棉、麻等）
唐朝前期	均田制＋租庸調法	掌握戶口，以穀物納稅，並要求人民服勞役
唐朝中後期：安史之亂	兩稅法　戶籍混亂	一年兩次徵稅；課稅對象由人丁轉向土地，並以錢計算
宋	按地畝繳＋兩稅法	承認土地私有
宋：王安石變法	青苗法、免役法	政府開辦低利貸款，春耕借，秋收還；以錢財雇傭人民服勞役
明：張居正變法	一條鞭法	將繁多的稅收（田賦、力役、雜稅）統一成一項；白銀納稅（沒土地不用繳田賦，工商發展）
清	攤丁入畝	永不加賦，徵收資料集中在土地上

法律上確立土地私有 ▼ 造成土地兼併多流入豪強

春秋戰國 ▼ 戰亂頻繁 ▼ 商鞅變法 ▼ 編戶齊民 ▼ 政府可深入基層管理

避免逃稅

宋▶冗官、冗民多，造成財政負擔▶王安石變法▶增稅收

時代	戶籍制度	解析
西周	無	
春秋戰國	編戶齊民	編戶：所有人納入戶籍 齊民：人人有相同的法律地位
兩漢	三年一造	含戶主名、性別、地址、年紀等三年上計一次
東晉	僑州郡縣	為安置南下移民，給予部分免除賦稅的特權
南朝	土斷制	將移民編入戶籍，原本為了安撫，後來逐漸發展出自身產業、土斷
隋	漢魏鄉里制	100 家＝里、 500 家＝鄉
	貌閱	資料由人民自行申報，官府會派人查閱
唐	過所制度	遠行需有官方過所文件 ←
宋：王安石變法	保甲法	每戶有兩丁以上者，須出一丁做保丁，平時耕種、戰時入伍（民兵制）
元明	戶計制度	部分戶口的職業、身份代代世襲

讀國中歷史，複習時不妨把大部分力氣放在課本，因為考題無論長短，敘述方式大多直截了當，很少會拐彎抹角埋陷阱，頂多是各事件先後順序的排列、或事件影響後續的比較，即使是題組也不至於太複雜，多數是把課文中的事件置入一個情境裡，課本念得夠熟，看到題目就能更快聯想出是以哪一段歷史為背景。另一方面，當你做測驗時，要多練習從題目敘述或題幹中找出關鍵線索，回想考試範圍有提過哪些事件。

　　到了高中，考題的難度明顯提升，題目敘述不再簡潔直白（簡單來說，有點考驗你的國文能力，很多敘述要想了再想），題幹也不是簡單的問句，更多是提供一大段背景描述，要求你判斷這是屬於哪一個年代或哪一個地區的情況，**因此還得具備基本的古文閱讀能力**，若看得一頭霧水，即使把課本讀得滾瓜爛熟也是不夠的。

　　另外，高中歷史課程也期待學生對於事件有更深層次的理解，除了熟悉課文中的關鍵事件，最好可以全面描述出一個時代的政治背景、經濟情況、人民生活、文化發展等層面，知其然、知其所以然，還要進一步知其交互影響，否則很容易掉入題目的陷阱。

▶公民與社會科：專有名詞是關鍵

高中的公民與社會大致分為四個主題：政治、法律、經濟與其他主題，內容大致如下：

政治學的重點在於「**比較**」，例如中央和地方政府的職權、各國政治制度（如內閣制、總統制、半總統制）、政務官和事務官的差異、議會選舉並立制和聯立制的差異、各個國際組織之運作和功能。

法律的學習重點在於**認識大小層級的法律**，包括憲法、民法、刑法、行政法等法律的相關規定和運作方式，以及與我們的生活有何相關。

經濟學的重點在**消費者與生產者、個人與國家等的互動關係**，經常以圖表來解釋觀念。切記要多了解圖表的橫座標、縱座標、直線交點、各區域面積的意義。

其他主題，如人的發展理論、媒體識讀、公共利益等，較沒有固定的模式，重點是了解每一個名詞之間的差異及其背後的概念，例如「社會運動」與「公民不服從」的差別？何謂「性別氣質」、「生理性別」、「性傾向」？何謂「多元文化」、「全球化」？

讀的時候要挑出**每個章節的關鍵字**，時時刻刻反問自己能否清晰闡述這些關鍵字的內涵，如果把書闔上還可以正確表達字詞概念，考試就不會有太大的問題，不至於被「每一個選項看起來都很像」的敘述搞混。

★專有名詞解釋的重點包括人、事、時、目的和手段。切記要把相似易混淆的名詞釐清。

第十二單元 刑法.紛爭解決機制
一.刑法意義.構成犯罪條件
罪刑法定主義 ⟶ ⎡禁止習慣法
　　　　　　　　 明確性原則
　　　　　　　　 禁止溯及既往 (從輕從舊)
　　　　　　　　⎣禁止類推適用

二.刑法的目的.類型
應報理論 ⟶ 以牙還牙
預防理論 ⟶ ⎡一般 (未犯罪人民)
　　　　　　⎣特別 (犯罪者)
處分 ⟶ ⎡主:徒刑.拘役.罰金
　　　　 從:褫奪公權.追繳.追徵.抵償
　　　　 沒收
　　　　 保安處分 (基於特別預防理論):感化教育.強制工作.保護管束
　　　⎣易刑:向被害人道歉.悔過書.社會勞動　訓誡

三.犯罪的追訴及處罰
↓
溯
偵查 ⟶ ⎡告訴.告發.自首
　　　　 檢察機關依《刑事訴訟法》搜索.扣押羈押
　　　⎣過程不公開
起訴 ⟶ ⎡公訴 ⟶ 檢察官　　　　　執行 ⟶ ⎡檢察官
　　　　 自訴 ⟶ 律師強制主義　　　　　　　　⎣6個月↓.聲請易科罰金.社會勞動
　　　　 不起訴 ⟶ (微罪不舉)
　　　⎣緩起訴 ⟶ 檢察官可訂 1~3年　　被告權益 ⟶ ⎡無罪推定.罪疑惟輕.偵查不公開
審判 ⟶ ⎡不告不理　　　　　　　　　　　　　　　 被告自白不得為惟-證據
　　　　 當事人主義　　　　　　　　　　　　　　 緘默權.律師辯護制度
　　　　 三級三審　　　　　　　　　　　　　　⎣上訴.補償
　　　　 公開審理
　　　⎣審檢分立 ⟶ ⎡法官:司法院
　　　　　　　　　　⎣檢察官:行政院法務部

平時準備，你可以掌握的事

一、搞清楚「專有名詞」

公民與社會涵蓋法律、政治等較為專業的領域，有許多名詞如果沒有刻意去記熟定義，很容易讓人混淆，而這些容易誤用的專有名詞正是考試的最愛。首先要把課本上看起來「有點熟又不太熟的詞彙」一個一個看懂，再將類似的詞彙放在一起理解，把「有點像又不是很像的詞彙」找出相似點與不同處，並且**舉例比較**，能做到這點，基本得分就不會太差。

比如說創制與複決在法律上如何規定，需要符合哪些條件？或以下表為例，你可以自己比較著作權、商標權、專利權各自代表什麼意思、在規定上有哪些比較大的差異？台灣與國際上有哪些著名的案例等等。

	著作權	商標權	專利權
定義	人類心智或精神所創作出來，能以人類感官認知的具體成果	營業商品或服務之表彰標誌，不限圖形、文字、記號顏色	新的物品、方法，對物品的構造、式樣等予以改造創新
保障	著作人格權、著作財產權	商品商標、證明標章服務標章、團體標章	發明專利、新型專利新式樣專利
法源	《著作權法》	《商標法》	《專利法》
罰則	民事、刑事	民事、刑事	民事
創作保障起始點	著作完成時	須註冊、經濟部智慧財產局核定、公告	先申請主義
保障期間	著作人生存期間至死亡後 50 年	10 年（可延展）	10 年、12 年、20 年（不可延展）

二、跳出同溫層，主動關注時事

　　公民的考題多變，而且毫無懸念必定會扣緊時事出題，平時要多閱讀國際新聞或科普文章以增廣見聞，因為科技的演變、經濟的進步，都會影響現有的政策與法制，比如說 111 年學測入題的範圍：原住民權利、選舉制度、法令公告原則等，平時若多多少少有看過相關新聞，這些詞彙就不會太陌生。同樣的，全球性問題也是準備考試的重點：同性婚姻、難民、全球暖化、新移民、疫情等，近幾年都有可能持續發展成考題。

三、看懂圖示，沒有一條線不重要！

　　公民有很大部分在談經濟，在國高中學到的經濟範疇還不至於太難，可以用繪圖輔助理解，雖然測驗題的問法很多元，但原則上基礎觀念都可以很簡單的在 x、y 軸上畫出來。例如下面的經典例子：高二會學到的供給曲線與需求曲線，這兩線的交點是均衡價格，從均衡價格的點畫一條水平線到縱軸，與需求曲線之間的面積就是消費者剩餘，與供給曲線之間的面積就是生產者剩餘。透過這張圖表可以了解當供給曲線與需求曲線變化時，需求價格以及生產者剩餘、消費者剩餘之間的變化。

　　一定要理解圖上每一條線的涵義，以及線與線中間的「面積」所代表的意義，不要嫌麻煩，把所有疑點搞清楚。提醒大家在繪圖時要盡可能抓準相對比例，在解題時就不會因為誤差而失分。

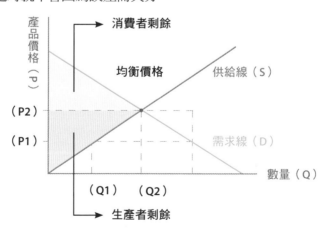

聰明考試的攻略

一、社會跨科整合題組

　　在大考中心所公布的111年學測社會科參考試卷中，前35題依序為公民、歷史、地理的分科題目，第36題以後則為混合題或非選擇題。混合題以題組的方式來呈現，會提供素材，可能是一篇文章、一份歷史資料、數張圖表、地圖等等的資訊呈現。

　　以參考試卷為例（僅為題目的摘要整理，並非完整的題組）：

1. 月經貧窮：包含選擇題和問答題（公民與社會）

2. 古巴危機兩份資料：考歷史材料的解讀，並分析當時國際間處於何種政治局勢（歷史）

3. 台灣在日治時代和中華民國政府遷台後的國語運動：考台灣各時期的語言政策（歷史）、國家政策的效果（公民與社會）、國語與其社會及經濟利益實際連結的例證（根據閱讀素材回答）、寫出兩項母語復振政策成效不佳的證據（根據閱讀素材回答）

4. 台灣女性勞動參與率、重大職場傷亡、第二級產業男女薪資、外資設廠：考外資選擇台灣投資設廠的考量（地理）、全球化下的跨國公司治理（公民與社會）

5. 蒙古海運路線圖：考當時大規模人群移動、物品交換與技術交流的背景（歷史）、忽必烈拓寬及開鑿運河的原因（歷史、閱讀素材）、中國往來東南亞的時間（地理季風氣候）

6. 咖啡傳入歐洲的時間、荷蘭人於海外種植咖啡：考早期咖啡飲用風氣的擴散方式（地理、閱讀素材）、飲用咖啡風氣擴散的原因（歷史）、何種氣候條件適合種植咖啡（地理）

　　可以發現素材種類非常多元，題目可能混雜選擇題和問答題、或混雜地理、歷史、公民與社會等科。問答題有時會限制字數，通常為10字或30字，

回答時記得不要超出字數限制。但也不必害怕，因為所有的問題都能夠從課本或所附的素材中找到答案。

二、整合題型舉例

111 學測選擇題

11. 某校歷史課進行「歐洲與非、美兩洲的交流」探究學習時，以一幅歐洲十七世紀流傳的蔗糖生產過程圖（圖2），說明當時蔗糖逐漸取代蜂蜜，成為歐洲人最重要的甜味來源。圖中糖廠最可能在何地區？

(A) 北非的阿爾及利亞　(B) 中美洲西印度群島　(C) 北美洲的紐芬蘭島　(D) 中部非洲剛果盆地

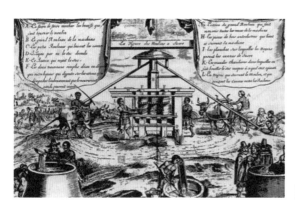
圖2

◆解析：

　　這題是很典型的跨科整合，又帶有思考意義的題目，通常課本中不會直接提到答案，但仔細思考應不困難。題目以十七世紀的全球交流作為說明，四個選項則是四個地區。我自己做題的思路是：甘蔗產地是熱帶溼潤氣候，因此：

(A) 選項的北非阿爾及利亞，絕大多數國土都被乾燥的撒哈拉沙漠覆蓋，只有北方地中海沿岸雨量稍多，但地中海型氣候也不是甘蔗的主要產區，況且大航海時代歐洲與非洲的交流地區是以非洲西南沿岸為主。

(C) 選項的紐芬蘭島緯度高、氣候寒冷，不可能是甘蔗產地。

(B) 和 (D) 都位於熱帶地區，但 (D) 剛果盆地位於內陸，課本第一次提到剛果相關的敘述應該是在十九世紀新帝國主義，歐洲瓜分非洲時，才有提到剛果由比利時殖民。

因此 (B) 中美洲西印度群島，無論是在歷史時序（十五世紀大航海時代可能就與歐洲有所接觸）以及地理環境（位在熱帶地區且海運便利），是本題最有可能的答案。

111 學測混合題

◎ 57-58 題組

經調查，臺灣在 COVID-19 疫情三級警戒時期，約 40% 的企業因異地生產導致產能調配不易；約 20% 的企業，其產品物流配送受阻；約 20% 的企業，營運不受疫情影響；另有 20% 的企業，反受疫情刺激需求而增加訂單。其中工廠據點較分散，在海外疫情熱區設有生產據點的企業，其產能調配受影響最明顯；如一些機械與電機、電子零組件及光電、車輛與金屬產業等，其零組件配送受阻比例較高，研判應是海運作業耽誤所致。為了因應疫情的衝擊，許多企業優先選擇的經營策略是：以資訊科技提供遠端客服或維運，並精簡行銷、研發等以降低營運成本。請問：

57. 許多企業為了因應疫情衝擊而優先選擇的經營策略，需要下列哪項要素的配合，才能有效達成？

(A) 知識經濟發達

(B) 產業群聚普遍

(C) 經濟結構轉型

(D) 產品規格化普及

58. 文中提及有些企業在疫情影響下，產能調配受到的影響最為明顯。此現象的形成背景，適合以哪項概念說明？請在答題卷表格中勾選一項，並說明對應此概念的判斷依據。（3分，30字內）

57	A B C D ‾ ‾ ‾ ‾		【請用 2B 鉛筆作答】
			【請用黑色墨水的筆作答】
	適用概念（勾選一項）	判斷依據（30字內）	
58	☐ 聚集經濟 ☐ 工業慣性 ☐ 國際分工 ☐ 生產標準化		10 20 30

◆解析：

　　這個題組考的是人文地理中關於二、三級產業的章節，此章節有許多專有名詞，都出現在題目中，如「知識經濟」、「產業群聚」、「聚集經濟」、「工業慣性」、「規格化」、「標準化」、「國際分工」，因此平時在複習時，就要多注意類似名詞的差異，例如「規格化」和「標準化」有什麼不同，「產業群聚」、「聚集經濟」、「垂直整合」、「水平整合」各是什麼意思，有沒有現實生活中實際的例子可以加深記憶？

　　57題的重點是題幹文章的最後幾句話：「為了因應疫情的衝擊，許多企業優先選擇的經營策略是：以資訊科技提供遠端客服或維運，並精簡行銷、研發等以降低營運成本。」，這邊強調因應疫情，企業利用高科技調整營運

模式，因此選擇 (A) 知識經濟發達。那麼為何不是 (C) 經濟結構轉型？經濟結構指的是更大範圍，如一個地區、一個國家的產業類型，例如台灣從過去的農業社會，逐漸發展成為工業社會，再到現在以第三級產業為主，就是一個經濟結構轉型的例子。

58 題是 111 學測開始的社會科非選擇題題型，見上頁圖答案卡，左邊要求從四個概念中選出一個最適合的選項，在本質上還是選擇題的概念。題目敘述與「產能調配」相關，一開始的文章敘述中有「異地生產」、「海外疫情熱區設有生產據點」、「零組件配送受海運作業耽誤」，從這幾個關鍵詞可以看出，本題應該選擇的是「國際分工」。

判斷依據限 30 字以內，因此不需要寫出完整的句字，而是寫出關鍵字，根據參考解答，判斷依據要同時能夠呈現「國際」和「分工」才會拿到滿分（3 分）。

例如：「海外設有生產據點、零組件經海運配送」：前者呈現「國際」，後者呈現「分工」。

★ 如果是回答不完整的例子：

「海運受阻」：僅能表達「國際」的概念，未有「分工」的描述。

「異地」、「其他地方設有生產據點」：僅能表達「分工」的概念，未有「國際」的描述。

因此在回答時儘量在有限的字數內，寫下足夠多的關鍵字。

111 學測混合題

◎ 65-67 題組
猶太教與基督教的信仰屬性，及其對「神的選民」的看法略有異同，以致

二者常有紛爭。西元一世紀，猶太宗教領袖在耶路撒冷以基督教傳道者保羅褻瀆猶太教，且無法證明自己清白為由，控告保羅並要求對其處刑。當時羅馬法律規定：非經審判，羅馬公民不得被捆綁、監禁或鞭打。保羅因具有羅馬公民身分，故要求交羅馬當局處理，於是當地總督在夏季末期，將保羅押送至羅馬審判。圖12為羅馬帝國時期東地中海的航運路線圖，虛線為押送保羅航線，實線為地中海貿易線。請問：

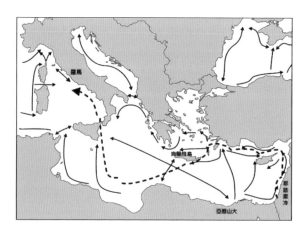

圖 12

65. 文中所敘述之事件，乃發生於羅馬人統治的時代。時至今日，若以法治國家理念檢視此案，可看出題文中羅馬法律保障羅馬公民的規定，與下列何種近代法律重要原則的精神最為接近？
(A) 自由心證原則 (B) 公開審理原則 (C) 無罪推定原則 (D) 偵查不公開原則

66. 保羅從耶路撒冷被押解去羅馬的航程中，前期與一般貿易航線類似，沿著陸地前行，利用地形來減輕航行的障礙。若從行星風系的大氣環流角度，押解保羅的航程沿陸地前行，最可能是為了避開哪一行星風帶或氣壓帶的影響？
(A) 東北信風帶 (B) 極圈氣旋帶 (C) 盛行西風帶 (D) 副熱帶高壓帶

67. 請問猶太教與基督教的信仰屬性分別是「一神信仰」或「多神信仰」？以及此二宗教對「神的選民」之看法分別為何？請在答題卷表格中作答。（3分）

◆解析：

　　本題從一篇簡短的歷史故事，加上一張地中海地區的地圖，就可以考出公民（65）、地理（66）、歷史（67）共3題，也是跨科整合最好的實證！

　　65題考法律的基本原則，文章中敘述「非經審判，羅馬公民不得被捆綁、監禁或鞭打」意味在審判以前，都不能確定一個人是有罪的，符合現代法律的「無罪推定原則」。

　　66題考地理科的行星風系，從地圖上可以看到航行路線從耶路撒冷出發，沿著現今的土耳其海岸航行，題目詢問是為了避開什麼風帶的影響，實際上只是在考地中海被什麼行星風系籠罩，答案應為(C)盛行西風帶，保羅的航線是逆西風而行，而因為摩擦力的影響，海岸邊的風會較弱，因此航行會較為順利。

　　67題為歷史科的填充題，問猶太教和基督教對於信仰屬性和神的選民兩方面教義的異同，從題目的文章中似乎無法找到明顯的答案，因此這題考的是高中學過的知識。滿分答案如下：

	猶太教	基督教
信仰屬性	一神信仰（填空）	一神信仰（填空）
神的選民	猶太人（希伯來人／以色列人）是神的唯一選民（填空）	信仰神，並得到恩寵者即是神的選民（答案卷上已印）

若有說明不清楚者都會酌量扣分。

自然科 ✏️

一關還比一關難的打怪學科

　　在還沒學過物理、化學的時候，以為生物已經夠棘手了，沒想到開始學物理，越學越像在霧裡看花，公式背一堆，看到題目就是想不起來要用哪一條；而化學，則老是陷入看不見摸不著的分子結構迷宮中……。

　　沒錯，「自然科」這個包山包海的考科，涵納大千世界的各種學問，國中自然分成生物、理化、地球科學，高中自然則是把理化細拆為物理和化學，但總之上至天文、下至地層板塊，有原子、有細胞，還有感覺虛無縹緲的電磁和運動力學。

　　生物是講究構造與功能的科學，談生態系統也學人體相關運作，後者與我們的身體運作息息相關，較容易體會；而地球科學與地理結合，構成了對這個世界，從宇宙到海洋、從地表到高山的知識系統。這兩科在國高中的課程大多有如同心圓，課程難度以螺旋狀增強，生物科圍繞細胞學、動物生理學、植物生理學、演化、分類學、遺傳學、環境議題等幾個主題；而地球科學則圍繞地質、大氣、天文、海洋等主題，循序漸進、加深加廣。

　　物理和化學是較為抽象的科目，除了少數實驗課可以留下比較深刻的印象，這兩科的學習多半停留在書上和紙筆上（畢竟日常很少有機會直接接觸這些深奧理論），不管是不是自然組的學生，對多數人而言這兩科都是比較困難、需要投注最多心力的科目。

化學在國中階段僅是理化的幾個章節，討論基本的原子、分子、化合物性質、化學反應式等主題；而高中則是綜合歸納的進階版，除單純描述觀察到的現象，也從較微觀的角度解釋原因。但整體來說，高中化學有很大的比例需要記憶，若想深入探究，需要更進階的數學、物理量子理論等知識背景，除非大學就讀相關科系，否則多數人都是淺學即止。

國中的物理包括波動、聲波、光學、熱學、電磁學、運動學、力學等；高一物理則是在國中基礎上加入新知識，難度不至於太跳躍；而再往上，進入自然組所學的物理，會更有系統性的講述物理各層面，從完整的運動學和力學開始，再以微觀層次深入探討熱學、氣體動力論、波動、電磁學的主題。

綜合起來，自然科就是一個要背也要懂、理解和記憶並重的科目。我會建議你平時多練習「把自己所學到的，講給其他人聽」。當一個基本觀念有八、九成懂了，試著講給同學聽，看對方能否聽懂你敘述的脈絡。我相信許多理論對初學者來說有如在天上飄的火星文，透過理解和講述，將「輸入的知識」經過消化再「產出」，一定很快就會發現東缺西漏或邏輯不通的部分，找出漏洞來補強，有助於解開你還不夠明白的卡關點。

國高中生物

生物體的構造與功能（細胞、動物、植物、恆定與調節）、演化與延續（生殖、遺傳、演化、生物多樣性）、生物與環境（生物間、生物與環境的交互作用）

國高中地科

地球環境（組成、太陽系、生物圈）、地球的歷史（地層與化石）、變動的地球（地表與地殼變動、天氣與氣候變化、海水、晝夜與季節）

國中理化

物理：物質系統（尺度與單位、力與運動、氣體、宇宙與天體）、自然界的現象與交互作用（波動、光、聲音、萬有引力、電磁現象）

＋

化學：物質的組成與特性、能量的形式、轉換與流動、物質的結構與功能、物質的反應、平衡與製造（物質反應、水溶液、氧化與還原、酸鹼反應、反應速率與平衡、有機化合物）

＋

科學、科技、社會及人文、資源與永續發展

高中物理

1. 以國中內容為基礎深入探究，單元並無太大差異，但增加計算複雜度與難度
2. 自然界的現象與交互作用，新增：現代物理 - 量子現象

高中化學

以國中的內容為基礎深入探究，單元並無太大差異，但增加計算複雜度與難度

★國中理化透鏡單元：這是國八開始接觸理化後很多學生會碰到的第一個大瓶頸，能倖免於難的應該不多。我們很難理解為什麼成像會是倒立的、正立的，而虛像跟實像又怎麼分。請大家不要硬背，自己畫圖理解，好好懂個一次。實像是真正的光匯聚而成的，好比說針孔成像，那平面鏡為什麼是虛像呢？因為我們看到鏡子裡的像不是真正由光線匯聚的，是光反射到我們的眼睛，然後經過我們大腦的處理而看見的像。這部分的解題通常只要細心畫過圖，就不容易出錯。

第4章 光與色的世界

4-1 光的特性

1. 傳播速率 →
   - 真空中為 3×10^8 m/s
   - 真空 > 氣 > 液 > 固

2. 影子形成 →

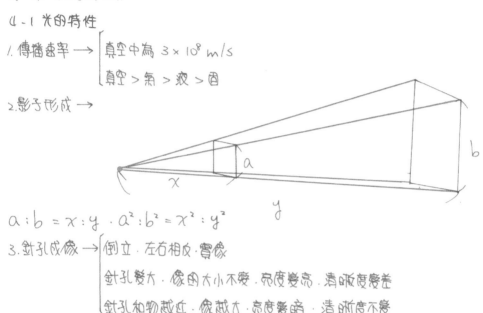

$a:b = x:y$, $a^2:b^2 = x^2:y^2$

3. 針孔成像 →
   - 倒立．左右相反．實像
   - 針孔變大．像的大小不變．亮度變亮．清晰度變差
   - 針孔和物越近．像越大．亮度變暗．清晰度不變

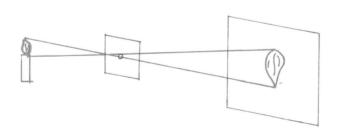

4. 像的種類 →
   - 實像：實際光線會聚相交．形成實際光點．可在白色紙屏上找到
   - 虛像：不是實際光線會聚相交．形成虛擬光點．無法在白色紙屏上找到

4-2 反射定律·面鏡成像

1. 光的反射 →
- 三線在同一平面
- 入射角 = 反射角
- 單向反射·漫射均遵守反射定律

2. 面鏡成像 →
- 平面鏡 →
  - 物距 = 像距
  - 物和像大小相等·左右相反
  - 虛像
- 凸面鏡(發散光線) →
  - 成像皆和物異側
  - 縮小正立虛像
- 凹面鏡(匯聚光線) →

★面鏡成像·若物與像同側·為實像·若物與像異側·為虛像

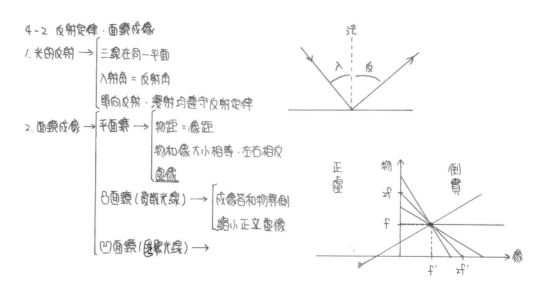

4-3 光的折射·透鏡成像

1. 透鏡成像 →
- 凹透鏡(發散光線) →
  - 成像皆與物同側
  - 縮小正立虛像
- 凸透鏡(匯聚光線) →

2. 透鏡種類 →
- 凸透鏡
  (會聚光線·中間厚)
  - 雙凸
  - 平凸
  - 凹凸
- 凹透鏡 →
  (發散光線·中間薄)
  - 雙凹
  - 平凹
  - 凸凹

Q :

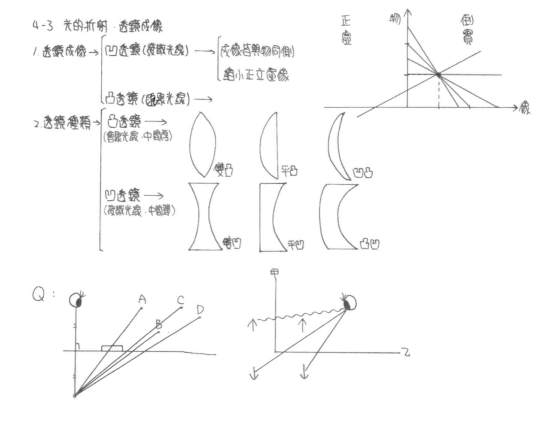

★國中理化「光的折射」：考題都大同小異，只要熟練記得基本題型就沒問題。

3.光的折射

折射定律 → 介質不同 速率改變 前進方向進而改變

速大角大

垂直入射不折射

生活現象 →

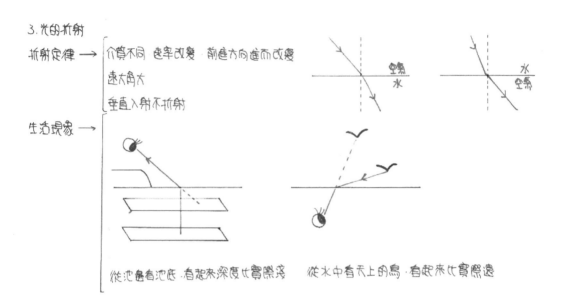

從池邊看池底，看起來深度比實際淺　　從水中看天上的鳥，看起來比實際遠

Q：入射角40°，折射角＝50°，求反射線和折射線夾角＝90°

▶物理科：搞懂核心公式，一招抵三招

物理是抽象的學問，討論的範圍從巨觀的宇宙到微觀的原子與分子，但其本質就是物質的運動，以及物質與能量的交互作用，除此之外都是前者衍生出的變化。

在舊課綱中，物理可以大致分為運動學、熱學、氣體動力論、波動、光學、電磁學、近代物理等面向，而其中最重要的，就是**運動學**的部分。過去我們花了高二整整一年來學習直線運動、平面運動、力學、牛頓運動定律、圓周運動與簡諧運動、動量、能量、碰撞等主題，這些章節之間彼此環環相扣，前面所學會成為後續的基礎，而一系列的運動學又成為後續其他主題的基礎。108課綱雖然在章節的順序和主題編排稍有調整，但基本架構並未有太多改變。

要學好物理（國中理化也是如此），必須融會貫通，盡可能去搞懂公式推導的過程、理解原因，不能光靠死記題型，否則就算在小範圍的章節拿到高分，面對大範圍的考試也會很吃力。

平時準備，你可以掌握的事

一、找出公式裡的老大

多數人學物理的第一個困難點，在於看似無窮無盡的公式，講義上總是從一個公式推到第二個、第三個，而學生為了應付考試，只能一個一個先背再說。但大部分單元都會有一個真正的關鍵鑰匙：撐起觀念的最核心公式！所以我們要做的，就是**找到最重要的那一條核心公式，並盡你所能的搞懂背後原理**。現實中，老師未必有時間一五一十的講解這些公式的前世今生，但是只要書上有核心公式的推導，就一定要仔細看懂。認識最關鍵的那條公式，

剩下的第二、第三公式，有時只需要做**參數的代換**即可。書上不一定會有第二和第三條公式的詳細推導過程，但可以自己嘗試把它推導出來，有思考過印象更深刻。考試時記住最常用的一條，其他代換後的公式就不一定需要全背，只要熟練，作答時能在短時間內推出來即可。倘若老師上課時沒有時間詳細講解，你還是要趁下課請教老師，或上網去找「這條公式怎麼來的」，理解前因後果，會有如打通某些觀念的任督二脈，一定有所裨益！

我們以等加速度運動的三大公式為例：

$$v = v_0 + at$$
$$X = v_0 t + \frac{1}{2}at^2$$
$$v^2 = v_0^2 + 2aX$$

第一條表現出等加速度的內涵，第二條只是「（初速度＋末速度）／2×時間」這一條式子的運算結論，第三條雖然看起來跟前兩條沒有什麼關係，不過僅僅需要簡單的代入、化簡即可得到。

又例如在學習碰撞的單元時，首先需要區分彈性碰撞和非彈性碰撞，在彈性碰撞的部分需要解出兩物體碰撞後的速度，許多講義會列出複雜的公式，加以質心動能、內動能等概念，這些概念固然十分重要，但解題時其實只要記得「兩物體運動時沒有外力介入，因此動量守衡」的概念，即可解開近八成的題目，不需要死背所有的公式。

二、練習讀題、解釋與畫圖

物理考的重點通常是理解力和分析題意的能力，題目常有文字敘述搭配簡單示意圖，不管作業還是考試，有個重要的練習：**將題目所提供的文字敘述，例如物體的受力方向和大小、質量、速度等等物理量，清楚的標示在附圖上**，這樣能夠幫助你更快抓到重點、分析一個物體所有的受力、運動狀態，

同時寫完後也較容易檢查，避免疏漏。例如下面這題：

◎題目：A、B 兩木塊分別為 5 公斤重、10 公斤重，木塊 A 被綁在牆上，而木塊 B 與桌面間的靜摩擦係數為 0.5，動摩擦係數為 0.3；木塊 A 與木塊 B 間的靜摩擦係數為 0.3，動摩擦係數為 0.1，則手至少需施多少公斤重的力才能拉動木塊 B？（答案：9 公斤重）

　　剛好拉動木塊時克服是「最大靜摩擦力」，計算摩擦力時是以正向力乘以靜摩擦係數，左圖為考卷原圖，右圖則是我將題目資訊標註上去的樣子。

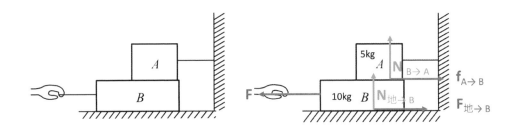

$N_{B→A}$ 代表 A 物體所受 A、B 之間平面的正向力＝ A 的重量＝ 5 kgw

$N_{地→B}$ 代表 B 物體所受地面及 B 之間平面的正向力＝ A ＋ B 的重量＝ 15 kgw

$f_{A→B}$ 代表 A、B 之間平面摩擦力＝ $N_{B→A}$ ×0.3=1.5 kgw

$f_{地→B}$ 代表地面及 B 之間平面的摩擦力＝ $N_{地→B}$ ×0.5=7.5 kgw

從力圖的方向可以得知，$F＝f_{A→B}+f_{地→B}$=9 kgw

三、公式怎麼用？多刷題，打造思維資料庫

　　要避免公式背半天卻不知道怎麼使用，必須有意識的訓練自己去連結「公式」和「解題路徑」。

平時我會將考試範圍的重要觀念、公式都整理在筆記本或同一張紙上，**相互比較每一條公式的來源、使用時機、限制等重要條件**，到了考試時，這些公式的關係、差異，就會自然浮現在腦中，作答時比較不會慌慌張張。

　　基礎觀念都理解了，下一個問題是，如何將這些觀念正確的應用出來？刷題目，是學物理不可或缺的一個環節。我個人是靠大量做練習題來訓練，而且要多做不同的題型，這些訓練的累積，就好像幫我開鑿不同路線的馬路，當考試碰到難題，就有更多的「經驗資料庫」可以去解析路徑。

　　記得我們高二的物理老師，每個章節都自編上百頁的講義，讓我們有無窮無盡的題目可以練習，當時我大概寫了七到八成的題目，由淺入深，從單純運用觀念和公式解題的題目，一直到複雜且綜合多種觀念的難題。雖然不太可能全部寫完，但只要是有寫過的，每一題都不輕言放棄，先嘗試自己解題，若真的解不出來就反覆讀詳解，分析自己在哪個地方有盲點。

　　寫題時，**先看清楚題目所提供的條件**，例如物體的質量、速度、距離等物理量，再看題目**問題的目標**，找出條件與問題之間能用什麼觀念或公式聯結起來，這是做題目時最重要的思考訓練。題目提供的條件有時也能暗示對應的公式，或指引思考和計算的方向，因此不要忽略題目中任何一個資訊，全盤理解後再開始動筆。

　　不過我也要提醒，碰到不會的題目不要立刻就去翻詳解，不妨先將那一題擱著，過一小段時間後，可能是寫完整份題目再回頭思考，或是先不對答案，隔一天再度挑戰，雖是相同的題目，但有時候因為寫過其他題型，或腦筋轉過彎了，第二次看到時總能產生不同的想法。這種放一陣子再回頭算同一題的訓練，會讓你的思維更清晰且印象深刻。

聰明考試的攻略

111 學測開始加上非選擇題，題型包含填充、作圖、計算、比大小等等，其中作圖和計算題需多加留意。

自然科計算題解題的關鍵，在於要清楚的寫下你的思考邏輯，如何在題目現有的條件之間找到關鍵，透過公式計算出結果。幾個要注意的點包括：

1. 若要使用題目中**沒有出現過的符號，一定要先說明**，如稍後會提到的 111 學測第 60 題，必須「**設 M 為待測物質量**」，不要直接使用。

2. 如果可以的話，計算過程盡量連**單位**一起寫。

3. 前後的邏輯必須表達清楚，即使是複雜的計算，也盡量不要跳過步驟，一步一步導引到答案。因為計算題常常都會有**部分給分的機制**，即使最後的答案不正確，如果前面的敘述和計算過程是正確的，還是有機會拿到部分分數。

111 學測非選（畫圖）題

51. 圖 22 為波自介質 A 射入介質 B 的示意圖。波在介質 A 中波速較慢，在介質 B 中波速較快。箭號實線代表入射線，虛線為延伸線。在答題卷中的作答區畫出

(1) 法線；（1 分）

(2) 波進入介質 B 之後的折射線。折射線只需要畫出示意的偏右上、偏左下、或沿虛線不偏折。（1 分）

圖 22 　　　　　　　　　　答案

◆解析：

　　此為 111 年學測自然唯一的作圖題，這題考得異常仁慈，大概算是國中程度的題目。只要掌握「法線」是跟介質 AB 之間的平面垂直的線；從波速快的介質到波速慢的介質（例如光線從空氣進到水中）會偏向法線，而從波速慢到波速快的介質會偏離法線，記得題目要看清楚是從下面的介質 A 到上面的介質 B。

111 學測非選（計算）題

60. 靜態模式時，線圈電流 I 與磁鐵之間的作用力量值為 $F_B = f_B I$。由於缺乏檢測 f_B 的設備，無法從靜態模式求得待測物的質量 M。但可知，當線圈相對於磁鐵移動的速度為 v 時，線圈的感應電動勢（電壓）為 $V = f_B v$，動態模式與靜態模式的 f_B 相同，示意如圖 27。分析線圈速度 v，以及對應的電壓表讀數 V，其數據如表 5，並繪製感應電壓對線圈速度（$V-v$）的關係圖，如圖 28 所示，藉以推算 f_B 值。當天平達靜態平衡時（如圖 26），線圈電流為 $I = 40\,mA$，試以 kg 為單位，計算待測物的質量，須寫出計算步驟，並四捨五入至小數第 1 位。（4 分）（已知重力加速度量值 $g = 9.8\,m/s^2$）

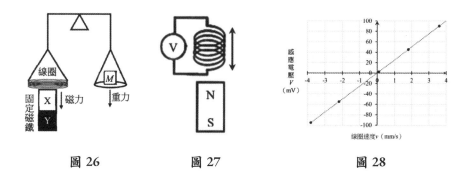

圖 26　　　　圖 27　　　　圖 28

線圈速度 $v \, (mm/s)$	-3.8	-2.2	0.1	1.8	3.6
感應電壓 $V \, (mV)$	-95	-55	2.5	45	90

表 5

◆解析：

　　這一題的題目看起來很困難，包含各種代號，而解題的關鍵是圖 28，感應電壓 $V \, (mV)$ 位於縱軸，線圈速度 $v \, (mm/s)$ 位於橫軸，根據題目敘述 $V = f_B v$ 可以確認兩者成正比關係。因此：

由 $V = f_B v$

可得 $f_B = \dfrac{V}{v}$ 即為 $V - v$ 圖的斜率

由圖 28 上其中一格 $(0.1, 2.5)$，$f_B = \dfrac{2.5}{0.1} = 25 \dfrac{mV \times s}{mm} = \dfrac{V \times s}{m}$

此外設 M 為待測物質量

根據力平衡可以得知 $Mg = F_B = f_B \times I$

$$M = \frac{f_B \times I}{g} = \frac{25 \frac{V \times s}{m} \times 40 mA \times 10^{-3} \times \frac{A}{mA}}{9.8 \, m/s^2} \cong 0.1 \, kg$$

這一題要特別注意的是單位的換算

上面算式的分子部分 $f_B \times I$，其單位為 $\dfrac{V \times s}{m} \times A = \dfrac{W \times s}{m} = \dfrac{J}{m} = N$

再將牛頓（N）除以 $g = 9.8 \, m/s^2$，會變成公斤（kg）

注：單位代號

V：伏特，s：秒，A：安培

W：瓦特（＝伏特 V 乘以安培 A）

J：焦耳（＝瓦特 W 乘以秒 s）

N：牛頓（＝焦耳 J 除以公尺 m）

▶化學科：邊記邊畫，「化」繁為簡

　　化學的學習要理解與記憶並重，而有趣的是，理解為主的章節和記憶為主的章節涇渭分明，例如有機化學、沉澱表、氧化還原等，需要記的是物質特性、不同物質性質的比較、特殊的化學反應原理及反應式、反應物及產物等。另一方面，例如理想氣體方程式、反應速率、化學平衡等章節，對於計算的要求較高，需要有清晰的觀念，搭配敏銳的解題思路。

　　許多化合物的性質在高中階段很難有完整而清楚的解釋，因為牽涉到更為高深的物理和化學理論，大多數只能記結果，這是無可避免的，但往好處想，學這類章節就是土法煉鋼，背得好、讀得熟，記住基本概念就能掌握重點，分數不至於太難看。

　　強調基本素養的 108 課綱注重活學活用，但化學歸根究柢還是免不了有要背誦的部分，至少最基礎的課文知識點仍須熟記。考題可能不會直接詢問某個原子或分子的性質，而是提供一段敘述，希望學生能夠將課本中學習到的知識與生活連結，或是從敘述中找到規律，進而做出分析。

　　例如過去我們都背過沉澱表，要記憶「哪些陽離子加上哪些陰離子會產生沉澱」，而現在的課程可能會將沉澱的現象與「硬水」這個概念結合起來，改成問你「如何把硬水中的鈣、鎂去除」，轉個彎，仍間接牽涉到沉澱的問題。這時候，讀懂題目的閱讀能力和推理歸納能力反而更重要。

平時準備，你可以掌握的事

一、要背的章節：畫圖筆記
　　以記憶為主的章節，仔細理解各種化合物性質、反應式之間的差異是最核心的關鍵，除了上課專注聽講、讀熟課本講義，最好可以自己動手整理筆

記或表格，再一次確認自己是否理解，也能夠節省考前複習的時間。

　　有機化學的章節，重點在於不同有機化合物的結構和命名，自己嘗試畫圖並分析異構物種類非常重要；有機化合物的種類多樣，其性質也不盡相同，建議可以根據不同的分類，整理熔點、沸點、溶解度、反應性質等特性，以表格整理會更方便複習（例如下表）。

種類	烴	醇	有機酸	酯	酮	醛	醚
分子式	R-H	R-OH	R-COOH	$R_1-COO-R_2$	R_1-CO-R_2	R-CHO	R_1-O-R_2
官能基	-H	-OH	-COOH	-COO-	-CO-	-CHO	-O-
酸鹼性	中性	中性	弱酸性	中性	中性	中性	中性
導電性	低	低	高	低	低	低	低
溶解度	低	可溶	可溶	低	可溶	可溶	低
熔沸點 （在此表中 1為最高， 7為最低）	7	2	1	3	4	5	6
舉例	乙烷 C_2H_6	乙醇 C_2H_5OH	乙酸 CH_3COOH	甲酸乙酯 $HCOOCH_2CH_3$	丁酮 $CH_3COCH_2CH_3$	乙醛 CH_3CHO	乙醚 $(C_2H_5)O(C_2H_5)$

　　有機化學反應的部分，在高中階段只能記憶反應物、催化劑、生成物、反應條件等參數，更深入的反應機制則會在大學討論，因此這部分較為困難，需要投入多一些心力。

　　基本的原子、分子性質、化學鍵結、原子和分子軌域等章節，大致上難度並不會太高，重點在於許多看似複雜的現象，背後都有可以推理之處，你要能理解原理而非咬牙硬背，如果看不懂參考書或詳解，記得多向老師請益。

二、計算型章節：注意參數單位

計算量較為繁重的章節，包括：理想氣體方程式、反應速率、化學平衡等，對於這些章節，多數老師上課時會仔細講解公式，說明各條公式的來歷和使用方式。化學公式的推導非常重要，如果知道「**它是怎麼變出來的**」，你大概就能知道「**它要怎麼用**」，解題時就不用硬背得太辛苦。

其次要注意的是各項**參數的單位**，例如化學常用的體積單位是公升 (L)，常用的壓力單位是 1 大氣壓力（atm），而這些都不是標準單位（SI 制），因此在做不同單位之間的轉換時，公式中的常數也會有所轉變。

以理想氣體方程式 $PV = nRT$ 為例：

	P（壓力）	V（體積）	n（物質量）	R（常數）	T（溫度）
化學常用	大氣壓力（atm）	公升（L）	莫耳數（mole）	0.082	克耳文溫度（K）
物理常用	帕（Pa）	立方公尺（m³）	莫耳數（mole）	8.314	克耳文溫度（K）

化學課本和物理課本常用的壓力和體積單位不同，化學科的壓力常用大氣壓力（atm），體積常用公升（L）；而物理科則都是用標準單位制（SI 制），壓力用帕（Pa, N/m²），體積用立方公尺（m³），連帶的常數 R 的數值也不同，在作答時一定要看清楚題目所給的條件，再選擇適當的公式使用。

許多計算過程中會出現**省略計算**的現象，例如 A×(B+C)，若 C 遠小於 B，則大多數時候可以省略計算，變成簡單的 A×B，這一點也是在進行計算時可以留意之處。

三、實驗很珍貴

高中化學課綱有規定必須學習的實驗，通常都與課程章節密切相關，相

信大部分學校會指導學生進行操作，但對很多學生來說，實驗往往是準備考試時最容易被忽略的部分。常考的重點包括：基本的實驗原理、牽涉到的反應式、實驗器材、實驗物質之性質、使用試劑、結果判定等，記得不要偏廢、要注意每一個環節。

讀完化學課本的敘述後，利用第二章節提到的「即時回想法」在腦中從頭到尾「回放」一次，假設自己在做某一個實驗，從原理＞＞步驟＞＞結果，都盡可能去熟悉，就不用太擔心考試題目的變化。

我 的 學 習 筆 記

★這是氯的實驗室法和工業製法的相關筆記，要注意在學校做過的實驗就要完全了解，很容易出現在考題當中。而要做這類有圖形的筆記，推薦使用格狀或點狀筆記本，容易抓到比例。

5. 鹵素

氯 →

實驗室法 → 濃氧化劑
$4HCl_{(aq)} + MnO_{2(s)} \xrightarrow{\triangle} MnCl_{2(aq)} + Cl_{2(g)} + 2H_2O_{(\ell)}$

$Cl_2 + H_2O \rightleftharpoons HCl + HClO$

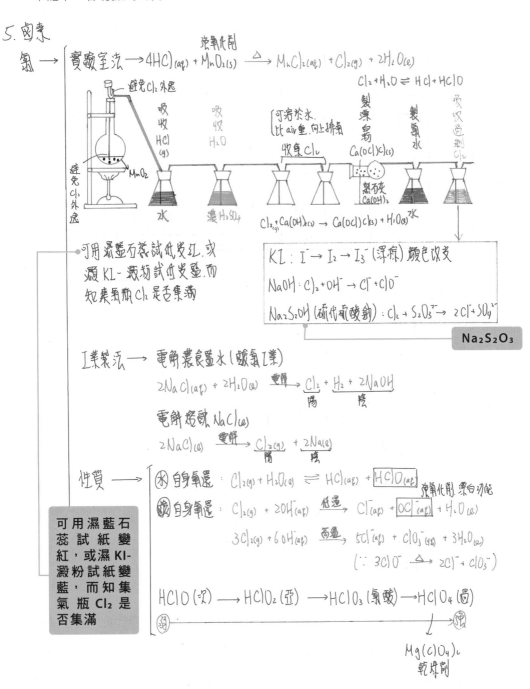

避免 Cl_2 外逸

吸收 $HCl_{(g)}$　　吸收 H_2O　　可溶於水，比 air 重，向上排氣　收集 Cl_2　　製漂白　$Ca(OCl)Cl_{(s)}$　製氯水　吸收過剩 Cl_2

熟石灰 $Ca(OH)_2$

避免 Cl_2 外逸　　MnO_2

水　　濃 H_2SO_4

$Cl_{2(g)} + Ca(OH)_{2(s)} \rightarrow Ca(OCl)Cl_{(s)} + H_2O_{(\ell)}$ 水

可用濕藍石蕊試紙變紅，或濕 KI-澱粉試紙變藍，而知集氣瓶 Cl_2 是否集滿

$KI : I^- \rightarrow I_2 \rightarrow I_3^-$ (深棕) 顏色改變
$NaOH : Cl_2 + OH^- \rightarrow Cl^- + ClO^-$
$Na_2S_2O_4$ (硫代硫酸鈉) : $Cl_2 + S_2O_3^{2-} \rightarrow 2Cl^- + SO_4^{2-}$

$Na_2S_2O_3$

工業製法 → 電解飽食鹽水 (氯鹼工業)
$2NaCl_{(aq)} + 2H_2O_{(\ell)} \xrightarrow{電解} \underset{陽}{Cl_2} + \underset{陰}{H_2} + 2NaOH$

電解熔融 $NaCl_{(\ell)}$
$2NaCl_{(\ell)} \xrightarrow{電解} \underset{陽}{Cl_{2(g)}} + \underset{陰}{2Na_{(\ell)}}$

性質 →

(甲) 自身氧還 : $Cl_{2(g)} + H_2O_{(\ell)} \rightleftharpoons HCl_{(aq)} + \boxed{HClO_{(aq)}}$　　強氧化劑，漂白功能

(乙) 自身氧還 : $Cl_{2(g)} + 2OH^-_{(aq)} \xrightarrow{低溫} Cl^-_{(aq)} + \boxed{OCl^-_{(aq)}} + H_2O_{(\ell)}$

$3Cl_{2(g)} + 6OH^-_{(aq)} \xrightarrow{高溫} 5Cl^-_{(aq)} + ClO_3^-_{(aq)} + 3H_2O_{(\ell)}$

$(\because 3ClO^- \xrightarrow{\triangle} 2Cl^- + ClO_3^-)$

可用濕藍石蕊試紙變紅，或濕 KI-澱粉試紙變藍，而知集氣瓶 Cl_2 是否集滿

$HClO$ (次) $\longrightarrow HClO_2$ (亞) $\longrightarrow HClO_3$ (氯酸) $\longrightarrow HClO_4$ (過)

(弱)　　　　　　　　　　　　　　　　　　　　　　(強)

$Mg(ClO_4)_2$ 乾燥劑

聰明考試的攻略

　　現在的考試講究素養，因此各科的閱讀題型都會越來越長，即使自然科也不例外，雖然題目敘述充滿各種專有名詞，但切記不要驚慌，題幹看起來越難的，真正的問題可能越簡單！

　　以下文舉例的 111 學測混合題第 55 ～ 57 題為例，探討飲用水中的鉻離子（Cr）含量，以一段簡短的敘述描述飲用水中鉻含量的標準及移除鉻離子的方法，針對兩張圖表提出問題。雖然歸類在化學，**但實際上作答時幾乎不會利用到高中化學科所學習到的知識，較重要的反而是閱讀理解的能力**，畢竟不可能在這種題目考你三價鉻或六價鉻的知識，而是測驗學生在接受國中到高中的自然科學教育後，能理解科普文章的內容及解讀圖表的能力。

111 學測混合題

◎ 55-57 題組

　　含有 Cr（VI）的化合物，如鉻酸根離子（CrO_4^{2-}），簡稱六價鉻。生活用品的製程中常產生六價鉻，成為影響水源的污染物。美國國家環境保護署（U.S. EPA）與世界衛生組織（WHO），分別建議飲用水的鉻含量不可高於 100 ppb 與 50 ppb（10^{-9}，即十億分之一）。如何有效移除水中六價鉻，一直是科學家試圖解決的課題。受到海綿的多孔結構可以吸水的啟發，科學家以具有多孔結構的有機金屬骨架（簡稱 MOF），吸附水中的六價鉻。MOF 材料除了能移除水中六價鉻外，亦可在酸性水溶液中，經照光將六價鉻轉變成毒性較低的三價鉻（Cr（III））化合物，並將材料再生使用。

55.將相同重量的MOF材料,放入兩杯體積相同但六價鉻濃度不同的水溶液,靜置 30 分鐘後,測量水中六價鉻濃度,其結果顯示於圖 24。下列敘述,哪些正確?(應選 3 項)

(A) MOF 材料在溶液一與溶液二中,對六價鉻的移除率均高於 70%

(B) MOF 材料在溶液一與溶液二中,對六價鉻的移除率均低於 30%

(C) 處理過後的溶液一都同時符合 EPA 與 WHO 的飲用水標準

(D) 處理過後的溶液二都同時符合 EPA 與 WHO 的飲用水標準

(E) 本實驗的目的在測試 MOF 材料對於水溶液中六價鉻的吸附能力

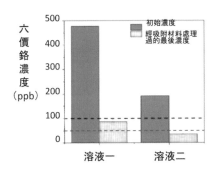

圖 24

◆解析:

(A) 正確,移除 70% 代表最後剩下 30%,溶液一原先接近 500 ppb,若剩下 30% 約 150 ppb;溶液二原先接近 200 ppb,若剩下 30% 約 60 ppb,可以發現兩者處理過後的濃度皆低於 30%。

(B) 與 (A) 是很類似的敘述,但要看清楚題目是寫「移除率」低於 30%,(A) 正確則 (B) 自然就是錯誤。

(C)100 ppb 和 50 ppb 處都各有一條虛線,溶液一處理過後小於 100 ppb,符合美國國家環境保護署(U.S. EPA)的標準,但沒有小於 50 ppb,因此不符合世界衛生組織(WHO)的標準,錯誤。

(D) 溶液二處理過後小於 50 ppb，符合兩者的標準，正確。

(E) 由題幹「將相同重量的 MOF 材料，放入兩杯體積相同但六價鉻濃度不同的水溶液，靜置 30 分鐘後，測量水中六價鉻濃度」，可知是正確的。

（注：55 題完全是考閱讀能力，不需要用到自然科的知識，這題放在國文的考卷裡面也完全沒有問題。）

56. 科學家將 MOF 材料與聚合物結合，做成方便回收的錠型材料（簡稱 MOF@ 聚合物），並測試 MOF 材料與聚合物結合對於吸附六價鉻的能力，結果如圖 25 所示。下列敘述，哪些正確？（應選 3 項）

(A) 「吸附材料的種類」為本實驗中的操縱變因

(B) 此 MOF 材料、錠型材料與聚合物對六價鉻的吸附能力實驗，三者應使用相同初始濃度的六價鉻

(C) 剔除聚合物對於六價鉻的吸附實驗，對於 MOF@ 聚合物實驗結果解讀沒有影響

(D) MOF@ 聚合物形成的材料，增加了使用上的方便性，但卻犧牲了對六價鉻的吸附能力

(E) 單獨使用聚合物，幾乎沒有移除水溶液中六價鉻的能力

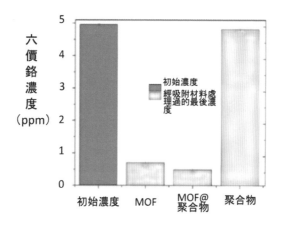

圖 25

◆解析：

(A)「操縱變因」的意思是指實驗中調整的因素，用來探討不同的因素對於實驗結果是否會有差異，正確。

(B) 除了操縱變因以外，其他與實驗有關的因素都應該保持不變，因此六價鉻的初始濃度也應該相同，正確。

(C)MOF、MOF@ 聚合物、聚合物這三者數據同時呈現，才有辦法知道聚合物本身對於六價鉻的吸附幾乎沒有效果，是加上 MOF 才會有效，因此此選項錯誤。

(D)MOF@ 聚合物對六價鉻的吸附能力與 MOF 接近，甚至其測出的六價鉻濃度在數值上還較 MOF 低，錯誤。

(E) 正確

要完全的回答這題，你唯一需要有的先備知識是實驗設計「操縱變因」、「控制變因」的概念，其他四個選項完全可以根據題目作答。

57. 此 MOF 材料在酸性及照光的條件下，可產生如下的反應：

$Cr_2O_7^{2-} + H^+ \rightarrow Cr^{3+} + H_2O$ ……式（1）

此外，小美於化學課中，也學到如下的反應式：

$Cr_2O_7^{2-} + Fe^{2+} + H^+ \rightarrow Cr^{3+} + Fe^{3+} + H_2O$ ……式（2）

試問反應式（2）是屬於哪一種類的反應？寫出式（2）平衡反應式的係數（係數為最簡整數比）。（4分）

◆解析：

反應種類	平衡反應式的係數
氧化還原反應	$1Cr_2O_7^{2-} + 6Fe^{2+} + 14H^+ \rightarrow 2Cr^{3+} + 6Fe^{3+} + 7H_2O$

這題考的是氧化還原反應平衡的計算，$Cr_2O_7^{2-}$ 還原變成 Cr^{3+}，Fe^{2+} 氧化變成 Fe^{3+}，是這個單元課本的經典例題。要計算核心原子 Cr 和 Fe 的氧化數變化，接著確保被氧化的跟被還原的原子電子得失相同，再用 H^+ 和 H_2O 平衡兩邊的 H 和 O。

我 的 學 習 筆 記

▶生物科：溫故知新，背科之王

很多人說生物讀起來負擔很重，畢竟要背的知識一大堆，但我個人反而認為高中生物應算是自然科中相對「親切」的一科，從國中到高中，課程都是以環狀向上的難度設計，大致重複細胞學、植物學、動物生理學、遺傳學、演化與環境等幾大主題，每一次都是奠基在舊有的基礎上更進一步，真正需要重新接觸的領域並不多。

生物學是一個透過觀察和解釋的科學，現在我們所學習的都是透過觀察和記錄得到的結果，因此不難想像，學生物，「背書」必然占相當大的部分，以現實來說，就讀醫學領域的相關科系，免不了要依靠強大的記憶力來度過大大小小的考試。不過在國高中階段，只要用心熟讀課本，考題都不會太偏離，反而較容易準備。

不過我們也發現，坊間許多生物科的參考書或講義，都會加入超出課綱規定的內容，這些額外的補充如果當作「知識充電站」來看，可以幫助你懂得更多更廣，有些知識點甚至能幫助你在考試時快速判讀題目。但別忘了，「生物就是一門需要背的科目」，補充的越多，會不會加重負擔？你必須自己取捨，畢竟中學生每日可以複習的時間有限、科目不少，我個人建議，「補充」就當作補充，預習時可以瀏覽，但考前複習時，主要心力還是先回歸課本。課本對於概念的解釋一定最簡單易懂，先將課內提到的重點、圖解都記熟，行有餘力才去讀課外的部分。

平時準備，你可以掌握的事

一、記憶用在刀口上：背書要精準

生物絕對是一個越背越多分的科目，考試範圍也大致限縮在課本「有提到的部分」，與同樣是記憶為重的社會科相比，反而更少出現課外的題型，

因此如何精準記憶課本內容就相當重要。

1. 背課文有用嗎？

「反正課本內容也不算太長，那我乾脆把整段課文背起來好了」。這是許多學生在學生物時所採取的方式，但我並不建議這樣背，這會讓你失去思考消化的空間。雖然生物科有許多知識點都是自然演化的現象及結果，但亦有許多主題有值得進一步思考的部分，如果題目換個說法或考關聯性，你可能會當場愣住。例如：

人類使用負壓呼吸和青蛙使用正壓呼吸之間的差異？

為什麼細胞膜的分子排列是磷脂質朝向兩側，而三酸甘油酯的部分朝向中間，與分子的化學結構有什麼關係？

不要急著把課文一字不漏的背起來，而是背重點之餘，先思考背後的原理，多查詢資料或詢問老師，一定會加深你的印象。

2. 盡興的畫吧！畫圖、列表記更久

所謂的背重點，有一大判斷原則就是課本中凡是有畫圖列表的，都要記。大多數的生物知識點都可以用圖或表來呈現，例如單子葉植物和雙子葉植物的比較，經常會被製作成一目了然的表格（如下表），這樣實際上只要記住其中一列，另一列的答案就呼之欲出，有如「買一送一」。

	子葉數目	花瓣數目	葉脈	維管束排列	根的型態
雙子葉植物	2 片	4 或 5 的倍數	網狀脈	環狀	軸根系
單子葉植物	1 片	3 或 3 的倍數	平行脈	散生	鬚根系

另外有一些單元，例如消化系統、尿液形成的過程、神經系統的走向、光合作用和呼吸作用等流程或人體的解剖構造，非常適合使用圖像的方式表現，課本一定會搭配精美清晰的圖片，也堪稱考題最愛。就像我們第二章＜十大高效讀書法＞提到的，在看完課本後動筆畫一次，在圖表旁標註重點，因為圖像表現的方式更適合大腦記憶，有畫過，對圖片內的動線或關聯性就會更有印象。以下以消化、神經、循環、泌尿系統的筆記圖舉例。

　　若以血液循環的過程為例，「從左心到主動脈、小動脈、全身微血管、靜脈、右心、肺動脈、肺微血管、肺靜脈、再回到心臟」──這個循環過程相信大家從國中開始一定都很熟悉，而高中階段則會加上各段血管的血壓大小、一條血管截面積、總截面積、血流流速等性質，此時就可以做表格比較各項差異，或畫出一張全身血液循環的圖，然後將這些性質標示在圖片旁邊，相信一定能夠加深記憶。

　　而高中生物會提到尿液形成過程以及腎臟的顯微結構，如絲球體、鮑氏囊、腎小管、集尿管等等，並且討論各段的功能及對於尿液生成的影響，例如過濾、再吸收、分泌等作用，要背名詞的意義又要記順序，就算一時間硬背起來，大概過一周就忘了，其實很難形成長期記憶，但如果動手把課本上的腎臟結構畫一次，然後標出每一段所進行的作用及其機轉，在考試時只要回想這張圖片就容易多了。

★消化系統：人體的消化過程包含哪些器官，各自以物理還是化學方式進行？ 若對於消化過程不熟悉，可依序畫出器官分布，把這章節的大綱濃縮整理。

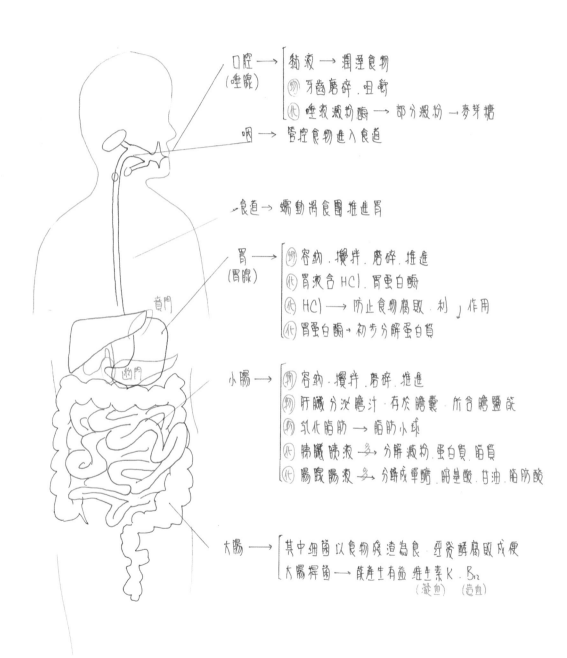

口腔 → ⎡黏液 → 潤澤食物
(唾腺)　⎢(物) 牙齒磨碎．咀嚼
　　　　⎣(化) 唾液澱粉酶 → 部分澱粉 → 麥芽糖

咽 → 管控食物進入食道

食道 → 蠕動將食團推進胃

胃 → ⎡(物) 容納．攪拌．磨碎．推進
(胃腺)⎢(化) 胃液含 HCl．胃蛋白酶
　　　⎢(化) HCl → 防止食物腐敗．利ˇˇ作用
　　　⎣(化) 胃蛋白酶 → 初步分解蛋白質

小腸 → ⎡(物) 容納．攪拌．磨碎．推進
　　　⎢(物) 肝臟分泌膽汁．存於膽囊．所含膽鹽能
　　　⎢(物) 乳化脂肪 → 脂肪小球
　　　⎢(化) 胰臟胰液 多 → 分解澱粉．蛋白質．脂質
　　　⎣(化) 腸腺腸液 多 → 分解成單醣．胺基酸．甘油．脂肪酸

大腸 → ⎡其中細菌以食物殘渣為食．再發酵腐敗成便
　　　⎣大腸桿菌 → 能產生有益維生素 K．B_{12}
　　　　　　　　(凝血)　(造血)

★消化系統：水溶性與脂溶性養分的吸收是非常複雜的，到了選修生物會更仔細的介紹兩者差異還有消化途徑，如何從大分子變成身體能吸收的小分子，是較為細節、容易混淆或忽略的過程，把水溶性與脂溶性養分的吸收重新整理，就不易遺漏細節，也能看出差異。

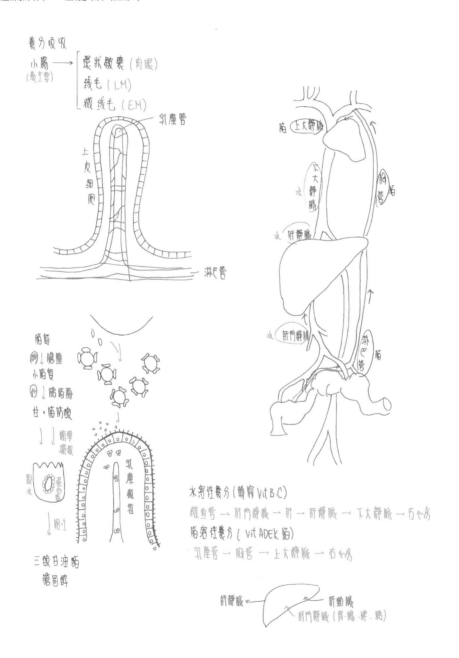

★神經系統：剛開始學習神經系統的時候，便要先了解整個神經細胞的構造還有功能，並且做出比較。

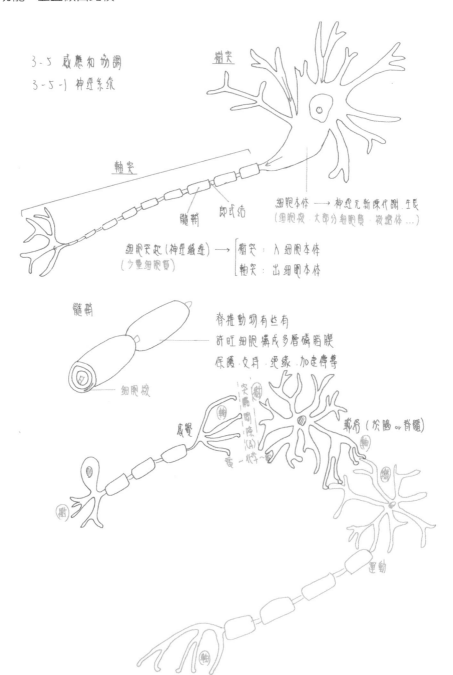

3-5 感應和協調
3-5-1 神經系統

樹突

軸突

髓鞘　　郎氏結

細胞本体 ⟶ 神經元新陳代謝·生長
(細胞核·大部分細胞質·核糖体…)

細胞突起(神經纖維) ⟶ [樹突：入細胞本体
(少量細胞質)　　　　 軸突：出細胞本体]

髓鞘

細胞核

脊椎動物有些有
許旺細胞構成多層磷脂膜
保護·支持·絕緣·加速傳導

感覺

接腦(於腦 or 脊髓)

突觸間隙(A)
電→符→電

運動

★神經系統：腦神經和脊神經的比較，以及反射動作的機制。

腦神經 12 對（頭部的感覺器官.肌肉.腺体 / 迷走神經分佈至胸腔.腹腔）
（腦發出）　　　→ 頭部感覺受器接收訊息傳腦. 腦發出神經衝動傳動器
　　　　　　　　　迷走神經 調節 心跳 呼吸.消化器官活動

脊神經 31 對（分佈軀体 .四肢）
（脊發出）　　　→ 皆含感覺.運動 2 種
　　　　　　　　身体各部（除頭）感覺訊息傳至腦部. 腦發出神經衝動傳至身体各部

反射（不經大腦意識控制）→ 降低傷害
肢体反射 → 中樞脊髓
內臟反射 → 中樞 大腦 以外腦部

反射弧 → ┌ 反射發生時. 神經衝動傳導的路徑
　　　　　└ 包括受器. 感覺. 聯絡. 運動神經元. 動器　　ex. 手觸圖釘
　　　　　　　　　　（X）　　　　　　　　　　　ex. 膝跳反射

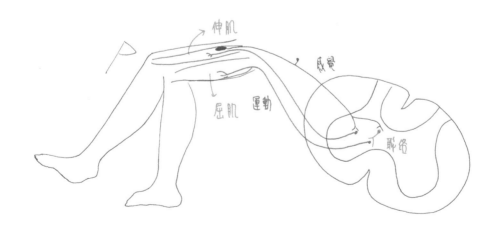

★國中生物循環系統：最容易錯誤的地方就是心臟內血流的方向，只看課本很難記清楚整個動線，重新跟著血液的流動自己畫一次，或者觀看影片都是很好的學習方式。

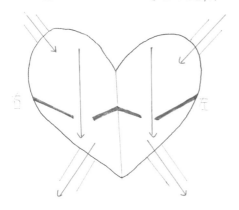

[血液循環系統]

人類是由心臟、血管、血液等組成循環系統

1. 心臟 → 心搏：血液循環之原動力

正常成年人每分鐘心跳 72 次

血管種類	管壁厚度	彈性	血流速度	血流方向	分布	功能
動脈	較厚	大	快	心臟到周邊	大多在較深部位	把心臟的血液送到全身
靜脈	較薄	小	慢	周邊到心臟	有深層靜脈或淺層靜脈	把全身的血液回收到心臟
微血管	極薄	極小	極慢	小動脈到小靜脈	皆有	負責物質交換

★泌尿系統：和消化系統一樣，看起來複雜，在生物課本一定有精美的圖片，但只用眼睛看很容易忽略小細節，比如說出球小動脈在哪裡，絲球體又怎麼連接。自己畫過，有助增加印象。

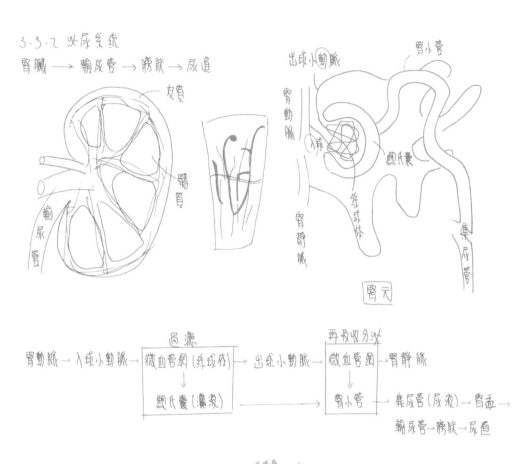

3.3.2 泌尿系統

腎臟 → 輸尿管 → 膀胱 → 尿道

腎動脈 → 入球小動脈 → 微血管網(絲球體) ──過濾── → 出球小動脈 → 微血管網 ──再吸收分泌── → 腎靜脈

絲球體 微血管網 → 鮑氏囊(濾液) ──────→ 腎小管 → 集尿管(尿液) → 腎盂 → 輸尿管 → 膀胱 → 尿道

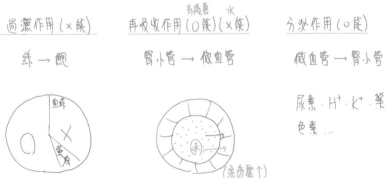

過濾作用 (×能)

絲 → 鮑

再吸收作用 (○能)(×能) 有感震 水

腎小管 → 微血管

分泌作用 (○能)

微血管 → 腎小管

尿素、H^+、K^+、藥、色素...

(該處壓↑)

二、名詞解釋：考題就在定義中

生物學是一個觀察的科學，也因此科學家創造出許多不同的名詞，而這些名詞之間的差異和定義就是考試中常常出現的重點，例如「分離律」與「獨立分配律」、「呼吸運動」與「呼吸作用」、「先天免疫」與「後天免疫」等，務必分清楚每一個概念各屬於哪一類的範疇，一方面協助整理課程內容，另一方面當到你看到考題時，就不會一頭霧水或出現理解的誤區。

三、延伸思考

學測或分科測驗，尤其是後者的生物考試，往往考很細。雖說除了閱讀題組，其他題型理論上應該都要出自課本範圍，但「出題老師認為你要會的」，可能跟「你真的會的」就是有落差。我記得高三有一次段考，有一題多選題，問的是「**肝門靜脈回收哪些器官的血液**」。課本一定都會提到，肝門靜脈的功能是回收腹腔消化器官的血液，將吸收到的養分帶到肝臟代謝，不過其他腹腔中，非直接屬於消化管路的器官，例如胰臟、脾臟、腎臟的血液又會不會流入肝門靜脈，實際上課本不一定會直接詳述，但你要知道它們的路徑，像這種例子，大家在閱讀這個段落時要想得多一點，而若對重點沒有那麼高的敏銳度，則可以透過題目往回深入複習。（注：**胰臟、脾臟的血液都是回流至肝門靜脈，而腎臟的血液由腎靜脈直接進入下腔靜脈**）

四、實驗、實驗、實驗

從過去的指考到現在的分科測驗考題中一定會有實驗題的部分，生物科有一個大題就叫作實驗題，以 111 年的分科測驗為例，實驗題共 7 題 14 分，也因此一路從物理到生物，再三強調一定要注意高中課綱中有哪些實驗是規定一定要學習的，必定要把實驗的原理、目的、使用之試劑及材料、結果的

解讀等重點看清楚。如果在學校沒有實際操作實驗的機會，也一定要仔細閱讀實驗相關的教材。

聰明考試的攻略

生物在自然幾科之中應該算是較為平易近人的科目，既無繁雜的理解和計算，也不會有太多超出高中背景知識的重點，通常以課本為綱，適度加入其他補充教材，就可架構出完整的大概念，對課本的熟稔程度、判讀題目的能力都是得分的關鍵。

大考的生物科常出現科普文章的閱讀題型，雖然通常是沒有直接學過的內容，但延伸觀念一定會與課程有關，因此冷靜閱讀，細心的從文章中找到與之前所學有關的線索，通常不會太困難。

以 110 年指考生物 39 ～ 41 題為例，「閱讀二」的文章介紹新冠肺炎（COVID-19）疫苗的四個類型：減毒疫苗、DNA 疫苗、mRNA 疫苗及蛋白質疫苗的基本概念，以及武漢病毒株（WU）、英國突變株（UK）之間的胺基酸序列差異及其意義。

這 3 題都不是出現在高中課本中的題目，但一定都能夠從題目敘述找到答案，因為 COVID-19 的流行，近兩年的學測、指考多少會涵蓋相關的時事題，不過也不必太擔心，加強國語文閱讀能力，輔以基本的生物知識，才是回答這種題目的關鍵。

110 指考閱讀題

◎ **39-41 題組**

新冠肺炎（COVID-19）疫苗主要有四類型：減毒疫苗、DNA 疫苗、mRNA 疫苗及蛋白質疫苗。目前各國施打的疫苗中，除了減毒疫苗外，其它

三種則是針對最先在中國發現的 COVID-19 WU 病毒株的棘蛋白（spike）而設計，其中主要包括受體結合區（receptor binding domain；RBD）胺基酸序列（圖 8 黑框區）。DNA 疫苗是將 COVID-19 病毒基因以腺病毒為載體，當它進入人體細胞後，經轉錄及轉譯產生棘蛋白；mRNA 疫苗則是導入人工合成的一段 mRNA，當它進入細胞中，即可以被轉譯出此病毒的棘蛋白。蛋白質疫苗則是直接將棘蛋白打入人體。這些疫苗最終目的都是用棘蛋白誘發人體產生足夠的中和性抗體以對抗病毒。

繼 WU 病毒株後，又發現英國突變株（UK 株）。UK 株的棘蛋白產生了 D614G 突變點（圖 8）。D614G 的意思是棘蛋白上的第 614 位置的胺基酸由天門冬胺酸（D）突變成甘胺酸（G），導致 UK 突變株的棘蛋白與人類細胞受體（ACE2）結合能力增強，提升感染效率。幾個月後，南非發現了南非突變株（SA 株），該 SA 突變株的棘蛋白與 UK 株一樣具有 D614G 突變，然而 SA 株的 RBD 區域多產生了 E484K 突變（圖 8），也就是棘蛋白的第 484 位置的胺基酸由麩胺酸（E）突變成離胺酸（K）。

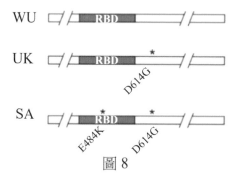

圖 8

此外，COVID-19 病毒顆粒上棘蛋白是以三元體狀態聚合成一個單元，該單元的三個棘蛋白通常是封閉狀態（close form）存在。若三元體單元其中一個棘蛋白呈現開放狀態（open form），則該開放狀態的棘蛋白可以與人類

ACE2 受體結合，造成病毒套膜與寄主細胞膜進行融合，導致感染。研究發現 D614G 突變使棘蛋白開放態比例增加，使其更易與人類受體結合。依據上文內容和習得的知識，回答第 39-41 題：

39. 下列有關 COVID-19 疫苗之敘述，何者正確？
    (A) COVID-19 減毒疫苗以病毒的棘蛋白製備而成
    (B) 目前國際上使用的 COVID-19DNA 疫苗或 mRNA 疫苗，是在進入人體後使細胞產生病毒棘蛋白以誘發被動免疫
    (C) 疫苗要能誘發人體產生足夠量的中和性抗體才能對抗病毒
    (D) 目前人們接種的 COVID-19 疫苗在人體產生的棘蛋白皆不包括病毒的受體結合區

◆解析：
　　(A) 上文第一段「除了減毒疫苗外，其它三種則是針對最先在中國發現的 COVID-19 WU 病毒株的棘蛋白（spike）而設計」，可知減毒疫苗不是。
　　(B) 打疫苗屬於主動免疫，此為課本內容。
　　(C) 上文第一段最後一行「這些疫苗最終目的都是用棘蛋白誘發人體產生足夠的中和性抗體以對抗病毒。」，此選項正確。
　　(D) 上文第一段「其它三種則是針對最先在中國發現的 COVID-19 WU 病毒株的棘蛋白（spike）而設計，其中主要包括受體結合區（receptor binding domain；RBD）胺基酸序列（圖 8 黑框區）」，因此有包含受體結合區。

40. 若疫苗是針對 WU 株之棘蛋白胺基酸序列設計，研究發現此疫苗對 UK 株有保護效果，而對於 SA 株的保護效果大幅降低。下列敘述哪些正確？

(A) RBD 序列與 COVID-19 疫苗保護力有關

(B) E484K 突變使疫苗保護力降低

(C) D614G 突變導致疫苗保護失效

(D) WU 株疫苗無法與 SA 株 RBD 結合導致疫苗無保護力

(E) D614G 突變促進病毒複製

◆解析：

　　(A) 正確，見圖 8 可以發現 D614G 序列位於 RBD 之外，疫苗對 UK 株的保護力並不會因為 D614 突變而降低；但位在 RBD 中的 E484K 突變則會使疫苗的保護力降低。

　　(B) 正確，SA 株的 E484K 突變使疫苗對其保護力降低。

　　(C) 錯誤，疫苗對於具有 D614G 突變的 UK 株還是有保護力。

　　(D) 無關。

　　(E) 無關。

41. UK 株與 SA 株的感染率都比 WU 株來得高。下列原因哪些正確？

　　(A) UK 與 SA 株棘蛋白都有 D614G 突變

　　(B) D614G 突變會導致更多開放態棘蛋白

　　(C) UK 與 SA 株的開放態棘蛋白比例比 WU 株低

　　(D) D614G 突變不會影響棘蛋白與 ACE2 受體的結合能力

　　(E) 本文證實 SA 株 E484K 突變和棘蛋白開放態增加明顯相關

◆解析：

　　(A) 正確，見圖 8。

　　(B) 正確，文章最後一段有提到「研究發現 D614G 突變使棘蛋白開放態

比例增加，使其更易與人類受體結合。」

(C) 錯誤，UK 與 SA 株都有 D614G 突變，棘蛋白開放態比例增加。

(D) 錯誤，文章最後一段有提到「研究發現 D614G 突變使棘蛋白開放態比例增加，使其更易與人類受體結合。」

(E) 錯誤，是 D614G 和棘蛋白開放態比例增加有關。

這一個大題基本上就單純是閱讀測驗而已，不需要真正搞懂文章中的那些專有名詞，只要知道如何回到原文找到選項的答案。

111 學測單選題

11. 小婷將混合染料以濾紙層析法分析，在展開液上升至停止線時終止層析。待濾紙乾燥後，觀察發現甲、乙、丙三種成分之相對位置如圖 5；並定義 Rf 值如下：

$$Rf \text{ 值} = \frac{\text{成分由起始線的移動距離}}{\text{同時間展開液由起始線至停止線的移動距離}}$$

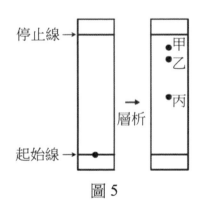

圖 5

Rf值與該成分及展開液的特性有關，可做鑑定之用。下列敘述何者正確？

(A) 乙的 Rf 值為 0.2

(B) 甲與丙的 Rf 值，兩者相加約為 0.6

(C) 乙與丙在層析時，移動速率比約為 8:5

(D) 甲、乙、丙的分子量大小關係為甲 < 乙 < 丙

(E) 甲、乙、丙的 Rf 值，會隨著展開液移動距離的增加而變大

◆解析：

　　這題就是很典型的實驗題型，題目提供充分的背景知識，即使沒有讀過實驗也是有機會寫對，但若有操作或計算過，在做這題時會更得心應手。

　　(A) 錯誤，展開液的移動距離是從起始線到停止線，乙的移動距離是從起始線到很接近停止線的位置，因此乙的 Rf 值會比較接近 1，不可能是 0.2。

　　(B) 錯誤，甲的 Rf 值接近 1，丙的 Rf 值接近 0.5，兩者相加一定大於 1。

　　(C) 正確，因為在展開液上升至停止線時終止層析，因此甲、乙、丙及展開液的移動時間均相同，起始線到乙、丙終點的距離比即等於速率比。

　　(D) 錯誤，敘述有提到「Rf 值與該成分及展開液的特性有關」，若該成分越容易被展開液帶著一起前進，則 Rf 值會越大，不完全是跟分子量有關。

　　(E) 錯誤，Rf 值是一種物質的特性，展開液的移動距離越長，物質的移動距離也越大，兩者的比值不會改變。

▶地球科學：浩瀚無垠的宏觀學科

　　地球科學或許是高中自然四科中，最容易被忽視的科目，記得當年考學測，地科的範圍有兩冊，然而三類組學生因為要花費較多時間學生物，地科的教學時數就較少。地科也是唯一一個在過去的指考或現今的分科測驗都不會考的科目，然而在學測中所占的題數比例與物理、化學、生物相同均是1/4，因此在準備學測時此科目仍舊不能偏廢。

　　地科分為地質、海洋、大氣、天文、環境保育等範疇，其中地質和大氣的主題與地理科會有部分重疊，主要在地形和行星風系的部分，然而地理和地科最大的差別在於，地理討論的是與「人的生活圈」有關的部分，上至對流層或平流層，下至地殼的岩石圈，而地科討論的範圍上至無垠宇宙，下至地核內部，整體使用較宏觀的方式來探討我們所身處的環境。

平時準備，你可以掌握的事

一、搞懂一切專有名詞

　　學地科，首要之務是弄清楚許多相似而不同的名詞，如地震波的 P 波和 S 波、板塊運動所產生的正斷層、逆斷層、平移斷層、轉形斷層、海洋分層的混合層、斜溫層、深水層……。可以說，認識這些日常生活可能不太會接觸到的學術名詞，是讀地科的基礎，就像幫自己在腦海中建立起這個知識系統的「環境」，有助於對該主題有概括性的認識。

二、跳脫平面，立體式的學習

　　和生物一樣，自行繪圖也是讀地科的最好方法，甚至輔助以地球儀、虛

擬模擬、實體模型來學習都是更好的選擇！尤其是天文相關章節相當抽象，必須搞清楚各種傾角及太陽、地球、月球之間軌道及環繞的關係，我們在日常生活中較熟悉的，了不起也只有日蝕、月蝕，以及月球的陰晴圓缺與農曆之間的關係，如果要在腦海中自行模擬這些天體、地球的運轉實在需要想像力，建議平常多閱讀科普文章或看影片累積天文常識。

對我來說，國高中地科最難的部分就是天球、周日運動，剛開始真的沒辦法理解，為什麼地球上每個人看到的星星轉的方向不一樣？每一次我都必須重新畫圖理解北極軸在哪才能正確解題，但明白成因且多做圖之後，就能發現其中的規則，也能舉一反三。

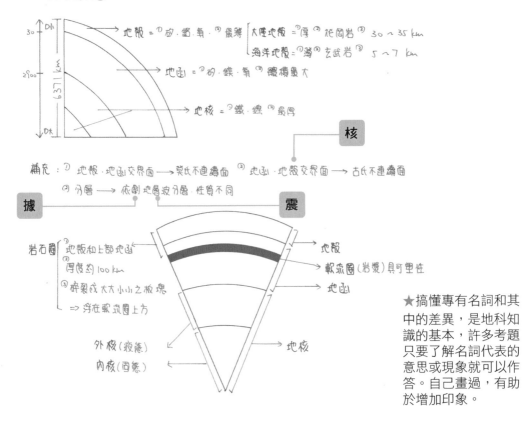

單元二　板塊運動和地球歷史

一、地球的構造

地殼 = ① 矽·鋁·氧 ② 最薄
　大陸地殼 = ① 厚 ② 花岡岩 ③ 30~35 km
　海洋地殼 = ① 薄 ② 玄武岩 ③ 5~7 km

地函 = ① 矽·鎂·氧 ② 體積最大

地核 = ① 鐵·鎳 ② 最厚

補充：① 地殼·地函交界面 → 莫氏不連續面　② 地函·地殼交界面 → 古氏不連續面
③ 分層 → 依劇地震波分層·性質不同

核

據　震

岩石圈 ① 地殼和上部地函
　② 厚度約 100 km
　③ 碎裂成大大小小之板塊
　=> 浮在軟流圈上方

地殼
軟流圈(岩漿)具可塑性
地函

外核(液態)
內核(固態)
地核

★搞懂專有名詞和其中的差異，是地科知識的基本，許多考題只要了解名詞代表的意思或現象就可以作答。自己畫過，有助於增加印象。

板塊交界的類型

板塊交界
├─ 張裂性 ─→ ┌ 正斷層
│ ←張力→   │ 中洋脊 (新海殼)
│   └ 火山活動 (玄武岩) 地震
│
├─ 聚合性 ─→ ┌ 逆斷層
│ 壓→←力   │ 隱沒帶 (海溝)
│   │ 褶皺 (造成·褶皺)
│   └ 火山活動 (安山岩) 地震
│
└─ 錯動性 ─→ ┌ 平移斷層 (美國聖安德列斯)
             └ 火山活動 (極小) 地震

歐亞(下)

菲律賓(上)
花東縱谷 (交界隱沒帶)

岩層紀錄的地球歷史

1. 褶皺

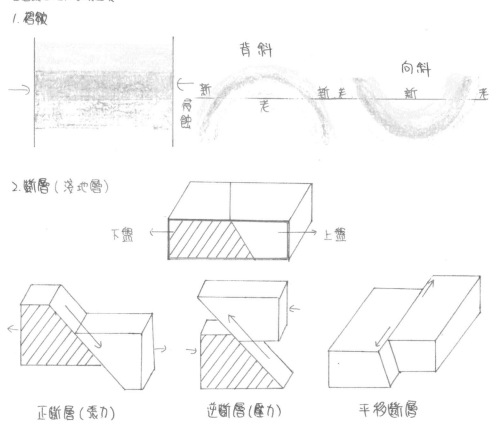

背斜   向斜
新 老 新 老 新   老
   老

2. 斷層 (淺地層)

下盤   上盤

正斷層 (張力)   逆斷層 (壓力)   平移斷層

★周年運動等天文單元對多數人來說很抽象，我以列點和比較的方式，重新釐清幾個我很容易搞錯的小觀念，在繪圖的時候記得以立體的角度想像。

○ 地球重力
 ∵ 東西軸較長. 南北軸較短
 ∴ 兩極重力 > 赤道重力

○ 地球磁場 ⟶ 產生極光
 磁力匯聚於南北極. 故較赤道地區大
 受太陽風(太陽表面射出的高速帶電粒子)影響. 磁場不對稱
 范艾倫帶 ⟶ 地球磁場捕捉的高能量宇宙射線粒子及太陽風粒子組成
 ☆ 阻擋太陽風. 宇宙射線進入地表

○ 恆星月 ⟶ 地球→月亮→遙遠某一恆星. 排成一直線至下次 (約 27.32日)
○ 朔望月 ⟶ 地→月→日. 排成一直線至下次 月相會完成一次盈虧 (約 29.53日)

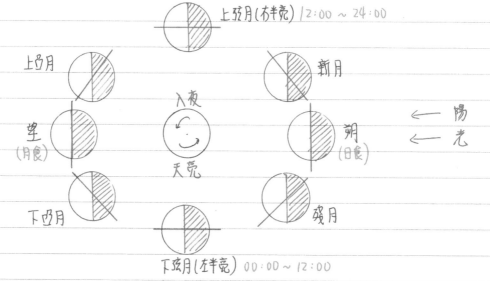

上弦月(右半亮) 12:00 ~ 24:00

上凸月　　　　　新月

入夜
望　　天亮　　朔
(月食)　　　　　(日食)

← 陽
← 光

下凸月　　　　　殘月

下弦月(左半亮) 00:00 ~ 12:00

☆ 上半夜看到上弦月
☆ 下半夜看到下弦月

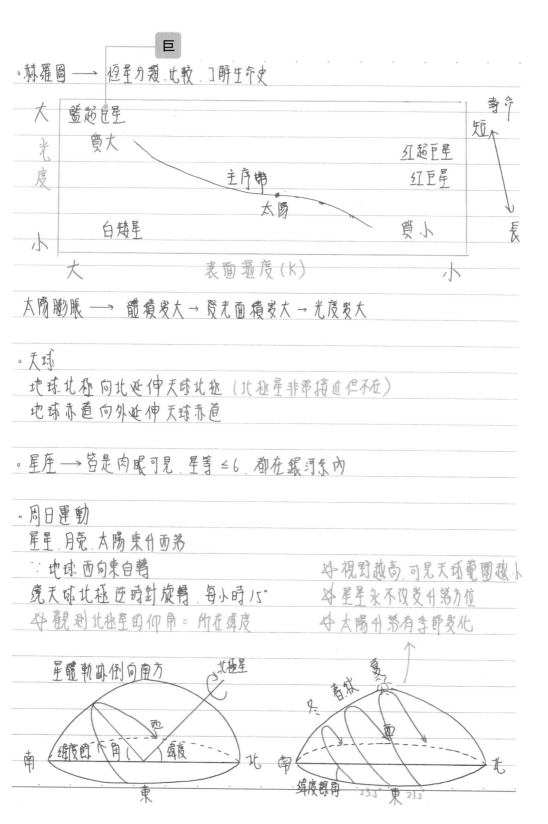

巨

- 赫羅圖 ⟶ 恆星分類．比較．了解生命史

大
光
度
小

| 藍超巨星 |
| 質大 |
| 主序帶 |
| 太陽 |
| 白矮星 | 紅超巨星 / 紅巨星 |
| | 質小 |

壽命
短↑
長↓

大 ⟵ 表面溫度 (K) ⟶ 小

- 太陽膨脹 ⟶ 體積變大 → 發光面積變大 → 光度變大

- 天球
  地球北極向北延伸天球北極（北極星非常接近但不在）
  地球赤道向外延伸天球赤道

- 星座 ⟶ 皆是肉眼可見．星等 ≤ 6．都在銀河系內

- 周日運動
  星星．月亮．太陽東升西落
  ∵ 地球西向東自轉
  繞天球北極逆時針旋轉．每小時 15°
  ☿ 觀測北極星的仰角＝所在緯度

  ☿ 視野越高，可見天球範圍越小
  ☿ 星星永不改變升落方位
  ☿ 太陽升落有季節變化

星體軌跡倒向南方　北極星

南　緯度與仰角　北
東

春秋　夏
南　緯度與仰角　北
冬 23.5°　東 23.5°

聰明考試的攻略

　　雖然說地科在上課時這麼容易被忽略，但地科卻是自然科最容易失分的範圍，一來學習時間本就不多，二來如上文所述，太過抽象與宏觀。那麼，在準備考試時我們可以做哪些努力？

一、分類：要拿到分數的題型

　　地科還是有非常多需要背誦與比較的部分，這類型的題目比較簡單，**也是絕對要拿到的分數**，可以整理出自己比較不熟悉、常錯的地方在筆記本上，比如說：

　　　三大岩類（火成岩、沉積岩、變質岩）；

　　　板塊邊界現象（張裂性、聚合性、錯動性）；

　　　氣團與鋒面（冷鋒、暖鋒、滯留鋒、囚錮鋒）。

二、成因：現象怎麼造成？

　　知道各種地質、海洋、大氣等的成因非常重要，也有效幫助你學習與區分，比如說：現今大部分的科學家都認為達爾文與大溪地兩地氣壓變化的互相交替周期，與聖嬰現象發生的時間有關，此稱為南方震盪；又像是地轉風（高空）與地面風（地面）的成因等，就比較容易理解它們的差異，而成因也是常見的考點。

三、規則：記住規律

　　地科雖然不簡單，但畢竟是科學家經過多年的觀察，還有數值的記錄與計算所得出的運行規則，短則什麼時候會漲潮，長則什麼時後會有日月蝕，一定要記住其中的規律性，有助於寫變化題。

◎ 43-45 題組

　　某海岸有不同高程的海階，如圖 18 的 T_0 至 T_3 所示。海階常有海蝕凹壁。小莉推論海蝕凹壁為當地堅硬的火成岩壁受潮水長期侵蝕而成。海蝕凹壁上常有大量的穿孔貝附著在凹壁上。穿孔貝僅在潮起潮落之間的高度存活，無法長期離開水面。因此，小莉推論此海階上的海蝕凹壁主要由大地震所造成的垂直抬升而成。小莉詳細丈量每個海階和海蝕凹壁的高程，並利用凹壁上穿孔貝的碳進行碳 -14 定年分析。所得的結果如表 3 所示。

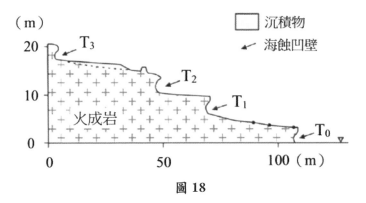

圖 18

階地	累積高程（m）	定年結果（年）
T_0	0	0
T_1	6	800
T_2	10	1600
T_3	18	2400

表 3

43. 該海蝕凹壁生成的過程中，下列何項地質作用影響最小？

(A) 侵蝕作用

(B) 搬運作用

(C) 變質作用

(D) 風化作用

(E) 大地震瞬間抬升

◆解析：

　　海岸地形自然會有侵蝕、搬運、堆積的地質作用，熱脹冷縮等物理現象也會造成風化作用，而地震造成地殼抬升。僅有 (C) 變質作用最不明顯。

44. 有關碳 -14 定年的敘述，下列哪些正確？（應選 2 項）

(A) 碳 -14 定年法為絕對地質年代定年法

(B) 碳 -14 具放射性

(C) 碳 -14 之半衰期約為 5730 年，此定年方式適用於時間尺度十萬年以上事件之探討

(D) 碳 -14 定年中，母元素含量的比例隨時間呈線性衰減

(E) 碳 -14 和碳 -12 是同位素，碳 -14 的原子核由 8 個質子和 6 個中子組成

◆解析：

　　(A) 正確，碳 -14 為絕對地質年代定年法，反之「相對定年法」則是藉由兩塊地層的相互比較以排列先後順序。

　　(B) 正確。

　　(C) 錯誤，十萬年間碳 -14 可能已經經過十幾個半衰期（100,000/5,730 = 17.5），每經過一個半衰期，母元素的含量就只剩下一半，因此經過十萬年後，

母元素含量僅剩 $(\frac{1}{2})^{17.5}$，此數字過於微小，難以精確測得。

(D)錯誤，應為指數衰減。

(E) 錯誤，應為 6 個質子、8 個中子。

45.若此海岸海階的形成主要由偶發大地震事件所引起，假設在兩次大地震之間無明顯抬升與海水面高度變化，請依下列坐標軸與表 3 的數據，畫出此海岸 T_0 到 T_3 期間，最符合上述地體抬升情形之累積高程（縱軸）隨時間（橫軸）的變化圖（2 分）。注意：由大地震引起的快速抬升，和緩慢抬升是有所不同的。並列式計算此海岸 T_0 到 T_3 期間的平均抬升速率（單位為 mm/ 年，計算至小數點第一位）（2 分）。

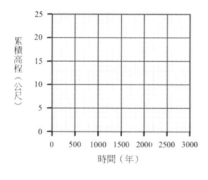
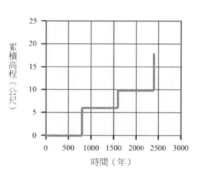

◆解析：

　　題目強調由大地震引起的快速抬升，和緩慢抬升是有所不同的，因此在沒有發生地震時，高度應該是不會改變（水平線），發生大地震時才會垂直上升。這題作答時要注意單位，表 3 的高程是以公尺（m）表示，而此題題目要求以「mm/ 年」來表示抬升速率，因此要記得做單位換算。

$$\text{平均抬升速率} = \frac{18 \times 10^3 \text{mm}}{2400 \text{ 年}} = 7.5 \text{ mm}\text{ ／年}$$

Part IV　成績之外

聊一聊素養和未來

「想自主學習，怎麼開始？」「我該補習嗎？」

參考書、網路資源和課外閱讀，都是提高成效的好「學伴」。

將平時課本所學延伸到生活，

學習同一主題時用不同科目的視角去思考，

當你可以自行發現問題，並找出解決方法、判讀資訊，

就擁有了一生受用的「帶得走的能力」。

讓夢想成為你讀書的動機，
而不要讓讀書扼殺你的夢想！
尊重世界的每個聲音，
但只做我自己。

C
or
B
A
D

▶那些教室外的資源

隨著教改的推進，「素養」成為老師和家長火熱的討論名詞，這個詞彙看似抽象，也不容易以三言兩語解釋，卻是 108 課綱所強調的核心理念之一，重點是培養學生「帶得走的能力」。只靠背熟一本課本以不變應萬變的時代已經過去，學生在教室裡學到的和日常生活必須有更多的聯結，畢竟離開學校後，沒有所謂的「課本」，一切不懂的知識，都得靠自己去尋找答案。

而課堂外的學習工具，遠比你我想像的多，參考書和網路資源都是可以輔助學習的好朋友。

在本書出版的前兩年，新冠疫情改變了學校傳統的授課方式，讓學習逐漸從實體轉變為線上，網路上的資源建構也越來越完整，如果能從國中、高中階段多練習自己查找資料，等於是為自主學習奠立基礎能力。當你能夠發現問題、評估方法，並從海量的資料中判讀有效正確的資訊，未來不管走到哪一個階段，秉持學無止境的精神，就不會畫地自限。

參考書：內容是不是越多越好？

坊間有各家出版社的參考書或講義，大多以表格或條列重點的方式整理課本內容，並附有練習題和歷屆大考試題，適合想在基礎內容之外加深加廣，或想做預習、事先瀏覽重點的人。

剛升上國中的孩子常搞不清楚那堆琳瑯滿目的參考書、講義、評量……到底有什麼差別？主要是出版社編撰時著重的內容重點和練習題比例不同：參考書涵蓋的內容最廣、說明較多，會有一些課外補充的篇幅，練習題的數量略少，售價較高；講義類似參考書的精簡版，會包括簡化的重點和題目，頁數較薄，多半較為平價；至於評量，則以收錄練習題目為主，條列重點最少。

但無論是參考書、講義還是評量，選購時要注意內容與學校課本及考試模式是否相符，有些參考書可能多年未經修訂，**不管是保留太多舊課綱的內容，還是補充過多課綱外的知識，二者皆不是很好的選擇**。收錄太多課外補充的版本，雖然內容豐富好像很划算，但別忘了使用參考書的目的，終究是整理重點和提升熟練度的輔助工具，對於講求讀書效率的學生而言，若無法分辨哪些是一定要讀熟的內容，哪些是用於參考的補充知識，厚厚一本怎麼讀也讀不完，反而會造成時間上的浪費。

無論如何，課本仍是基礎，讀參考書、做補充題目，都應該建立在對課本內容的熟練度之上，若你對課程內容已經很熟悉，參考書中加深加廣的補充將是提升實力的一大利器，因為當你了解的越多，越能夠對知識的完整脈絡融會貫通，在考試時也更得心應手；但如果你連最基礎的內容都不熟，我不建議你抱著參考書狂背或猛刷題目，還是先回到核心的觀念吧，搞懂了，有餘力再來閱讀課外補充。

寫參考書或講義中的練習題，要衡量難易度及自己當下的能力，寫練習題是為了檢核自己是否真的學懂、學透，看到題目敘述有沒有能力理解或比較。有些數學參考書的題目真的太刁鑽太困難，整個看下來只會打擊自己的信心，未必能有效幫你拉高分數。

要怎麼抓適合的難度呢？請先參考自己學校歷屆段考試題或歷屆的大考試題，對這幾屆考試的難度和題目方向有概念，再來練習比上述考古題稍微難一點點的題目。還記得第二章〈專注力〉所提到的嗎？做一些「剛剛好的過度練習」，對於實力的提升最有效益。

線上資源：只要想學，俯拾即是

網路上有各式各樣的學習資源，用你的年級、科目或教科書版本當關鍵

字，就可以搜尋出非常多免費的學習題庫或網站。我們以「台北酷課雲」網站（https://cooc.tp.edu.tw/）為例，點進「**學科影片**」，有包含國小一年級到高中三年級絕大部分的課程影片，都是由學有專精的各科老師錄製，完全免費且不需註冊，在學校如果有某些單元段落聽不懂，回家可以挑自己所需的部分觀看影片。

YouTube 上亦有許多教學平台，僅需在搜尋欄搜尋**章節名稱**，即可找到各種教學影片或考前猜題影片。YouTube 影片的優點是通常會以動畫來輔助說明，比起純文字或靜態圖片更容易理解。

除了影片資源，亦有許多學校老師會將自己所編撰的教學講義或收集的歷屆試題放在網路上供大家參考，這些資源一直都在，差別只在於你有沒有發現，只要搜尋如「**高中數學講義**」、「**國中理化講義**」等關鍵字就可以找到。

課外閱讀：自然不只是自然，社會不只是社會

人類的科技不斷進步，當然有許多基礎知識不會改變，不過誰能保證數年後不會有新的考古發現顛覆我們對古代歷史的認識？誰能肯定自然科學不會出現新的理論，解決當前的未知謎團？現在進入一日千里的資訊化時代，新時代的人們應該要有主動學習、思辨的能力，並能夠將學習到的知識技能，融入應用在生活中。

回到學校教育和考試的討論，在這樣的背景下，「素養題型」應運而生，其特點是模仿生活中會遇到的真實問題，整合多重概念，甚至是不同科目的概念。

我們在第三章提到，國文科就是很典型、需要靠長期閱讀累積素養能力的學科，相較以前的考題多以古典或現代文學為主，近年的考題越來越著重跨領域的整合，閱讀素材不再侷限於文學，而是延伸至科學、藝術、政治等

不同的範疇，以多元的素材考察學生的閱讀和分析能力。從 111 年學測開始，多出了問答題型、判讀圖表題型，必須具有讀懂並判斷題目文本的能力才能順利作答。這種題型沒有特別速效的訓練方法，只能依靠平時充足而廣泛的閱讀來堆疊自己的學習資料庫。

英文考試也是如此，平時多讀不同類型的英文文章或書籍，碰到閱讀測驗時就會更得心應手。

而社會科與自然科，從素養學習的精神來看也大致類似，並體現在更多跨科整合的題型中。

平時在讀書時，嘗試將一個主題從**不同科目的角度**來探討，例如在學習人口流動的章節時，可以聯想當時不同地區的歷史情境，其政治、經濟、文化制度的特色；或者從地理的角度思考兩地的地形、氣候、產業等條件，是哪些拉力或推力促使人口的流動；亦可從公民與社會的角度，思考政治制度或社會組織的問題——以上整合來談，例如可試著思索：美國的開拓史、地理環境、經濟活動、東西特色和如今各州的選民結構有什麼關聯？

在學到談論戰爭的章節，搭配時間的先後順序，探討發生戰爭的遠因和近因；從空間的概念了解兩地是否有自然資源或社會文化的差異，或者從國際關係的角度思考國際合作、競爭、條約、結盟等因素。

自然科的整合也應如此，物理學和化學在微觀的層次有所重疊、生物學往往牽涉到化學分子的性質，這些都是在學習時可多思考的部分。

多讀國內、國際新聞或科普文章，都可讓你一點一滴汲取不同領域的知識，以不同的思維去看同一件事情，或者因為某個關鍵點而貫通、啟發你的思考，多方閱讀的好處太多了！

▶未秧真心話：科系、學校、興趣的抉擇

　　成績、興趣、科系，這幾個問題的排列組合沒有絕對正確的答案，更何況選校選系，選父母親的期待，還是選自己的期待，我們無法確保任何一個答案可以讓你從此走向幸福快樂的生活。有人跟我說某學校離家太遠了、有人跟我說想逃離現在的家，有人跟我說想休學、想轉學、想轉系、想重考；有人說想做一個賺大錢但不喜歡的工作，有人又說不想賺太多錢，但想要做一個自己真正喜歡的工作；要搭火車的、要上山的、學校不漂亮的、想住宿舍的、擔心室友太雷的、想出去住的、想打工的，離家與留下……。

　　在做這個選擇之前，在決定你這四年會遇見什麼人、會跟誰相愛、會跟誰無理取鬧之前——最重要的一件事，**先了解自己**——透徹的，與自己對話。

　　「我究竟想要什麼。」

　　「我到底喜歡什麼。」

　　如果這兩個問題對你來說太難的話，那麼：

　　「有什麼是我可能會想要的。」

　　「有什麼是我之前沒有的，我現在可以去追求的。」

　　「有什麼事情是我可能喜歡的。」

　　「有什麼生活方式是我沒體驗過，有可能嚮往的呢。」

　　「有什麼人是我沒接觸過，或許我會好奇的。」

　　我們先撇開那些高中讀的類組、大學科系，跟未來做的職業完全沒有相關的案例，因為這通常可能來自一些契機、一些啟發，天上掉下來的靈感之類的，先不談這些，就談那些你可能曾經嚮往過的日常、憧憬過的生活，還有想像自己將來的樣子，這可以蠻私密的。好比說，你想要自己以後開著跑車、住在豪宅、每年出國旅遊好幾趟、有數不清數字的財富；又或者你想去

難民營看看、去深山中的學校陪伴孩子。這些都沒有對錯，重點是這是否為你心中真正所追尋，不是來自別人的期待、不必迎合社會的眼光，答案不用太準確，只是你此時此刻想到的就好。

這四年你想要過什麼樣的生活呢？

先想想短期的，畢竟太長遠的事情充滿太多變數。大學期間你想要過怎麼樣的生活呢？這四年你想要去哪座城市看看呢？你想要認識什麼樣子的人，你想要吃什麼、體驗什麼呢？大部分台灣的孩子，在十八歲上大學之前很少有機會去另一座城市長住，我們在從小到大的故鄉安逸生活，熟悉每條街道巷弄，眼前所見便是世界，這個小世界以外的宇宙，我們僅透過新聞、網路認識，往往也深信不疑。

以我來說，不知道為什麼對台南就是有種憧憬，並不是真的只愛吃美食，而是好奇，好奇那裡的步調與人們，葉石濤曾說過：「**台南是一個適合人們作夢、幹活、戀愛、結婚、悠然過活的地方。**」我好難想像，所以想去看看，而事實證明了我在台南的四年，改變了我十八年來的價值觀與人生態度，更寬廣也更充滿想像。

我的室友有兩位新竹人、一位苗栗人、一位彰化人與一位高雄人，大一還沒開學之前，他們就給我起了一個綽號，叫做「北北」，至今大學的朋友還是這樣叫我，因為我來自台北，對他們來說我有個台北的模樣，但對我來說，他們也很特別，有好多我沒看過的樣子。

我知道很多事情是就算我們想要也沒有辦法得到，但起碼要先了解自己真正喜歡的事物，或許還需要花許多努力與時間來達成，但總有個方向與期待在那。

五個願望：屬於你的天秤

接下來再來想想長期的，大概有五個方向可以選，**興趣、財富、權力、父母期待、自我實現**，當然做自己喜歡的事情，一定可以感到快樂，但如果換來的是父母親的不理解、周遭的刻薄，這樣的心理負擔會不會壓過你原本的快樂呢，還是你可以一直堅持下去，讓大家對你刮目相看，讓所有人心服口服？

我相信所有職業在世界上都有其生存之道，所謂成功與否，也許是還沒有找到方法，也許是少了一個契機，所有的成功都很辛苦，沒有人的成功是唾手可得，而上面的五個選擇都有背後必須承擔、你無法言喻的付出。

把那些放在天秤上看看，是做著不喜歡的事，但聽到父母親的讚賞比較快樂呢？還是做著自己喜歡的事，但是必須忍受一些不理解比較快樂呢？還是做著喜歡的事，聽著父母親的碎念，但是相信自己有一天會達成他們的盼望，這件事更讓你快樂呢？這個天秤是浮動的，隨時可能因為年齡、想法、能力而改變。

每次回覆孩子來信問我的這類問題，我都覺得自己並沒有立場左右任何人的人生，我不希望你們做自己不喜歡的選擇，但我也不想看到家庭革命，當下怎麼做是讓你活得最舒服的方式就好。**有些選擇與決定不需急於一時**，偷偷的、慢慢的朝著那個方向走去，也是一個很好的選擇，而且也要記得，不要太貪心，沒有事情可以做到面面俱到。

或許我們都抱持過期待，想著自己可以改變誰的想法、能夠說服誰的成見，但也許，他們改不改變已經不重要了，重要的是以後我們有沒有能力改變——能不能相信，**自己，總有一天，能改變。**

▶其他一切你想問的

Q1. 要在哪裡讀書比較好？

湛樺：大部分的人讀書的場所不外乎家裡、補習班、K書中心、圖書館、咖啡廳等等，實際上還是看自己會不會被外界環境影響，如果你需要一個很安靜的空間，那麼家裡、K書中心或圖書館會是比較好的選擇；而如果你喜歡有背景音樂，或有些微講話聲音的環境，咖啡廳亦是很好的地方，總之，試試看，再選擇一個最適合自己的讀書場所。

未秋：都去試試看，不是一定在圖書館讀書的人才能拿到滿分。我自己是從來不在圖書館讀書的人，太安靜反而讓我的心思混亂，我會開始想東想西，導致沒法專心在書本上。咖啡廳，特別是有點嘈雜的咖啡廳反而是我的第一選擇。

Q2. 讀書時可以一邊聽音樂嗎？

湛樺：我自己喜歡在讀書或工作時一邊聽音樂，通常會打開 YouTube，找旋律比較柔和的曲子當作背景聲音，最好是不需要花費心思去思考旋律或歌詞的音樂。網路上也有很多輕柔的讀書音樂，可以適度使用。

未秋：在讀書或者創作的時候，音樂對我來說就是蠻大的干擾，不管是輕音樂或者流行音樂都是，我習慣風的聲音、雨的聲音，或是白噪音等；若今天要做比較簡單的工作，那我會選擇一首歌，循環播放到這件事情結束。到底要不要聽音樂，這件事取決於什麼聲音可以真的屏蔽掉會干擾你的聲音，是音樂還是周遭的人？

Q3. 一天要睡多久才足夠？學霸都睡很少？

湛樺：其實每個人所需要的睡眠時間都不同，有些人可能需要九個小時，有些人可能只需要四、五個小時，重點在於你會不會覺得白天很疲憊。我念大學平均一天睡五個小時，上 8:00 ～ 9:00 的課有時會滿想睡的，不過之後就還好。硬要保持清醒說真的很困難，因為睡覺是生理需求，只能喝杯咖啡或喝杯茶轉換一下注意力，或者在讀書或聽講時，同時動手寫點東西，多少也能幫助自己回神。但是如果發現自己長期處於疲勞狀態，那就要調整作息、重新規劃時間。

未秧：最奇怪的是，我自從回到台北，從原本一天只需要五、六個小時睡眠，直接拉長到九到十二個小時。我想影響睡眠有一個很大的因素是心情，強烈建議大家一定要運動，以前我的高中同學都會提早二十分鐘到學校跑操場，或者在讀書讀到一半的時候做一些短暫的肌力訓練或高強度的有氧運動，絕對可以有效幫助你提升當下的精神。

Q4. 要如何分配讀書和娛樂的時間？

湛樺：安排好計畫表，如同我們第二章所提到的，先統計這一次考試前有多少範圍要讀，估計大致需要花費的時間，然後做好長期和短期的規劃，剩下的時間就可以安排適度的娛樂。如果實際執行以後，覺得放鬆時間太多，或效率太差，就調整計畫，直到可以平衡讀書和娛樂的時間。

未秧：要先接受我們的本性就是這樣，喜歡先做輕鬆快樂的事，到最後不得已才拾起書本力挽狂瀾，所以第一件事是先評估自己到底需要多少時間準備考試，包括理解的時間、反覆背誦的時間等。再來如果你有餘力保有其

他娛樂、閒暇的時間，就好好放鬆與紓壓，千萬不要捨不得放下書本，如果不是太緊迫，我絕對支持大家花點時間盡情休息、調整心態，準備好面對下一場戰役。

Q5. 要不要加入社團？

湛樺：有人說高中最重要的三件事，就是讀書、愛情和社團。經歷過國中三年的拚命讀書，我確定自己的高中生活一定不能只有讀書。加入社團絕對是人生中重要的經驗，人生中難得有機會跟一群志同道合的人一起練習表演、一起辦活動、一起狂歡。當然花時間在社團上，一定多少會壓縮到讀書時間，但重點是你要分清楚讀書時間、社團活動時間和娛樂休息時間，即使社團再忙，也要撥出時間讀書，你的成績並不會因為參加社團而一落千丈。

未秧：我也認為你不用在還沒有全力以赴之前，就一口咬定自己沒辦法兼顧社團與課業！我在高中最後悔的事，就是我在中途退出了北一女行進樂隊，我曾經為了想要在總統府前表演而努力，卻只是因為太累而放棄，要說我高中唯一的遺憾便是這個。想想你的十六歲、十七歲，那麼青春斑斕的日子，若有一群朋友能與你一起做那些你們熱愛的事，我想是一段非常棒的回憶吧！

Q6. 補習真的會讓我考得比較好嗎？

湛樺：沒補習是不是一定會輸給有補習的人？補習的優點在於，多數補習班會幫大家將課本內容做有條理的統整，有重點整理、精選試題，以及更嚴謹的管控機制，有經驗的老師常提供一些記憶訣竅，可以幫你把龐雜的內容整理成簡單的口訣，再加上很多老師講課妙語如珠，能讓學生加深印象，

但這並不代表補習是唯一有效提升成績的管道。每個人都應該找到最適合自己的讀書方式，如果學校老師上課你聽不太懂、自己讀抓不到重點、缺少題目練習的科目，就可以考慮補習，同時要更認真聽課來加強。

不過最重要的是考量體力和時間分配，如果平日晚上要補習，等於一整天的「工作時數」動輒超過十一個小時，太疲累反而會影響學習成效；又或是你光顧著認真上補習班的課，白天在學校反而忍不住恍神或補眠，這兩種情況都是身體在向你反應：太累了！要回頭想想到底有沒有需要補習、要補幾科，還是有什麼增強體力的方法？以免整天精神不濟，花錢又傷身。

未秧：這一題應該是最多人私訊問過我的問題之一，但這件事真的因人而異。我高中的好朋友跟我說，補習讓她考上北一女，而我從小到大都很痛恨補習，我雖然會一窩蜂跟大家去報名，但去上課時總是百般不情願，反而效果不好。

我想決定要不要補習最關鍵的點在於：**若學校老師教授的，你沒有辦法一次就跟上，你實在聽不懂，需要兩次、三次的解說，或者補習班老師授課的方式你更好理解，那補習便是適合你的。**

不過我依舊認為「自己有意識的讀書」更為重要，我建議大家挑選自己真的「無能為力」的科目去補就好，不要把一周七日所有時間塞滿，多留點時間給自己理解與複習，真的了解、吸收才是自己的東西。

Q7. 怎麼抓重點？

湛樺：每個人對於重點的認知不盡相同，有些人可能覺得讀書就是要挑出幾個關鍵字，而有些人可能會忍不住用螢光筆，把整本書的每一行文字都塗上顏色。首先我認為重點這件事是有層次、有順序的，不是所有的

重點都位於相同的層次，在讀書時一定要弄清楚每個章節的架構，例如這個章節下面為什麼可以分成第一個大項、第二個大項……每一個大項之下又如何進一步分為其他小項目，先抓出這些區分的方式，可能是用時間、可能是用空間、可能是由不同的理論區分。當你可以看透徹課本的編排後，剩下的只是在既定的框架中填入更細節的知識內容，有了架構，要記住整體內容會更容易。

未秧：這也是非常多學生會問我的問題，筆記到底要挑哪些重點？很難三言兩語概括哪些知識比較重要，甚至我認為這個問題或許不應該存在。以考試來說，說真的只要是出現在課本上的知識都有可能出現在考題上，若真要討論什麼最容易考，套一句湛樺說的**「盲點就是考點」**，可以比較的、容易搞混的、這個章節的主軸，這些都很重要，重點放在把不理解的地方弄懂，不要只鑽牛角尖於重點。

Q8. 怎麼培養段考或大考寫題目的臨場感？

湛樺：以我以前的經驗為例，平時在練習數學考卷時都能平心靜氣的慢慢分析題目，但一到大考有時間壓力，我能花在每一題的思考時間明顯變少，只要一題在十秒內沒有想出做法，我就會想要跳到下一題，但這樣下來很快就把整份考卷跳完了還一堆空白。大考的時間壓力，以及不能失誤的想法，會讓心情波動的閾值降低，而培養臨場感的最好方法，就是平時練習時一邊計時，並且調整自己的心情，如同在考場一般專注，久而久之將閾值提高，面對較困難的題目時就能沉著應對，也不會讓考試當下的心情有太多波動。

未秧：練習讓自己處在考試的狀態。什麼是考試的狀態？你的心情、你

的壓力、身邊的環境等，時時刻刻讓自己熟悉這樣的感覺，自然而然進入考場時你就不會特別緊張，也比較可以應變當下發生的狀況。想辦法在寫模擬試題時讓自己緊張起來，告訴自己：「我在考試，不是在練習！」。

Q9. 如果讀書沒有動力要怎麼辦？

湛樺：會有這情況根本太正常了！尤其是準備大考必須經歷長期、高強度的讀書，可能碰到一個小小的挫折就會開始懷疑自己，為什麼要一直讀，目的是為了什麼？人生確實不是只有讀書，你想做的事情也未必需要你讀到頂尖才行，更何況，就算讀到全國頂尖，也不一定能夠百分百自由的選擇你想從事的職業。不過對我而言，讀書動力的來源在於「未來」。從你現在所處的水平上放眼未來，你希望達到什麼樣的高度，你的夢想還要跨過多少鴻溝，這個距離，就是當前需要透過讀書來抵達的。讓夢想成為你讀書的動機，而不要讓讀書扼殺你的夢想！

未秧：我覺得這就回到一個很基本的問題，你為什麼要讀書？大部分的人沒有認真思考過這個問題，就是學校、學制、父母親叫我讀了，我就讀了，又或許是那個目標離你太遙遠，像星星般遙不可及。考高中的時候，我把北一女校門口的照片放在我的鉛筆盒裡，時不時拿出來看，告訴自己：「對！明年 9 月，我就要從這個大門走進去！參加北一女的開學典禮！」試著讓夢想具體一點、現實一點。你可以往最好的地方想，考上之後你能擁有的一切；你也能往最壞的地方想，沒考上之後你會失去的一切。多看看那些你嚮往的人的樣子，那些走在你前方、已經達成夢想的人的樣子，相信你會想起那種振奮與憧憬的。

Q10. 要如何面對模擬考的成績？

　　湛樺：先說結論，可以參考，但不要過於重視。不要因為模擬考考得好就歡天喜地，也不要因為考得差就灰心喪志。模擬考畢竟只是「模擬」——第一，參加考試的人數不同；第二，前幾次的範圍與實際範圍不同；第三，或許是最重要的，出題方式不同，有時學測數學模擬考難度超高，你不會寫的題目可能也沒有幾個人會；第四，改考卷方式不同，真正的大考在手寫題會有嚴格的評分審核機制，最少會確保兩位老師改的成績沒有太大差異，而平時的模擬考手寫題多是由學校老師評分，不確定性很高。

　　講了那麼多，**模擬考成績就像是以你的實力為中點，上下各有一個區間在震盪**，究竟偏向哪邊則取決於你發揮出的實力、考試的難易度或評分標準等等外在因素。

　　因此面對模擬考時，就去模擬真正考試時拿到考卷的心情，盡力揮灑你腦中準備過的知識。至於面對成績，可以開心，但不要忘我；可以悲傷，但絕不要放棄，模擬考只是大考這條路上的一個檢查點，但最終你會在意的，是終點。

　　未秧：這個問題讓我想起了五年前寫的一段話，那時候我跟粉絲分享了這個問題，在此把那篇文章原封不動的放上來。

致剛考完模擬考的你們。

2017.9.7

　　尤其是第一次模擬考，一定會超級緊張，因為這是第一次有人給予了你，一個很準確的數字定位，這些日子自己辛苦的回報。還沒考之前就很多人跟我說，寫歷屆錯的無藥可救，連學測十級分都沒有，每個人都很慎重的對待這場未知。

　　模擬考準確嗎？我覺得準確只有兩點：考試時程跟題目數量。

　　誠實的說，我只有學測前兩次的模擬考有看成績和認真的訂正，之後包括指考模擬考，我只會把自己錯誤的章節觀念抓出來重新閱讀、思考，成績單一概收到就不見了。我遇過有些人考得很差，所以很緊張很擔心甚至懷疑自己，然後把夢想縮小、目標放近。

　　誰知道模擬考跟正式考試會差多少，正負差異會有多少，所有的排列組合都是有可能的，不管升不管降，其實說真的，這幾次模擬考跟正式考試，沒有任何的直接關係，就是個別的幾場考試而已。

　　你考得很差真好！我以前只要寫到滿分的考卷就會有點不耐煩，當然它還是告訴我這一部分讀得還算完整，但我更羨慕錯很多的人，他們沒有浪費時間在寫這張考卷上，還揪出了更多自己的不足，反而更充分運用這張考卷的時間。

　　你沒有讀完真好！模擬考要在什麼時候舉行又不是你決定的，你有你的步調、學校有學校的安排，不用趕進度慢慢來，照著自己的節奏一步一步的

踏，模擬考沒有讀完就算了吧！你一定會在正式考試前讀完不是嗎？

如果你考出了一串赤紅的數字、如果你覺得再怎麼努力就是這樣：

「永遠不要為自己定位。」

「排行榜的名次是暫時的，成績單的順序是此刻的，你的位置是短暫借用的。」

如果你覺得付出的根本沒有回報：

「如果我沒有付出會不會比現在更差？」

「就算努力與成果不是直線的正比，但一定是正相關的。」

如果你覺得明明之前他比我差，怎麼現在考得比我好、如果你覺得趕不上身旁人的速度、如果你覺得自己被別人比下去：

「賽跑中每個人的配速都不同，不然怎麼會有黑馬呢？」

不要想那麼多，相信自己就好，你想了那麼多，幹嘛不去讀書。

最後，預定一份熱淚盈眶的感謝在未知的日期。

想像你在累積這個苦心撲滿，等它飽滿的那刻，你便富足了。

後記：
你要看著自己變好的過程，是喜是憂都有價值

「**你要看著自己變好的過程，難過才有價值。**」H原本是這麼跟我說的，在電話那頭，因為我從沒想過我的人生還可以更糟。

今天是我在防疫旅館的第二天，下午三點，我滿二十三歲一個月又兩天，其實去年我就想好二十三歲的生日願望要許什麼了，我希望所有的悲傷與坎坷在二十二歲結束，我才不要把那麼多的刻骨銘心帶到二十三歲。

結果越是這樣盼望，老天爺也越加固執，我從我生日那天，2月25日開始哭泣，一直到這幾天，我還是覺得所有的災難都在我的頭上盤桓，有些已經落下淋了我一身濕，有些似乎還在虎視眈眈，準備降下一場鮮紅色的雪霾。

這些日子發生了太多事，一切都在未完待續，而最殘暴的是，我無能為力決定所有事情的發展，還有結束，我像上天的魁儡，再怎麼掙扎，都在祂的眼皮子底下。

這世界已經糟到透頂，結果前天晚上我睡到一半，一通電話就將我送到了隔離旅館，從電話到防疫計程車，再到醫院篩檢，再到酒店，前前後後也才兩個小時，我沒有任何準備、毫無防範，就這樣赤裸的被世界拋下。

我很焦慮、我很恐慌，太突然了，我不知道發生了什麼事，我用最後的理智發了訊息給所有人，包含最近見面的朋友，還有廠商、合作夥伴等，H是跟我一起接到通知的人，半夜我接到了他的關心，他相當冷靜與平淡，一如往常的安慰與治癒我，明明他是一個比我更加忙碌且無法抽身的人，他卻

相當恣意的享受這件事情所帶來的「side effect」。

　　他看過我最悲慘的日子，生不如死的奄奄一息，這場暴雨的好多個夜晚他都在，他並不是給我杯酒，而是提醒我，我一直都堅強與勇敢，我已經走過那麼多了，要看著自己變好的過程，要相信自己有在變好、要肯定自己有在變好，這世界變糟是一回事，你有在變好，是確信不疑的。

　　而等你發現了自己的成長、自己的堅強、自己的獨當一面、自己的奮不顧身，這一路走來的一切，一切難過、一切悲傷、一切銘心刻骨，才有價值。

　　真的跨到大人的世界後，才會相信大人說的，學生時代是最美好的，未來還有無限殘酷與寒涼，世界就是這樣，大到你無法想像，大到你根本就不敢相信，但你一定要堅強與勇敢，就像現在正在看這本書的你一樣，就像現在正在寫這本書的我一樣，一切都會走過，回頭看皆是富足，幸福與快樂一直都在不遠之處。

從讀書到考試，你可以更好！

找回動力、高效學習，提高成就感的學霸五大科致勝筆記

作者	未秧 (Winter)、湛樺
插畫	Bianco Tsai
封面設計	Bianco Tsai
內頁設計	Ayen Chen
版面協力	Yuhui
主編	莊樹穎
行銷企劃	洪于茹、周國渝
出版者	寫樂文化有限公司
創辦人	韓嵩齡、詹仁雄
發行人兼總編輯	韓嵩齡
發行業務	蕭星貞
發行地址	106 台北市大安區光復南路 202 號 10 樓之 5
電話	(02) 6617-5759
傳真	(02) 2772-2651
讀者服務信箱	soulerbook@gmail.com
總經銷	時報文化出版企業股份有限公司
公司地址	台北市和平西路三段 240 號 5 樓
電話	(02) 2306-6600

國家圖書館出版品預行編目 (CIP) 資料

從讀書到考試，你可以更好 / 未秧
(Winter), 湛樺合著 . -- 第一版 . -- 臺
北市 : 寫樂文化有限公司 , 2022.12
面；　公分 . -- (我的檔案夾 ; 65)
ISBN 978-626-96881-1-1(平裝)
1.CST: 讀書法 2.CST: 學習方法

019　　　　　　　　111019315

第一版第一刷 2022 年 12 月 20 日
第一版第七刷 2023 年 11 月 06 日
ISBN 978-626-96881-1-1